…로 되살아나다

…려인의 내세관, 종교관, 우주관을 담은 장의미술의 한 장르다. 벽화의 장면들은 무덤 속 세계를 장식하는 용도로 제작되었지만, 현실세계와 이상세계를 모두 표현한다는 점에서 흥미롭다. 마치 현대의 사진처럼 당시 현실의 한 장면을 리얼리즘적으로 포착했는가 하면, 숭배했던 신앙이나 그들이 품었던 이상들이 표현되어 있다. 무덤에 관한 연구를 통해 많은 정보들을 추출해낸다면 문헌기록에 설명되어 있지 않은 고대사회의 모습을 생생하게 복원할 수 있다. 그렇기 때문에 고분은 당시 사회의 모습과 문화적 수준을 살펴볼 수 있는 척도라고 할 수 있다. 고구려인이 현대인에게 자신의 삶과 생각을 알려주는 타임캡슐인 것이다.

고구려 고분벽화의 의미와 중요성에 대해 고찰한 이 책은 환문총 벽화의 한 장면을 주제로 하여 이야기 형식으로 엮은 것이다. 관련 자료를 모으는 데 20년, 학문적 고증에 10년을 오롯이 쏟아부었을 만큼 끈질긴 집념과 몰입 끝에 완성한 수작이다. 특히 가상의 인물을 등장시켜 일인칭 서술만으로 이야기를 끌고 간다는 점, 치밀한 분석을 통해 실제 역사적 사실과 가상의 이야기를 적절히 배치한 서술방식이 탁월하다. 이 책을 통해 1500년 시간의 장벽을 뛰어넘어 벽화의 풍부한 의미와 고구려인의 생생한 목소리를 들을 수 있다.

비밀의 문
환문총

비밀의 문 환문총

1판 1쇄 인쇄 2014. 11. 28.
1판 1쇄 발행 2014. 12. 5.

지은이 전호태
발행인 김강유
책임 편집 임지숙
책임 디자인 지은혜
제작 안해룡, 박상현
제작처 미광원색, 금성엘엔에스, 서정바인텍

발행처 김영사
등록 1979년 5월 17일 (제406-2003-036호)
주소 경기도 파주시 문빌로 197/(분발동) 우편번호 413-120
전화 마케팅부 031)955-3100, 편집부 031)955-3250
팩스 031)955-3111

값은 뒤표지에 있습니다.
ISBN 978-89-349-6956-3 03910

독자 의견 전화 031)955-3200
홈페이지 www.gimmyoung.com
이메일 bestbook@gimmyoung.com

좋은 독자가 좋은 책을 만듭니다.
김영사는 독자 여러분의 의견에 항상 귀 기울이고 있습니다.

이 도서의 국립중앙도서관 출판시도서목록(CIP)은 서지정보유통지원시스템 홈페이지
(http://seoji.nl.go.kr)와 국가자료공동목록시스템(http://www.nl.go.kr/kolisnet)에서
이용하실 수 있습니다.(CIP제어번호 : CIP2014033998)

환문총

비밀의 문

두 번 그려진 벽화의 진실은 무엇인가

전호태

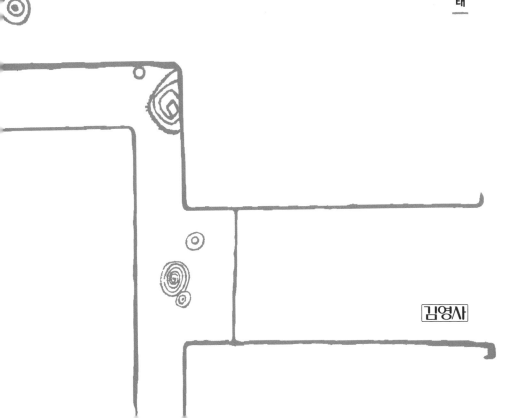

김영사

두 번 그려진
고구려 벽화고분 환문총

고구려 환문총은 흥미로운 유적이다. 벽화가 한 번 그려졌다가 모두 회로 덮인 다음 다시 완전히 새로 그려졌기 때문이다. 게다가 먼저 그려진 생활풍속의 다양한 장면을 대신하여 묘사된 것은 단순한 동심원문들이다!

처음 벽화 공부를 시작할 때부터 이 부분이 매우 흥미로웠다. 누가 언제 무엇 때문에 이렇게 완전히 다른 벽화를 새로 그려 넣게 했을까? 화가는 어떤 심정으로 이런 주문에 응했을까? 가족의 생각은 어땠을까? 무덤에 묻힐 사람이 살아 있을 때 이런 일이 일어났을까, 아니면 죽은 뒤 벽화의 주제를 바꾸는 일이 결정되었을까? 어떻게 이런 일이 가능했을까? 이런 일들이 다른 곳에서도 일어났을까?

이런저런 상상의 나래를 펴기도 하고 벽화 주제가 바뀌는 과정을 추적할 수 있는 실마리를 부지런히 찾아보기도 했다. 그러나 벽화에 대한 연구 주제가 쌓여 있는 터라 한 주제에 기약 없이 매달려 있기가 어려웠다. 2001년 집필을 마친 뒤 2004년 출간한 한 책에서 환문총 벽화의 수수께끼에 대한 생각의 단편들을 잠시 풀어 놓았을 뿐 '환문총 연구'로 잡았던 제목의 논문은 손도 못 댄 채 시간이 흘렀다.

아무래도 연구논문이 쉽게 나올 것 같지 않아 이런저런 고민을 하다가 2007년 봄, 환문총에 대한 다큐멘터리 형식의 글을 쓰는 것이 어떨까 하는 생각을 하게 되었다. 그 뒤 틈틈이 생각나는 대로 여러 형식의 글을 실험하듯 쓰고 지우기를 반복했다. 그러다가 환문총 관련 인물들의 시점별 이야기를 조합하는 방식으로 글을 정리해보기로 했다. 벽화가 제작되던 고구려시대 사람들, 일제강점기 환문총이 발견되기 전후의 사회 분위기와 벽화고분 조사에 종사하고 벽화의 모사模寫를 시도했던 사람들, 해방 후 남북한과 중국에서 벽화 조사와 연구에 관여했던 사람들의 이야기를 상상력과 실제를 섞어 이야기로 풀어 나가는 방식을 선택한 것이다.

글은 써질 때만 썼다. 그런 까닭에 한 번에 10여 장을 쓸 때도 있었고 몇 달 만에 한 꼭지 쓰고 그치는 때도 있었다. 그러나 글을 쓰기 위한 자료 조사만은 게을리하지 않았다. 일제강점기 고구려 유적 조사와 관련된 흑백사진이나 메모라든가, 일본의 식민지 고고학 연구자료, 일본학자들의 고구려 유적 연구 성과, 중국의 동북공정東北工程 진행 과정에 추가된 조사자료, 평양 방문 시 북한학자들과 나누었던 대화, 중국 조선족 학자들과의 만남, 중국 소재 고구려 유적을 조사하면서 만난 조선족 사람들의 경험, 국내 연구자들의 벽화 연구 과정에 대한 자료 등이 모두 환문총 글쓰기에 직간접적으로 힘을 보탰다.

이 글 전체의 흐름을 이끄는 각 장 서두의 화자 '한인규'는 필자의 경험과 상상력이 빚어낸 인물이다. 국립박물관 미술부의 학예사로 등장하는 그는 고구려 벽화고분 중 하나인 환문총에 관심을 가지다가 대학 선배로부터 고태일이라는 사람의 책 보따리를 얻는다. 이 보따리 속에서 나온 일지와 메모에서 환문총 수수께끼를 풀 실마리를 찾아내려다가 오히려 그 배경이 된 역사적 상황에 관심을 가지게 된다. 그는 이후 수년 동안 환문총에 두 번씩 벽화가 그려지는 과정을 추적하던 사람들의 글, 이 벽화를 조사하던 사람들의 삶과 만나면서 겪은 자신의 경험을 적어 놓은 글 등 다양한 관련 자료들을 모아 하나의 이야기로 정리하게 된다.

제1장에는 환문총의 비밀을 풀어 나가는 고태일 교수와 중국의 조선족 교사 이윤호, 이윤호의 친구 만대복이라는 가상의 인물이 등장한다. 해방 후 중국에서도 동북지역(요녕성, 길림성, 흑룡강성)의 여러 학자들이 고구려 및 발해 유적을 조사하고 정리하려 애썼음은 잘 알려진 사실이다. 연변대학의 조선족 학자들 가운데 몇몇은 중국 정부나 소속 대학으로부터 별다른 지원 없이 소수민족 종파주의, 분열주의로 몰릴 위험을 감수하면서까지 자비로 고구려 및 발해 유적을 직접 답사해 현황을 파악하는 한편, 유실 위기에 놓인 유물들을 보호하기 위해 많은 노력을 기울였다고 한다. 이윤호는 이런 사회적 배경을 염두에 두면서 등장시킨 인물이다.

제1장 후반부에서 일제강점기 고구려 유적, 특히 벽화고분 조사를 주도한 아즈마 타다시는 일본의 관학자官學者로서 동양사 연구에 해박한 지식을 자랑하던 세키노 타다시関野貞를 비롯한 몇몇 인물을 모델로 삼았다. 일제강점기의 관학자들에 대한 세간의 평가는 가부가 엇갈린다. 그러나 이들이 해방 전 만주와 한반도의 고구려 유적을 가장 자주 접했고 관련된 글도 가장 많이 남겼음은 잘 알려졌다. 이런 사실 때문에

라도 이들을 대표하는 인물을 등장시킬 필요가 있다고 생각했다. 고구려 고분벽화 모사에 평생을 바친 일본인 화가 겸 연구자 오바 츠네키치小場恒吉를 포함한 벽화 모사 화가들은 아즈마의 제자로 등장하는 우에다 히로부미의 모델로 삼았다. 조선인 인부 연고루는 일제강점기 근대 서양미술을 배우러 일본으로 유학을 갔다가 귀국한 유학생 화가들을 머리에 떠올리며 등장시킨 인물이다. 도쿄 유학생 출신이라 할지라도 여러 가지 이유로 식민지 조선에서 자신의 자리를 찾지 못한 화가들이 적지 않았음을 염두에 두었다. 일본인 순사 다나카 쓰에마치, 우에다의 애인 오오쿠라 다마코는 글의 흐름에 변화를 주기 위한 가상의 인물들이다.

내가 처음 환문총 이야기를 쓰기 시작할 때는 동서교류의 가장 중요한 중개자였던 소그드 상인(제2장에서 자세히 설명함)들의 땅에서 나고 자란 한 청년의 일대기가 머릿속에 있었다. 불교를 믿고 스님이 된 소그드족 청년이 상인들에게서 전해들은 동쪽 끝 무지개의 나라 고구려에 불교를 전하기로 마음먹은 이야기를 출발점으로 삼겠다는 생각이 떠올랐다. 물론 동쪽 끝 세계로 전법傳法여행을 떠나기로 결심한 주인공이 바로 제2장에 등장하는 호자(고차호자)스님이다. 호자스님의 모델은 신라의 북쪽 변방 일선군一善郡(현재의 경북 구미 일원, 고구려와 신라의 국경지대)의 지방귀족 모례毛禮의 집에 머무르며 불교를 전하다가 입적한 것으로 알려진 서역 출신 고구려 승려 묵호자墨胡子이다. 따라서 제2장은 고차호자의 회고록 형식으로 정리된 호자스님의 이야기가 글의 뼈대를 이룬다.

호자스님이 온갖 고초 끝에 동방의 큰 나라 고구려에 이르게 한 이가

제3장에 등장하는 대형大兄 한보이다. 한보는 대대로 고구려 서북방의 요충 북부여를 지키던 대귀족 집안의 인물이다. 북부여성은 초원지대 유목민족의 움직임을 시야에 넣고 있어야 하는 고구려 서북 국경지대 군사·행정의 중심이었다. 환문총에 묻힌 주인공이기도 한 한보는 가상인물이다. 나는 한보를 모두루총 묵서묘지명墨書墓誌銘에 언급된 염모冉牟의 자손으로 설정했다. 환문총과 모두루총이 있는 하해방 고분군을 염모 가문의 무덤들로 묘사하면서 그 중심에 장군 한보와 고차호자가 있는 것으로 그렸다. 환문총 벽화를 처음 그린 화가인 화사畫師 대수는 현재의 삶이 내세에도 그대로 이어진다고 믿는 고구려인의 전통적 내세관(이 세상에서 삶과 지위가 저 세상에서도 계속된다는 사고)을 그림으로 남기는 벽화의 대가이다. 환문총 벽화에 두 번째 그림을 그린 인물인 대수의 아들 대발고는 과거에서 현재까지의 삶에서 빚어진 선업善業과 악업惡業으로 내세가 결정된다는 불교적 전생관轉生觀을 받아들여 벽화의 내용을 바꾼 인물로 묘사했다. 한보의 아들로 나오는 대사자大使者 한덕은 호자의 영향을 받아 불교신앙을 받아들여 대발고에게 아버지 한보의 무덤 벽화를 새로 그려달라고 부탁하는 고구려 귀족으로 상정했다. 이들도 모두 가상의 인물이다.

제4장은 가상의 인물인 국내성 무덤지기 한마루의 이야기이다. 고구려 멸망기의 국내성을 배경으로 그린 한마루 이야기는 668년 당과 신라의 군대가 평양성을 함락시킨 이후, 국내성 일대의 고구려 백성들은 어떻게 되었을까를 생각하면서 구상했다. 고분벽화를 그리던 화가들, 왕족과 귀족의 무덤을 관리하던 사람들, 평범한 농사꾼과 사냥꾼들의

삶은 어떤 궤적을 그렸을까를 묻고 답하는 과정에서 빚어낸 이야기의 한 자락이다. 나는 한마루를 포함하여 멸망한 나라의 유민으로 살게 된 사람들이 삶의 바탕을 새롭게 다지는 과정을 무덤지기 대장 한마루의 회고라는 형태로 정리했다.

한마루는 사람들을 이끌고 국내성을 떠났다가 당나라군에 의해 강제로 되돌아온다. 그 뒤 당나라군이 국내성을 떠난 틈을 타 국내성에서 나와 장천 고분군이 있는 긴내고을 근처에서 새로운 마을 '한내'를 세운다. 고분벽화를 그리던 화가 출신의 농부 돌되 부부가 죽자 그의 아들 한부리를 양아들로 거둔 후 청년이 된 그를 데리고 전란으로 폐허가 된 고구려 대귀족들의 옛 무덤들을 수리하기 시작한다. 그러던 중 여러 차례 벽화를 본 한부리가 이 신비한 그림들에 마음을 빼앗기자 한마루는 그에게 글을 가르치고 아버지로부터 물려받은 그림 재주를 가슴에 품고 마을을 떠나 세상으로 나가도록 한다.

이런 식으로 글을 마무리한 것은 고구려가 멸망한 뒤에도 고구려인에 의해 고분벽화의 전통이 이어졌음을 넌지시 전하기 위해서였다. 고구려의 후신인 발해의 고분벽화, 고구려계 이주민이 참여하여 완성한 일본의 고분벽화를 염두에 두었기 때문이다. 나는 발해와 일본의 고분벽화에서 고구려인의 자취와 의지를 읽을 수 있다고 보았다. 물론 통일신라와 고려를 통해서도 고구려의 문화와 전통은 이어진다고 생각한다.

환문총 벽화가 바뀌는 과정을 추적하면서 장천1호분에 대한 이야기도 함께 넣었다. 환문총의 새로운 벽화 주제인 동심원문同心圓文 혹은 겹둥근무늬가 불교적 깨달음, 깨달은 자의 세계, 그런 세계에서의 새로운 삶을 나타내는 여래와 보살의 두광頭光을 그린 것이라면, 자연히 5세기경 고구려에서 '불교세상'이 펼쳐졌음을 생생히 벽화로 그려낸 장천1호분을 함께 언급해야 한다고 생각했기 때문이다. 거의 비슷한 시기에 그려진 장천1호분과 환문총에서 고구려가 겪은 사회 문화적 변화, 그런 소용돌이에 얽힌 사람들의 이야기가 씨줄과 날줄이 되어 이 글의 커다란 흐름을 형성했다.

5세기는 고구려의 전성기이다. 그러나 사회 문화적으로는 서방과 북방에서 고구려로 흘러들어온 새로운 경향이 고구려의 전통적 사고나 생활양식을 더 이상 유지하기 어렵게 만든 시기이기도 하다. 아마 일부에서는 새로운 관념이나 세계관에 그냥 빠져버렸을 것이고, 다른 일부에서는 외부에서 흘러든 인간관, 우주관에 대해 고약하고 상스러운 것이라며 극력 거부했을지도 모른다. 그러나 거시적 관점에서 보면 고구려는 거대한 물결처럼 쏟아져 들어온 이 기괴하고 혼란스런 그림과 장식, 옷차림, 태도, 글과 소리, 사고에 깊이 빠지고 말았다.

고구려에 불교가 들어온 것은 4세기였지만 사회적으로 널리 퍼져 문화 전반에 영향을 끼치게 된 것은 5세기경이다. 이때 동아시아에는 동북아시아의 패권을 잡은 고구려, 초원 유목세계를 지배한 나라 유연柔然, 북중국을 통일한 북위北魏(北朝), 남중국을 지배하던 송宋(南朝)을 중심으로 하는 4강 체제가 성립되었다. 4강 사이에 세력균형이 이루어지자 고구려 사회에는 중국의 남북조南北朝나 유목제국 유연을 통해 서역의 불교문화가 물밀 듯이 밀려 들어왔다. 고구려 사람에게는 인도와 서아시아 문화를 가득 담은 불교가 낯설었으나 5세기 동아시아에서 불교는 이미 대세였다.

장수왕(재위 412~491) 시대에 동아시아 4강 시대가 열리자 고구려는 북중국을 통과하는 실크로드의 '오아시스로', 내륙 아시아 초원지대를 가로지르는 '초원길'을 통해 중앙아시아 및 그 서쪽 세계와 빈번히 교류할 수 있었다. 5세기 고구려 고분벽화에 본격적으로 등장하는 서역문화의 요소들은 동서교류의 이런 정황을 구체적으로 확인해준다. 고분벽화에 불교신앙의 유행을 알게 하는 온갖 표현들이 등장하다가 결국 연꽃만으로 장식하는 사례가 나타난 것도 고구려와 서역 사이의 교류, 그것의 영향으로 고구려 사회에 크게 풍미했던 불교적 사고와 관념에서 비롯된 현상이다.

문화는 넓고 깊게 흐른다. 물길이 어떻게 만들어지는가가 문제일 뿐이다. 물길이 열려 흐르기 시작한 문화는 사회를 바꾸고 사람을 달라지게 한다. 사람이 오가고 온갖 문물이 옮겨 다니며 심지어 동식물과 병원체까지 문화의 물길을 따라 오가는 사이에 문명, 국가, 사회가 있다가도 없어지고 새로 생겨나기도 한다. 사람과 사회, 사람과 사람 사이에 얽힌 많은 이야기도 꽃처럼 피어나고 진다.

서아시아, 인도 세계의 온갖 문화를 담은 불교가 동아시아에 전해지는 과정은 중앙아시아 출신 승려들의 동방포교와 순교의 역사이기도 하다. 또 여러 갈래로 나뉘어 뻗은 동서교통로 곳곳에 자리 잡고 동서를 오가는 대상隊商들을 보호하며 이들에게서 통행료를 징수하거나 이런 사람들을 먹이로 삼아 살아가던 변방지대 사람들의 약탈사이기도 하다. 유목지대와 농경세계의 제국들은 동서교류를 활발하게 하여 경제와 문화를 살찌우게 하려 애썼고 이를 위해 필요하다면 군사력을 동원하는 것도 서슴지 않았다. 넓게 보면 5세기는 동아시아에서 4강 중심의 견제와 균형이 유지되는 안정된 시대였고, 시야를 좁혀 들여다보면 지역 패권국가들 간에, 패권국가와 주변의 작은 세력들 간에 크고 작은 분쟁이 그치지 않던 시기이기도 했다.

651년경 제작된 소그드 왕국의 궁전(우즈베키스탄 사마르칸드 아프라시압 궁전지) 벽화에는 두 사람의 고구려 사절이 등장한다. 당시 실권자였던 연개소문이 소그디아나의 패권을 잡고 있던 마라칸다(사마르칸드) 지역의 왕 와르후만에게 중국의 통일제국 당을 견제하기 위해 '동서동맹'을 맺을 것을 제안하며 파견한 인물들이다. 그러나 소그디아나의 작은 왕국들은 3년 뒤부터 동방으로 세력을 확장하던 무슬림의 압박에 시달렸다. 동서교역으로 번성했던 이 작지도 크지도 않았던 나라들, 소그디아나 여러 나라도 종국에는 무슬림군의 말발굽 아래 짓밟히며 역사의 무대에서 사라진다. 와르후만 왕이 동서동맹에 동의했는지는 알 수 없으나 초원을 가로질렀던 고구려 사절의 긴 여행은 의미 있는 결과로 이어지지 못한 셈이다.

하해방 고분군과 장천 고분군은 고구려의 국내성에, 즉 지금의 중국 길림성 집안集安에 조성된 7개의 대규모 고분군 가운데 가장 바깥에 자리해 있다. 특히 장천 고분군은 국내성의 생활권과는 멀리 떨어진 곳에 조성되어 눈길을 끈다. 하해방 고분군은 북부여 수사守事를 지냈던 모두루의 무덤인 모두루총이 있는 곳으로 유명하지만 환문총과 연꽃장식

고분인 하해방31호분이 있는 곳이기도 하다. 장천 고분군은 벽화에 불교사원을 연상케 하는 여래, 보살, 비천의 그림들과 서역계 인물들이 여럿 묘사된 것으로 잘 알려진 장천1호분을 포함하여 다수의 벽화고분이 발견된 유명한 유적이다.

하해방 고분군에 속한 환문총은 일제강점기에 일본인 학자들에 의해 발견되었다. 내부를 조사하는 과정에서 벽화의 주제가 바뀌었음이 확인되어 주목받았다. 하트형 무늬로 장식된 무덤 널방 모서리의 자색 기둥 그림도 조사자들의 눈길을 끌었다. 환문총 벽화의 주제재主題材인 동심원문은 다른 고분벽화에서는 볼 수 없던 것이어서 해석을 놓고 의견이 분분했다. 아직도 정확한 결론이 나지 않은 상태이다.

장천 고분군에서 가장 유명한 장천1호분은 중국학자들에 의해 발견되어 1980년에 보고되었다. 무덤 앞방의 천장 받침에 그려진 여래상과 보살들, 천인天人들은 고구려 고분벽화에서는 처음 확인된 사례였다. 여래와 보살들 사이에 묘사된 남녀쌍인연화화생男女雙人蓮花化生(불교 정토에서는 연꽃에서 사람이 태어난다는 믿음에 바탕을 두고 그린 그림) 장면이나 천장 받침 모서리에 층층이 그려진 우주역사宇宙力士(하늘세계를 받치는 우주 거인) 그림, 벽면에 표현된 서역계 인물들도 하나같이 연구자들의 눈길을 끄는 제재들이었다. 더욱이 앞방에 이어진 널방의 벽화 주제는 연꽃이었다. 연꽃이 그려지기 전에 천장고임 경계에는 처음 남녀쌍인연화화생상이 그려졌으나 뒤에 벽화의 제재가 바뀌었음도 확인되었다.

국내성 바깥, 고구려의 수도에서 떨어진 곳에 있던 마을인 하해방과 장천에 전형적인 고구려 벽화고분이 조성된 것도 어찌 보면 별난 일이다. 특히 장천1호분이 있는 장천 고분군에는 매우 규모가 큰 계단식 돌무지무덤인 장천5호분도 포함되어 있다. 계단식 돌무지무덤은 장군총과 같은 양식으로 고구려 고유의 무덤인 돌무지무덤의 마지막 형식에 해당한다. 이런 무덤은 한쪽 변의 길이가 15미터 이상인 것이 많고 처음 무덤을 쌓을 때 기초를 이루는 1층 기단에는 15톤 전후에 달하는 큰 돌을 깎아 다듬어 받쳐 놓았다. 계단식 돌무지무덤은 멀리서 보면 작은 피라미드처럼 보이기도 한다.

5세기 고구려에서 동서교류를 주도한 사람들은 당대 동아시아 강국들의 동향을 제대로 파악했던 개방적 성향의 귀족들이었을 것이다. 이들과 달리 국내성에 기반을 둔 보수 성향 귀족 세력은 동서교류를 통해 새로운 문물이 들어와 전통적인 사회질서를 바꾸지 않기를 바라면서 이런 흐름을 막으려고 애썼을 법하다. 겉으로는 안정되고 번영하는 사회처럼 보였지만 전성기의 고구려에서도 새로운 흐름을 둘러싼 알력과 갈등, 심지어 전면적인 충돌의 여지는 남아 있었던 것이다.

환문총과 장천1호분은 그런 와중에도 5세기 고구려에 외래 종교인 불교와 함께 서아시아, 인도 문화가 계속 흘러들어 사회에 큰 영향을 끼쳤음을 알게 한다. 사람이 죽으면 조상신의 세계로 되돌아간다는 전통적인 내세관이 사람이 죽으면 생전의 업과 그 이전부터의 수많은 삶의 인연에 따라 6개의 서로 다른 세계 중 하나에 다시 태어난다는 윤회輪回 전생관으로 대체되는, 기이하고 새로운 사고와 관념이 고구려 사람들의 가슴에 파고들었던 것이다.

국내성과 평양성 저잣거리에서는 백성들 사이에 "윤회의 수레바퀴에서 벗어나려면 선업을 쌓아 정토왕생淨土往生 하라. 그러지 않으면 다음 생에 짐승으로 나거나 지옥에 떨어져도 스스로 책임질 일이다"라는 서역 스님들의 이야기가 널리 퍼졌을지도 모른다. 마음이 크게 흔들리거나 불안에 빠진 안방마님들도 있었을 것이고 코웃음 치며 무시해버리는 귀족 남자들도 있었으리라. 그러나 시간이 흐르면서 이런 내용의 가르침, 곧 설법에 귀 기울이기 시작했고 어떻게 하면 다음 생에 정토왕생할 수 있을지를 진지하게 고민했음이 틀림없다. 환문총과 장천1호분 벽화도 이런 새로운 문화적, 종교적 흐름의 시작이자 결과일 것이다.

글을 쓰면서 많은 이들에게 빚을 졌다. 벽화를 그린 사람, 주문한 사람, 지킨 사람, 찾아낸 사람, 읽으려 애쓰고 다시 그려 세상에 알린 사람, 조사하고 연구한 사람, 원형을 보존하려 불철주야 이런저런 분석과 실험에 매달린 사람. 이런 모든 이들의 관심과 노력이 더해지면서 벽화도 세월의 무게를 이겨낸 것이 아닌가 싶다.

늘 격려하는 아내 장연희 씨와 두 아이 혜전, 혜준이 이 글을 시작할 수 있게 했다. 책의 초고는 2010년 여름에 마무리하였으나 2년여 시간을 두고 더 손을 보았다. 이후 김영사와 의논을 거쳐 추가로 이곳저곳 보완 작업을 하였다. 마지막까지 글에 대한 신중한 검토와 조언을 아끼지 않은 편집진에게 감사드린다.

14년 만의 탈고 아닌 탈고로 작은 해방감을 맛보며
2014년 겨울, 문수산 서재에서
전호태

주요 등장인물 소개

제1장 주요 인물

- 한인규: 국립박물관 미술부 학예사. 고태일의 자료를 바탕으로 환문총 벽화에 대한 이야기를 풀어 나간다.
- 고태일: 환문총의 수수께끼를 밝히기 위해 고군분투하는 학자.
- 이윤호: 조선족 교사로 백두산 주변의 고구려, 발해 유적을 두루 조사한다.
- 만대복: 이윤호의 해방군 동지.
- 아즈마 타다시: 일본의 관학자로서 고구려 유적, 특히 벽화고분의 조사를 주도한다.
- 우에다 히로부미: 대학에서 미술을 전공한 아즈마의 제자.
- 연고루: 일제감정기 근대 서양미술을 배우러 일본으로 유학한 뒤, 노동자로서 아즈마를 따라 고분 조사에 참여한다.
- 다나카 쓰에마치: 중국 집안 주재소의 순사보. 아즈마의 유적 조사를 돕는다.
- 오오쿠라 다마코: 우에다의 애인.

제2장 주요 인물

- 호자스님(고차호자): 서역 출신의 승려로 고구려에 불교를 전파한 인물 중 한 사람.
- 보리: 고구려인으로 호자의 아내.
- 연모 도령: 한덕의 큰아들.

- 두모 도령: 한덕의 둘째아들.
- 호두: 호자의 큰아들. 호자에게서 서역미술을 전수받는다.
- 호루: 호자의 작은아들.

제3장 주요 인물

- 대형 한보: 고구려의 요충지 북부여성을 지키던 성주.
- 대사자 한덕: 작은 어른으로 불리는 한보의 큰아들.
- 화사 대수: 환문총 벽화를 처음 그린 나라에서 인정한 화가.
- 대발고: 화사 대수의 아들로 고분벽화를 새로 그려 넣는 인물.
- 해우로: 대수 공방의 수제자. 대발고가 화사가 되자 공방을 떠난다.
- 석사 부걸: 고구려 왕실과 귀족의 무덤 축조를 맡던 석공. 나라에서 인정한 석사.
- 여휼: 석사 부걸의 뒤를 이어 부씨 공방의 새 두목이 된 인물.
- 다마루: 부씨 공방의 막내.
- 새불리: 대발고를 돕는 쾌활한 성격의 어린 화공.

제4장 주요 인물

- 한마루: 국내성 무덤지기로서 폐허가 된 마을을 일구며 고구려 무덤들을 수리한다.
- 한부리: 돌뫼 부부의 아들이자 한마루의 양아들.

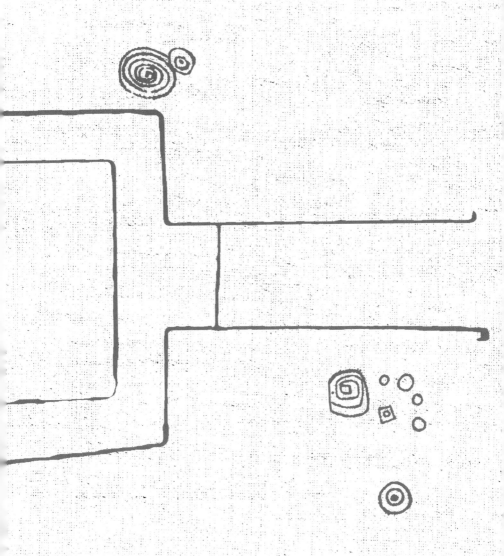

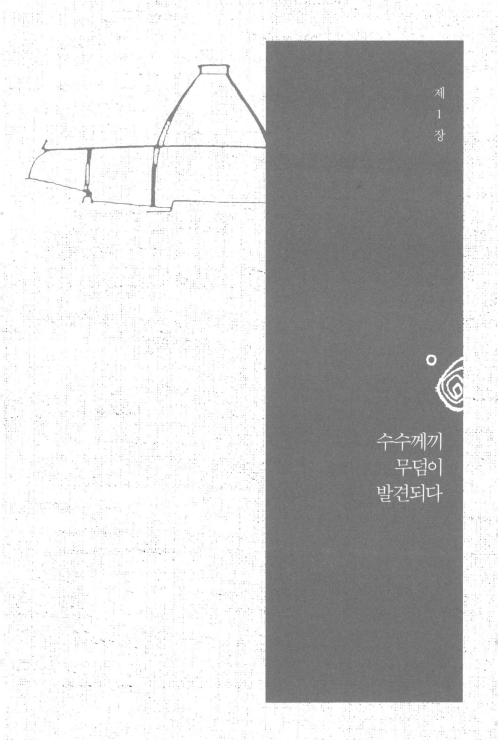

제 1 장

수수께끼
무덤이
발견되다

환문총,
그 비밀의 문을 열다

1988년 여름, 덥고 습한 날씨와 씨름하면서 거듭되는 주경야독의 날들로 나는 지쳐가고 있었다. 학위논문 초고의 제출 기한이 얼마 남지 않았고, 특별전 개막도 바짝 다가와 있었다. 아직은 신입 학예사였던 까닭에 논문을 쓴다며 말미를 달라고 할 수도 없었다. 그저 낮에는 전시장 잡일에 이리저리 동원되다가 퇴근시간이 지나서야 비로소 내 시간을 가질수 있었다. 텅 빈 사무실 한쪽 구석에서 피로로 내려오는 눈꺼풀을 들어올리며 자료들을 다시 읽고 논문 초고도 진행해야 했다. 사무실이 건물 꼭대기라 밤이 되어도 복사열로 시원해지지 않았다. 하지만 어쩌랴. 작은 선풍기에 의지하면서 글줄 하나라도 더 쓰려 낑낑거리다 보면 자정이 훌쩍 지났다.

고구려 고분벽화에서 무엇인가 읽어낼 수 있지 않을까 생각하며 첫 논문의 큰 주제를 벽화 안에서 찾으려 했다. 그런데 막상 미지의 문을

23

열고 들어가니 보이는 것이 아예 없었다. 어떻게 할까 고민만 거듭하다가 부랴부랴 잡은 것이 〈환문총 벽화의 동심원문으로 읽는 고구려인의 불교적 내세관來世觀〉이라는 긴 제목의 논문이었다. 지도를 맡아주셨던 강 교수님은 좋은 주제이니 잘해보라고 하셨다. 하지만 나의 멘토였던 오 선배는 어려운 주제라며 논문을 제대로 쓸 수 있을지를 걱정해주었다. 이에 나는 해보겠다며 호기를 부렸다. 그러나 환문총 보고서에서 무심코 넘겼던 부분을 다시 펼쳐본 그날, 이번 학기 논문 제출은 어렵지 않을까 하는 걱정이 스쳐 지나갔다. 보고서 속의 흑백사진 하나에 다른 그림의 흔적이 배어 있었던 것이다.

결국 논문 제출은 한 학기 뒤로 미뤄졌다. 얼기설기 써내려갔던 서론도 다시 써야겠다고 결심하자, 건물 복사열에 시달리며 밤을 새던 날들이 잠시나마 허무하게 느껴졌다. 하루 연가를 내고 실컷 잔 뒤 '처음부터 다시!'라고 속으로 되뇌며 사무실로 출근했다. '특별전에 좀 더 열심히 매달려야지. 직장생활 첫 전시인데 뭔가 배워야 하지 않겠는가' 하며 스스로를 다독였다. 그해 가을은 그렇게 지나갔다.

✻

1989년 봄 학기를 앞두고 늦가을부터 열심히 고분벽화 자료를 모았다. 마음먹고 다시 모으기 시작하니 지난해 여름까지 모은다고 모았던 연구 자료는 오래된 보고서와 도록, 근래의 논문들이 다였다는 사실을 새삼 깨달았다. 고분벽화와 관련된 세세한 단편적 자료도 의외로 많았다. 그다지 연구가 이루어지지 않은 분야라고 들었지만 지나가듯이 언급하거나 간접적인 관련성을 보이는 글도 적지 않았다. 세상에 쉬운 일은 없구나, 하는 생각이 절로 들었다. 이미 석사논문을 쓴 선배나 동기, 후배들이 새삼 존경스러웠다. 이렇게 자료만 모으다가 한 학기를 또 그냥 보내는건 아닐까 걱정이 되기도 했다.

크리스마스 무렵 오 선배가 청계천 헌책방에서 구했다며 얇은 책 꾸러미 하나를 건넸다. 책을 펼쳐보다가 내 생각이 났다는 것이다. 그 책은 1960년대 후반에 출간된 여러 분야의 글 모음이었다. 책 말미에 대담문으로 보이는 글 하나가 실려 있었고, 책 사이에 고성과 고분의 흑백사진이 몇 장 끼워져 있었다. 사진 앞장의 내용을 잠깐 훑어보니 대담회는 일제강점기 때 삼국시대 유적이 일본인에 의해 마구 파헤쳐지면서 크게 훼손되었다는 취지의 이야기를 나누는 자리였다. 대담에 참석한 사람들의 이름이 낯설었다. 그동안 내가 살펴보았던 역사학 및 고고학 자료에 등장하지 않은 사람들이었다. 소속이나 직책이 쓰여 있지 않은 대담자 가운데 만주의 고구려 유적에 대해 말한 사람이 있어 눈길을 끌었다. 고태일이라는 사람이었다.

혹시 고구려 유적에 대해 이제껏 알지 못했던 자료를 구할 수 있지 않을까 하는 생각이 들었다. 다음 날부터 틈틈이 대담회 참석 인물들, 특히 고태일이라는 사람에 대해 알아보려 여러 책들을 뒤졌다. 그러나 역사학이나 미술사학 관련 조사 보고서나 연구서에서 이들의 이름을 쉽게 찾을 수 없었다. 고태일이 쓴 글 역시 전혀 발견할 수 없었다. 당시만 해도 북한과 중국에서 발간한 자료는 아무나 볼 수 없던 시절이라

'특수발간물'에 이들의 이름이 있지 않을까 하는 생각도 들었다. 통일부 내에 있는 특수자료실을 출입하려면 2급 비밀 취급 인가증이 있어야 하는데 초임 학예사인 나로서는 신청 자격조차 안 되는 터라 자료를 볼 기회를 얻기도 어려웠다. 특별전 개막 후 뒤처리로 바쁜 사무실 선배들에게 부탁하기도 마땅치 않았다. 언젠가 기회가 있겠지 하며 고태일과 함께 대담한 이들에 대해서는 다음에 알아보기로 하고, 보름 넘게 자취방 한구석에 그대로 놓여 있는 책 꾸러미의 다른 내용물들을 자세히 살펴보기로 했다.

✿

등잔 밑이 어둡다는 게 남의 말이 아니었다. 진작부터 뭐 하나에 꽂히면 그냥 '맹'해지는 맹꽁이라고 친구들의 놀림을 받기는 했다. 책을 한 꾸러미나 받아놓고도 제일 위의 논문집에만 정신이 팔려 나머지 책들은 거들떠보지도 않았던 내가 한심했다. 특별전 뒤처리도 대충 끝난 1월 첫 주말, 모처럼 제시간에 퇴근한 나는 기분 좋게 자취방 구석에 앉아 책 꾸러미를 펼쳤다. 일종의 잡동사니 모음이었다. 빛바랜 문고본 2권, 시집 1권, 노트처럼 보이는 얇은 책 1권, 표지가 떨어져 나가고 속도 일부 너덜거리는 책 1권, 그럴듯한 분위기의 양장본 1권, 상당히 두꺼운 스크랩북 1권, 두툼한 서류봉투 1봉이 전부였다.

노트 책부터 펼쳐 보았다. 말 그대로 옛날 방식의 노트처럼 제본된 얇은 책이었다. 인쇄본이 아닌 필사본이어서 '어?' 하는 놀란 소리가 튀어

나왔다. 습관대로 왼쪽부터 펼쳤다. 옛날식 오른쪽 편집이어서 제일 뒷면이 먼저 나왔다. 간단한 메모가 있었다. 순간 나는 내 눈을 의심했다. 고태일! 이 책의 주인은 고태일이었다. 책을 뒤집어서 첫 장을 넘겼다. 일지에 가까운 메모집이었다. 필경사가 쓴 것 같은 반듯한 펜글씨가 눈에 잘 들어오는 이 책은 고태일이 직접 만든 메모집 겸 일지였다. 내 방의 한구석에 자료들을 쌓아놓고 엉뚱한 데서 고태일에 대한 기록을 찾고 있었던 셈이다. 무언가로 한 방 맞은 기분이었다. 하긴 나는 이렇게 외골수로 일에 부딪치다가 고생을 자초한 적이 여러 번 있었다. 친구들도 늘 하나에 빠지면 딴 생각을 못하는 나의 이런 면을 지적하며 혀를 차곤 했다. 그래도 이번에는 겨우 보름 만에 제 길을 찾았으니 얼마나 다행인가.

두툼한 스크랩북은 고구려 벽화고분 관련 기사 및 화보 모음이었고 표지가 떨어져 나간 책은 고분벽화 모사도 전람회 도록이었다. 서류봉투에 든 것은 엽서, 사진, 메모, 스크랩하지 못한 기사, 다른 책에서 오려낸 화보, 스케치 및 펜화 같은 것들이었다. 모두 직간접적으로 고구려 유적과 관련된 것이었다. 자료 중에는 일본어로 된 것, 중국의 구어체인 백화문百話文이나 한자의 고어체인 번체繁體, 심지어 영어와 프랑스어로 된 것도 있었다. 양장본은 프랑스어로 된 고구려 유적 답사기였다. 나는 그때까지 누구도 가지고 있지 않음이 틀림없는 고구려 유적과 관련된 귀중한 자료들을 한꺼번에 손에 넣은 셈이었다. 그것도 대학선배가 선물처럼 건네준 평범한 책 꾸러미의 형태로 말이다.

고태일이 남긴 메모와 자료를 읽으면서 그가 내가 쓰려는 논문의 주제인 고구려 환문총에 대해 오랫동안 자료를 수집하고 정리해왔음을 알 수 있었다. 그의 전공이 고구려 유적과 관련된 고고학, 미술사학은 아니었던 것 같은데 왜 환문총에 애착을 가지고 연구를 시도했는지 잘 이해가 되지 않았다. 스스로도 20년이나 고분벽화를 공부하고 자료를 모았다고 했듯이 그가 이 분야에 대해 전문적인 수준의 지식을 갖추었음은 틀림없는 것 같았다. 메모에는 나도 그때까지 잘 몰랐던 용어가 자주 등장했다.

일지 형식의 글로 보아 그가 1960년대 어느 대학에서 교편을 잡았음은 확실하나 대학이나 학과의 이름은 알 수 없었다. 역사학계에서 활동한 것 같지는 않았다. 무엇보다 내가 관심을 가지고 있는 고구려 고고학 및 미술사학 분야에 그의 이름으로 된 글이 남아 있지 않았으니까. 그가 그린 것으로 여겨지는 스케치나 펜화로 보건대 미술이나 디자인 분야, 아니면 건축 분야의 인물일지도 모른다는 생각이 들었다. 고등학교 때까지 늘 미술부에서 활동한 내 눈에도 그림의 수준이 상당했다. 틀림없이 많이 그려본 솜씨였다. 당시에는 구하기 매우 어려웠을 외국어 자료들이 꾸러미에 섞여 있는 것으로 보아 고태일이 사회학이나 정치학 분야 사람이었을 수도 있으리라 짐작했다.

정통 역사학자나 고고학자가 아니었음에도 고태일은 끈질기게 이 분야의 자료를 모으고 정리한 듯했다. 남겨진 자료들로 보건대 그는 일본

학자들과도 교류가 있었고 중국 연변의 조선족 지식인들과도 인연이 닿아 있었음이 확실하다. 자유주의와 공산주의 사이의 동서냉전이 한창이어서 중국, 소련과는 아예 교류가 불가능했고 이웃 나라 일본과도 특정한 사람들만 교류할 수 있었던 시기에 어떻게 이런 일이 가능했는지, 과연 고태일은 어떤 사람이었는지 무척 궁금했다.

서류봉투 속의 자료 중에는 중국의 조선족 교사 이윤호의 메모도 들어 있었다. 그가 직접 찍었는지 아니면 어디서 구했는지 알 수 없는 집안 고구려 유적의 흑백사진도 여러 장 있었다. 아마 연변의 누군가로부터 일본을 거쳐 간접적으로 건네받은 듯했다. 수십 장의 고분 및 벽화 스케치 가운데 일부는 채색되어 있었다. 그중에는 '아즈마'라는 일본인 연구자가 그린 것으로 이전에 내가 보았던 일제강점기의 고구려 유적 조사 보고서에 실려 있는 것과 같은 그림도 있었다.

고태일은 환문총에 대한 연구논문을 끝내 완성하지 못한 듯하다. 여러 이유가 있었겠지만 당시로는 공산화된 중국에 있는 유적에 대해 글을 쓰는 것 자체가 터부시되었기 때문일 수도 있다. 고태일은 오랜 고심 끝에 이 유적에 담긴 수수께끼에 접근하는 방식을 바꾸려 한 듯하다. 내가 읽은 노트의 뒷부분은 고태일이 무엇을 하려 했는지를 알려주는 내용으로 빼곡히 채워져 있었다. 고태일의 역사적 상상력을 담은 메모들이 대부분이었다. 이런 정황으로 보아 그가 이 글들을 재정리하여 일종의 다큐멘터리 보고서나 소설, 수필로도 볼 수 있는 모호한 형식의 작품을 만들려 했음이 확실했다. 아쉬운 것은 연유는 알 수 없으나, 군데군데 여러 장이 없어지거나 빠진 부분들이 있어 앞뒤의 글들이 서로 연결

되지 않는다는 것이었다.

※

고태일의 모든 자료를 꼼꼼히 읽어보는 데만 꼬박 두 주를 보냈다. 첫 주말과 일요일은 밤을 꼬박 샜고 그다음 월요일은 몸이 안 좋다는 핑계를 대면서 연가를 냈다. 사무실에 그리 바쁜 일도 없었기에 연가를 내면서도 마음에 큰 부담을 느끼지 않았다.

1월의 마지막 주에는 점심시간에도 도서실에 내려가 책을 읽고 자료를 보았다. 퇴근 뒤에는 매일 밤늦게까지 자료를 읽고 재정리했는데, 익숙지 않은 일본어 자료를 읽느라 애를 먹었다. 책 꾸러미의 프랑스어 양장본은 삽도나 사진으로 볼 때 여행담 겸 보고서임이 확실했다. 하지만 프랑스어는 겨우 인사말밖에 모르는 나로서는 읽어내기에 벅차, 문고 및 시집과 함께 책꽂이 한편에 그대로 꽂아두었다. 일본어로 된 표지 없는 낡은 책도 큰 제목들과 삽도로 보아 실크로드 불교 유적 답사기로 짐작되어 서류봉투 안에서 나온 '서역'이라는 겉글의 다른 작은 봉투와 함께 책꽂이에 꽂아놓았다.

2월 한 달은 노트와 표지 없는 책, 서류봉투에 넣어졌거나 책 사이에 끼워져 있던 사진과 스케치, 메모, 엽서의 내용을 시간 및 주제별로 재정리하는 데 보냈다. 이런 작업을 어느 정도 진행하고 나니 고태일 자료의 성격이 대략 드러났다. 처음 짐작했던 대로 고태일은 환문총에 대한 다큐멘터리 형식의 보고서를 염두에 두면서 메모를 했고 필요한 사

■ 중국 길림성 집안 산성하 고분군의 여름 풍경

진이나 스케치도 모으고 있었다. 그는 자신이 왜 고구려 벽화고분, 특히 환문총에 관심을 가지게 되었는지는 말하지 않았다. 그러나 환문총에 대한 자료를 바탕으로 환문총과 관련된 사람들이 유적에 대해 어떤 생각을 했고 이들과 유적이 얽혀든 과정을 각자의 독백 형태로 펼쳐내는 글을 구상하고 노트에 이를 써내려갔다. 일종의 독백 모음집을 창작하고 있었던 셈이다.

그는 지인을 통해 얻은 이윤호의 일지와 메모를 통해 제2차 세계대전에서 패전한 일본이 물러간 뒤 제2차 국공내전國共內戰(1946~1949년 중국 지배권을 둘러싸고 벌어진 국민당과 공산당 사이의 내전) 시기에 인민해방군으로 입대했던 이윤호가 환문총뿐 아니라 백두산 주변의 고구려, 발해 유적을 두루 조사했다는 사실도 알게 되었다. 고태일은 이윤호가 남긴 자료를 통해 동서냉전기에 중국의 고구려 유적이 어떻게 관리되고 보호되었는지 어느 정도 윤곽을 잡아낸 듯하다. 그러나 이윤호와 그의 친구 만대복의 독백을 담은 노트의 뒷부분 10여 쪽이 없어진 것으로 보아 고태일 스스로 독백의 나머지 부분을 없애버렸을지도 모른다는 생각이 들었다. 책 꾸러미에는 이윤호의 메모와 사진 몇 장만 남아 있을 뿐 정작 중요한 자료인 일지는 보이지 않았다.

고태일이 메모에 남겼듯이 아즈마 타다시의 일지는 애초부터 일부만 남아 있었음이 확실했다. 아마 일제강점기 말과 패전 뒤의 혼란기에 아즈마 타다시가 남긴 자료 중 상당 부분이 불타거나 흩어져 없어진 탓이리라. 아즈마는 고구려 유적을 조사하면서 연고루라는 조선인 인부를 썼는데, 이 인물에 대해 관심이 많았던 듯하다. 고태일이 노트에서 연고루를 조선인 지식인으로 묘사한 것은 아마도 아즈마의 메모 때문인 듯하다. 그러고 보니 연고루의 성 '연'은 고구려의 마지막 권력자로 알려진 연개소문의 성이기도 하다. 묘한 일치라는 생각이 들었다.

노트와 서류봉투의 메모에 아즈마의 제자로 나오는 우에다 히로부미는 나도 잘 아는 인물이다. 실제 그는 아즈마의 조수로서 집안 지역 고구려 유적 조사에 여러 차례 참가하고 다수의 고분 실측도 및 벽화 모사도를 남겼다. 우에다의 실측도와 모사도는 일제강점기 고구려 유적 조사 보고서에도 수십 장 실려 있어 나도 여러 번 보았다. 볼 때마다 그림 속에 배어 있는 그의 관찰력과 감각, 성의, 열정에 감탄하곤 했다. 그가 일본 동북 지역의 가난한 어촌 출신이며 어려서부터 그림에 뛰어난 재능을 보였다는 것은 미처 몰랐던 사실이었다. 이때로부터 한참 뒤에 알게 되었지만 우에다는 고구려 벽화에 빠져 도쿄예술학교의 교수직도 그만두고 집안과 평양 등지를 오가며 벽화 모사도를 그리는 데 평생을 바친 특별한 사람이기도 하다.

고구려 국내성 소재지 집안의 주재소 순사였던 다나카 쓰에마치는 아즈마의 일지에도 등장하는 이름으로 실존 인물이었음이 확실하나 내가 읽은 유적 조사 보고서에는 등장하지 않는다. 경성京城(서울의 일제강점기 이름)에 살던 우에다의 애인 다마코 역시 실존 인물일 가능성이 높다. 그러나 그의 이름은 노트에만 나올 뿐이다. 조선인 인부 연고루는 전혀 정체를 알 수 없는 인물이다. 역사의식이 있는 지식인이자 화가로 그려지고 있지만 아즈마의 일지에는 나오지 않는다. 혹 가상의 인물인가? 알 수 없는 일이다.

문득 노트와 메모 속 인물들의 독백 중에 사실인 것과 그렇지 않은 것을 가려낸다면 어떨까 하는 생각이 들었다. 인물별, 시기별로 메모를 나누고 노트도 복사하여 각각의 해당 부분과 앞뒤를 맞추어 보았다. 뭔가 실마리가 잡힐 듯했지만 그것으로 끝이었다. 없어진 부분, 쓰지 않은 부분들이 더 있기 때문일 것이다. 언젠가 시간이 나면 빈 부분을 채우는 작업을 한번 해볼까? 시간, 인물 순서대로 맞춘 메모들을 한 묶음씩 나누어 작은 서류봉투에 넣은 뒤 큰 서류봉투에 다시 담아 책꽂이 한편에 꽂았다. 벌써 새벽이다. 눈을 붙이기는 틀렸고 밖으로 산책이나 가야겠다. 크게 기지개를 켜고 하품을 하며 대문 밖으로 나왔다.

1

환문총 비밀을
추적하는
고태일의 독백

백회 밑으로 사라진 고구려인의 춤사위

환문총 벽화의 수수께끼를 풀려고 달려든 지 벌써 20년이 되어간다. 하지만 여전히 자료 정리가 진행되는 정도이다. 출발부터 어렵다. 기본적인 정보가 너무 부족한 탓이리라. 환문총을 포함한 집안 지역 고구려 벽화고분 자료를 모으고 정리하는 것이 이 공부의 시작이고 끝이 될지도 모른다는 생각이 든다. 환문총에 대한 정보는 더 이상 모이지 않는다. 지금까지 환문총이 남아 있는지조차 알기 어렵다. 더구나 환문총의 벽화가 통째로 바뀌는 과정에 대해서는 아무런 정보도 남아 있지 않다. 벽화의 주제가 바뀌었다는 사실만 확인될 뿐이다.

환문총의 벽화는 왜 바뀌었을까? 정성 들여 그려졌던 춤추고 노래하는 사람들이 백회白灰 밑으로 사라지게 된 이유는 무엇일까? 누가 점무늬 긴 소매를 나풀거리며 춤추던 사람들을 회칠로 덮어버렸을까? 왜 새로운 백회 면에 의미를 알기 어려운 동심원문들을 그려 넣었을까? 벽과 천장고임 전체를 이런 무늬들로 채워넣은 이유는 무엇일까? 이 무덤에 묻힌 사람이 벽화를 다시 그려달라고 했을까, 아니면 그 가족, 아니 후손이 벽화를 새로 그려달라고 했을까?

■ 집안 환문총 널방 벽화의 일부. 백회 밑으로 무용수 그림이 희미하게 비친다.

벽화를 조사했던 사람들이 남긴 정보는 지나치게 단편적이다. 그나마 흩어져 있다. 몇 달 동안만이라도 일본에 가 있을 기회를 마련해

1　현재의 길림성 집안에는 우산하 고분군, 산성하 고분군, 만보정 고분군, 마선구 고분군, 하해방 고분군, 장천 고분군 등 7개의 고구려 고분군이 있다. 일제강점기까지 1만 3,200기 정도의 고분이 남아 있는 것으로 알려졌지만, 해방 후 인구의 증가로 이곳의 도시와 경작지가 확대되면서 고분의 수가 지속적으로 줄어들었다. 1997년 중국학자들에 의한 전면적인 조사에 따르면 현재 확인 가능한 고분의 숫자는 6,700기가량이다. 그중 벽화가 그려진 벽화고분은 38기 정도가 발견되었다. 집안의 주요한 고구려 유적, 곧 성과 고분들은 '고대 고구려 왕국의 도성과 무덤들'이라는 명칭으로 2004년 7월 세계유산으로 등재되었다.

2　백회 위에 그린 벽화는 몇 번이고 다시 고칠 수 있다. 고치려는 부분 위에 백회를 다시 바른 다음 새로 그리면 된다. 안악3호분 벽화에서는 무덤 주인의 얼굴과 손의 모습, 옷깃 형태를 고쳐 그렸고, 장천1호분 벽화에서는 하늘세계를 받쳐든 역사의 머리 모양 등을 몇 차례에 걸쳐 고쳐 그리거나, 연화화생상을 덮고 그 위에 연꽃을 그렸음이 확인되었다. 환문총은 당시 사람들의 일상생활 장면을 백회로 덮고 동심원 등의 장식무늬로 완전히 주제를 바꾼 경우이다.

볼까. 도쿄 쪽에서 자료 정리가 진행된다고 하는데, 구체적인 상황을 알기 어렵다. 편지를 보내도 답장이 없다. 환문총이 아직 잘 보존되어 있다면 그림 속 그림 조사도 가능하지 않겠는가. 정밀한 촬영만 허용된다면 의미 있는 사실들이 다량 확인될 수도 있을 텐데, 국내에서는 나서기도 어렵다. 작업이 필요하다는 사실을 알리고 설득할 상대를 찾기도 쉽지 않다.

※

일본 관학자 아즈마 타다시가 남겼다는 환문총 조사일지를 구했다. 하지만 간략한 메모 수준이다. 발굴 초기의 기록인데 그나마 무덤 구조와 조사 과정에 대한 것이 대부분이다. 벽화는 현 상태에 대한 메모만 있다. 벽화를 촬영한 유리건판 사진도 여러 장 구했으나 각 벽면의 내용을 파악할 수 있는 정도이다. 세부에 대한 것은 두어 장뿐이다. 이 정도로는 아즈마 타다시가 다른 글에서 환문총 벽화의 특징이라고 언급했던 백회 덧바르기 과정, 먼저 그린 그림과 새로 그린 그림의 차이, 두 그림의 관계를 밝혀내기 어렵다.

사진과 보고서를 보면 환문총의 무덤칸 들어가는 길 양쪽 벽에는 무덤지킴이인 진묘수鎭墓獸를 가득 채워 크게 그렸음을 알 수 있다. 고구려 벽화에서는 이렇게 진묘수를 크게 그린 다른 사례가 아직 확인되지 않았다. 등에서부터 연蓮 줄기 뻗어오르듯 솟아오른 꼬리를 끝이 좌우로 갈라지게 묘사한 것도 특이하다는 생각이 든다. 진묘수의 얼굴 세부 묘사가 다른 것으로 보아 암수 한 쌍을 나타낸 듯하다. 자세한 사진이 없어 알 수 없으나 이 진묘수들도 여러 짐승의 특징이 혼합된 창조물임이 틀림없다. 몸 전체에서 날카롭고 힘 있게 뻗어 나간 털들은 상서로운 기운을 나타낸 것이리라. 자세한 사진만 있다면 중국이나 일본의 고대 유적에서 발견된 다른 괴수怪獸 모습의 진묘수들과 비교할 수 있을 텐데, 그럴 수가 없다. 일본이 패전한 뒤 중국에서 촬영한 세부 사진이 있을지도 모른다. 한 장이라도 구할 방법은 없을까?

널방 벽의 동심원문은 상하좌우 일정한 간격에 맞추어 그려졌다. 대부분의 원이 6중원이다. 게다가 원의 고리마다 색을 다르게 넣었다. 그래서인지 언뜻 보면 동심원문이 둥근 겹고리띠처럼 보이기도 한다. 아즈마 타다시의 일지에는 벽 부분의 그림에 대해서만 백회 덧칠 뒤 다시 그려졌다는 언급이 있고 천장돌 부분에 그림이 있는지는 기록하지 않았다. 남은 사진으로 보면 그림이 없었던 듯하다. 유리건판 사진에 보이는 것은 천장고임에 그려진 청룡, 백호의 몸통과 머리 일부뿐이다. 천장고임에도 백회를 다시 입혔을 수 있지만 사진으로만 보면 그럴 가

---

3 일본 관학자들은 일본 군부, 만주국, 조선총독부의 의뢰를 받아 한국과 만주, 몽골 지역의 주민생활, 풍습, 역사 유적에 대한 광범위한 조사에 참여했다. 그들은 의뢰처의 의도를 어느 정도 알고 있는 상태에서 전문적인 훈련도 받지 않은 사람들을 데리고 유적 조사를 강행했다. 이 과정에서 인권침해, 유적파괴가 이루어진 경우가 많아 이들에 대한 평가는 대체로 부정적이다. 그러나 이때 유물·유적에 대한 학술적 정보가 가장 많이 수집 및 정리되었다는 사실은 부정하기 힘들다.

4 유리건판은 필름이 없던 시절, 유리판 위에 사진용 감광유제를 발라 만든 것으로 이 위에 이미지가 착상된다. 일제강점기에 한국의 유적, 풍경, 민속 촬영에 많이 사용되었다.

■ **상** 환문총 널길 벽에 그려진 무덤을 지키는 진묘수 | **하** 환문총 널방 벽화의 동심원문

능성이 그리 높지 않다. 동심원문과 사신四神은 벽화 제재로 볼 때도 서로 어울리지 않는다. 이렇게 자연스럽지 못한 조합이 시도된 이유도 불분명하다.

아무리 들여다보아도 환문총은 수수께끼의 벽화고분이다. 해석이 잘 되지 않는다. 벽화 주제를 바꾸는 과정에 어떤 말 못할 사정이 있었던 것은 아닐까? 그러나 벽화를 그린 화공이나 무덤에 묻힌 주인, 그들 사이를 이어주던 사람들 가운데 누구도 만날 수 없는 지금으로선 더 알아낼 수 있는 것도 없다. 무덤 안에는 수수께끼 같은 그림 일부를 제외하곤 어떤 기록도 남아 있지 않다. 게다가 지금은 그 무덤 근처에도 갈 수 없다. 적성 국가인 중국! '죽竹의 장막' 저편으로는 아무도 가지 못한다. 언제 길이 열릴지도 알 수 없다. 지금 분위기로는 가보고 싶다는 말을 꺼내지도 못한다. 그랬다가는 정말 큰일을 겪겠지. 그저 답답하고 안타깝기만 하다.

일제의 조사기록으로 보아 환문총은 오래전에 도굴을 겪었다. 아마 고구려가 멸망한 뒤 오래지 않아서일 것이다. 일제강점기 조사가 시작

---

5 해가 지나는 길인 황도黃道 상의 28개 별자리를 동서남북 4방위별로 7개씩 나누어 형상화한 우주적 방위신인 청룡, 백호, 주작, 현무를 사신이라 한다.

6 동서냉전기에 중국은 자유주의 국가 사람들이 접근할 수 없던 고립된 세계였다. 중국의 개혁개방 이전 중국과 자유주의 국가 사이의 국경을 '죽의 장막'이라고 불렀다.

될 때, 넓게 구멍이 뚫린 채 버려진 무덤 안으로 드나드는 데는 아무런 어려움이 없었다고 한다. 무덤 안의 돌방(돌로 된 방, 석실) 벽에는 한자로 된 낙서도 있었다고 하지만 아즈마의 일지에는 그 내용이 전하지 않는다. 고구려가 멸망한 뒤 당나라군에 의해 고구려 귀족들의 무덤이 열리면서 일어난 일이 아닐까? 천장고임에 그려졌던 벽화는 일부만 남았으나 벽 부분의 그림은 다행히 큰 손상을 입지 않았음을 사진으로 확인할 수 있다. 바닥에는 무덤 바깥에서 흘러든 토사가 쌓여 있었던 것 같다. 도굴 뒤에도 사람들이 드나들면서 널조각이나 관못, 토기조각 같은 것을 밟거나 주워갔을지도 모를 일이다.

환문총은 널길과 널방으로 이루어진 외방무덤이다. 널방 천장고임은 안으로 둥글게 휘어 올라가는 궁륭식穹窿式이다. 5세기 고구려 무덤에 자주 보이는 궁륭고임이 천장고임 양식으로 선택되었다. 널방 벽 모서리에는 나무기둥을 그렸고 벽과 천장 사이에도 기와집에서 볼 수 있는 나무도리와 보(기둥 사이에 올려놓는 가로 받침대를 도리, 세로 받침대를 보라 함)을 그려 넣었다. 그래서인지 널방 안이 단정하게 지어올린 기와집 안에 들어와 있는 듯한 느낌을 준다. 5세기 전반의 고구려 벽화고분들도 대부

---

7 무덤칸으로 들어가는 길인 널길, 관(널)이 놓인 널방만으로 이루어진 것이 외방무덤이다. 두방무덤은 무덤칸이 2개로 보통 널길에 잇닿아 앞방이 있고 사잇길에 이어 널방이 있다. 무덤칸의 천장을 고이는 방식에 따라 평행으로 역계단식으로 좁혀 올라가면 평행고임, 무덤칸 바닥에서 쳐다보면 받침돌들이 모두 삼각형으로 보이도록 벽의 평행면과 45도로 만나도록 네모진 돌 4개를 올려놓은 것을 삼각고임이라고 한다. 천장 위로 반구식으로 휘어 올라가도록 쌓은 것은 궁륭식, 궁륭고임이다. 평행고임과 삼각고임을 한 층에 나타내면 팔각고임, 아래위로 놓으면 평행삼각고임이 된다.

■ **좌** 쌍영총 널길 벽화의 기마무사 | **우** 환문총 널방 모서리 벽화의 기둥과 동심원문

분 이렇게 무덤칸 안에 나무기둥과 도리, 보를 그려 넣었다. 그렇지만 널방 안에 동심원문을 그린 다른 벽화고분은 아직 보지 못했다. 앞으로 나올지 모르겠으나 아마도 없을 것 같은 생각이 든다.

　무덤의 널길을 찍은 사진으로 보면 천장과 벽에 발랐던 두터운 회도 채색한 그림들과 함께 뭉텅뭉텅 떨어져나와 바닥에 쌓였던 것 같다. 아마 그 위로 흙과 모래가 덮였으리라. 아즈마의 일지나 발굴 보고서에는 떨어진 횟조각이나 횟덩어리 이야기가 없다. 무덤칸 바닥에 떨어진 벽화 조각들은 무덤이 처음 조사 및 발굴될 때 무덤 속을 채운 토사와 함께 내버려졌을 것이다. 벽화가 그려진 횟조각들이 이렇게 아무런 제재도 없이 버려졌다고 생각하니 가슴이 아프다. 단순한 채색 횟덩어리라 해도 잘 모아두었더라면 지금쯤 고구려인의 모습이나 쓰던 물건 같은 것들을 복원할 수 있었을 텐데, 아마 발굴 당시에는 그런 생각을 하지 못했던 모양이다.

조사를 지휘했던 아즈마 타다시도 회벽 위에 그린 벽화나 벽화가 그려진 고분에 대해 잘 몰랐을지 모른다. 아즈마의 본래 전공은 건축이었으니까 이런 고고학 유적에 대한 전문 지식이 부족했을 수도 있다. 이런 저런 이유가 덧붙여지며 집안 지역의 온갖 고구려 유적을 조사하는 현지 책임자 감투가 씌워졌을 테니까. 아즈마가 남긴 일지를 봐도 무덤의 구조나 규모에 대한 스케치가 정확하고 무덤을 짓는 데 사용된 석재나 유적 현장 상황에 대한 기록은 지나칠 정도로 자세하다. 그러나 벽화 내용, 채색, 필선 같은 회화적 측면에 대해서는 간략하다. 내가 볼 수 없는 일지의 나머지 부분도 이런 식일 게다.

아무래도 환문총 널방 벽 모서리에 그려진 나무기둥 안의 장식무늬는 뭔가 어색하고 서투른 느낌이다. 처음 벽화를 그릴 때 그려 넣은 것 같은데, 비교적 정확하게 그려진 지금의 동심원문과는 좀 다르다. 기둥도 일자로 곧게 뻗어 올라가지 않는다. 우리나라 산천에서 나는 약간 휜 채 뻗어 오르는 소나무로 만든 기둥을 그림으로 표현한 것이라서 그런가? 그렇다면 옹이도 나타내야 하는 것 아닌가! 하트를 반복한 듯한 기둥 안의 장식무늬는 오랜 역사의 산물인 새구름무늬에서 온 듯 그 끝이 꼬불거린다. 장식무늬의 끝이 새머리 모양도 아니고 넝쿨 끝 같지도 않지만 비슷한 느낌을 주는 무늬들을 본 적이 있다. 각저총(중국 길림성 집안현 소재) 널방 천장고임 벽화였다. 그 벽화도 조금은 서투른 맛이 있는 필선으로 묘사되었던 것 같다. 혹 두 무덤의 벽화를 잇는 무슨 문화적 고리가 있었던 것은 아닐까? 문득 두 무덤의 벽화를 비교해봐야겠다는 생각이 든다.

우에다 히로부미, 그는 어디로 사라졌는가

일본 교토에 사는 지인에게 우에다 히로부미의 행적에 대해 알아봐달라고 부탁했다. 우에다는 일제강점기에 아즈마의 조수로 조선과 만주일대의 고구려, 발해 유적을 조사하고 심지어 내몽골 고대 유적 조사에도 동행했던 사람이다. 하지만 이상하게도 1945년 이후에는 행방을 알수 없다. 패전 후 일본인들이 겪은 혼란을 감안하면 그의 행적이 확인되지 않는 것도 이상한 일은 아니다. 그렇지만 일제 고구려 유적 조사 현장에는 늘 그가 있었다. 그의 활동 내용이나 그가 남긴 기록이 내게는 관심의 대상이 될 수밖에 없다. 어쩔 수 없는 일이지만 그가 일말의 작은 정보라도 찾아내 내게 알려주었으면 좋겠다.

일제강점기의 보고서나 해방 후 발간된 추모집을 보면 아즈마는 처음에 조선총독부의 의뢰를 받고 주로 평양 일대의 낙랑고분들을 조사했다. 그러다가 고구려와 발해의 유적, 특히 고분을 관심 대상에 올렸다. 낙랑의 전축분塼築墳(벽돌을 재료로 무덤칸을 쌓아올린 무덤)들과는 계통이 다른 고구려의 석실분石室墳(관을 넣는 공간이 돌방인 무덤)들을 조사하다가 벽화고분들이 상당수에 이른다는 사실을 알게 되자 견습생이었던 우에다를 불러 벽화 모사를 맡겼다는 것이다.

우에다는 건축설계사가 되려고 아즈마 연구실에 들어갔지만 본래 고

■ 집안 각저총과 무용총 전경

건축에 관심이 많았다고 한다. 그는 그림에도 재능이 있던 사람인데, 벽화 모사를 맡게 되자 천 년도 더 지난 무덤 속 그림에 흠뻑 빠지기 시작했던 것 같다. 기록에 보면 이후 아즈마가 책임을 맡았던 고구려 유적 조사에는 반드시 우에다가 동행했다.

아즈마 타다시는 1941년 태평양전쟁이 절정에 이르렀을 즈음 내몽골에서 풍토병으로 죽었다고 한다. 추모집을 보면 당시 아즈마는 내몽골과 만주의 경계지대에 있는 고대 유적 분포도를 작성하고 있었는데, 우에다도 조수로 동행했던 것으로 나온다. 아즈마가 작성하던 고대 유적 분포도는 현재 전하지 않는다. 풍문에 당시까지는 알려지지 않았던 새로운 유적들이 아즈마와 우에다의 현장 답사를 통해 다수 확인되었다고 한다. 내가 아직 입수하지 못한 아즈마의 다른 유적 조사 일지에는 새로운 고대 유적들의 현지 명칭과 관련된 구전口傳도 일부 기록되어 있을 것이다. 고구려와 관련된 것도 적지 않겠지. 하지만 이 일지를 보관하고 있는 '아즈마 타다시 추모사업회'는 그 내용을 외부에 전혀 공개하지 않고 있다. 이 일지에 밝히기 곤란한 내용이 담겨 있음이 틀림없다. 고구려의 기원이나 고구려와 몽골고원 쪽 유목민족의 관계에 대한 것일까? 일제강점기에 일본인은 고구려가 동북아시아의 여러 나라들 사이에서 오랜 기간 패권을 행사했다는 사실보다 중국 왕조들의 영향 아래 있었다고 설명하려는 경향이 있었다. 그런 점을 고려하면 일지의 내용 가운데 이와 관련된 언급이 있을지도 모른다.

벌써 다음 주면 새 학기가 시작된다. 이번 여름은 내가 써야 할 전공 분야의 글은 뒤로 미뤄두고 환문총의 수수께끼를 풀기 위해 매달렸다. 그렇지만 별다른 진전도 없다. 아즈마 타다시의 유적 조사 활동에 대한 새로운 기록이나 정보도 거의 입수한 것이 없다. 38도를 넘나드는 폭염 때문에 글을 읽거나 정리할 엄두도 나지 않을 때가 많았다. 게다가 지난 겨울부터 시작된 어깨통이 오른쪽에서 왼쪽으로 옮겨가는 바람에 생각 날 때마다 크게 기지개를 켜며 어깨 돌리기를 해야 했다. 그러는 사이에 벌써 두 달이 지났다. 여전히 왼쪽 어깨는 움직이기 불편하다. 새 학기가 시작되면 연구와 관련한 활동은 거의 하지 못한다. 강의에 회의, 학과 교수들 사이의 서로 다른 의견 조율, 학생 상담과 논문 지도, 시험 출제와 채점, 여러 가지 명목의 회식 등으로 정신없이 또 몇 달이 흐르겠지. 학기말 성적처리가 끝나기까지 환문총 풀이는 더 이상 앞으로 나아가기 어려울 것이다. 다시 겨울이 오기까지 기다릴 수밖에….

■ 환문총 널방 동벽 남쪽 모서리에서 바라본 널길

나이가 들면 시간관념도 달라지는 건가? 한 학기가 그야말로 정신없이 지나갔다. 크리스마스 즈음에 교토의 지인에게서 연락이 왔다. 백방으로 수소문하고, 관련된 여러 기록을 뒤져보았지만 패전 후 우에다의 행적이 확인되지 않는다고 한다. 우에다는 아즈마가 죽은 1941년부터 수년 동안 경성에 남아 몇 차례 총독부에 건의도 하고, 여러 방식으로 경비를 모아 평양에 머물면서 벽화 모사를 할 방안을 찾아보기도 했다고 한다. 하지만 더 이상의 모사 작업에는 참여하지 못했던 것 같다. 태평양전쟁으로 인한 광기가 일본과 조선, 만주국 전체에 어둔 그림자를 길게 드리우면서 벽화 모사와 같은 한가로운 작업에 아무도 귀 기울이려 하지 않았기 때문일 것이다. 관청의 허가나 협조를 받지 못하고 관심을 보이는 이도 없는 상태가 오래 계속되자 어느 순간 우에다는 깊은 좌절의 늪으로 빠져들었을지도 모른다. 지인의 도움을 빌어서라도 일본에 한 번 다녀와야 할 듯하다. 내가 직접 우에다의 행적을 수소문해볼 수밖에….

비교적 많은 비용을 들여 환문총의 흑백 유리건판을 8절 크기로 인화했다. 시간을 두고 큼지막하게 인화된 사진들을 자세히 들여다본다. 아즈마와 우에다가 남긴 무덤 외관 및 내부 구조에 대한 스케치, 모사도도 한 장씩 꼼꼼히 들여다본다. 무엇인가 놓친 것, 더 보이는 것은 없을까? 사진으로나마 동심원문의 겹겹고리 속 백회 덧칠 아래 묻혀 있던 첫 번째 그림의 인물들과 대화를 나누는 방법은 없을까? 혹 춤추는 인물들이 두 번째 그림일 가능성은 없을까? 유화처럼 회칠도 여러 번 할 수 있는데, 그림도 몇 번씩 고칠 수 있지 않은가? 얼마 전 일본에서 인편으로 보내온 북쪽의 황해도 안악3호분 발굴 보고서의 주인공 부부도 자세히 들여다보니 세 차례 이상 얼굴을 다듬고 옷깃을 여민 흔적이 나타나지 않았던가? 환문총 도면과 사진들을 이런 식으로 살펴보며 스무고개식의 자문자답을 해본 것도 벌써 몇 번째인지 모른다.

　이래저래 저녁식사 시간을 놓쳤다. 식욕도 없다. 연구실에서 나가기도 싫다. 우에다의 모사도를 책상 위에 내려놓고 8·15광복 후 중국에서 촬영했다는 벽화 사진 한 장을 벽에 고정시켰다. 다시 그 곁에 모사도를 붙이고, 그 아래에는 유리건판 사진을 걸어놓는다. 중국 촬영사진을 떼고 모사도도 다시 내려놓는다. 유리건판 사진을 벽 한가운데 옮겨놓고 책상에서 두 걸음쯤 되는 거리에 서서 지그시 마주 본다. 이렇게 하니 마치 벽화와 대화하는 듯한 기분이 든다. 묘한 느낌이다. 동심원문이 더욱 강하게 눈에 들어온다. 겹고리무늬에서 해모수와 주몽의 해가 보인다. 고리무늬는 여래와 보살의 두광이기도 하다. 1949년 금당金堂 수리 도중 불타버린 일본의 〈법륭사금당벽화〉 여래의 두광도 이런 느낌이었을까?

2

해방군 출신 교사
이윤호와
동료 만대복 이야기

홍위병을 피해 연길로 떠나다

| **이윤호** | 돌방 벽이 온통 겹둥근무늬로 장식된 이 무덤에도 사람이 오랜 기간 머무른 흔적이 있다. 역시 만주국 시기(1932~1945)부터 해방전쟁기(국공내전, 1946~1949) 및 조선전쟁기(1950~1953)[8] 사이였던 것 같다. 비적匪賊들이 들끓고 일본군의 횡포도 심했던 만주국 시절에 가난하고 힘없는 자들이 이 무덤을 피난처 겸 오두막으로 삼았던 모양이다. 제 모습 갖춘 움막 짓기도 만만치 않았던 때라 이 정도면 번듯한 초가 한 채보다 나았을 것이다. 조선전쟁 당시 미군의 폭격을 피하기 위해 무덤 돌방 안에 몸을 숨긴 적이 있다. 좀 서늘한 감은 있으나 한가운데 관솔불이라도 붙여놓으면 그럭저럭 견딜 만했다. 더욱이 겨울에 눈이 심하게 올 때는 이만한 피난처도 없었다. 혹 없는 사람들 사이에서 서로 웃돈 붙여가

50

며 넘겨주고 받았을지도 모를 일이다.

집안 시내에서는 좀 떨어진 편이어서 해방전쟁기나 조선전쟁기에 인민해방군이 이 무덤과 주변의 다른 무덤들에 손을 댄 것 같지는 않다. 근처에 또 하나의 무덤이 있는데, 내부에 그림은 없고 묘지명으로 보이는 글만 있다. 자세히 보면 많은 부분을 읽어낼 수 있을 것 같다. 마을 사람들 이야기로는 만주국 이전에는 이 무덤에 일본인들도 드나들었다고 한다. 발굴 조사를 말하는 듯하다.

용정龍井이나 연길延吉 쪽에는 흙무지 속에 돌방이 있는 이런 무덤이 없지만 화룡和龍 쪽에는 무리를 이룬 곳이 있다 한다. 내가 가르쳤던 학생 가운데 화룡 출신이 있어 들었는데, 이곳 무덤들처럼 무덤 속에 그림이 있다는 말은 없었다. 아마 발해시대 무덤들이 아닌가 생각된다.

지금은 나라 전체가 혼란에 빠진 어두운 시기이다.[8] 수많은 혁명가들이 반혁명 혐의로 재판에 회부되고, 얼토당토않은 죄명을 쓴 판자를 목에 건 채 맨발로 거리를 행진하도록 강요받았다.[9] 목숨을 걸고 일제와 싸웠던 사람들이 이제는 그들이 온힘을 다해 세우고자 애썼던 그 공화국에서 그들이 낳고 기른 젊은 학생들에게 제국주의의 첩자라는 손가

---

8 조선전쟁이란 북한, 일본, 중국 등에서 한국전쟁을 부르는 명칭으로, 특히 중국에서는 1950년 10월 중공군이 참전한 이후를 '항미원조전쟁'으로 부른다. 여기에 등장하는 이윤호가 인민해방군 출신이므로 그의 입장에서 이렇게 표기했다.

9 문화대혁명기(약칭 '문혁', 일명 '십년동란')인 1966~1976년 중국에서는 민족주의적 성향을 보이는 일체의 활동이 금지됐다. 이때 중국 소수민족의 지도자들은 종파주의자, 분열주의자, 수정주의자로 낙인 찍혀 숙청되는 경우가 많았다. 항일전쟁의 영웅으로 불렸던 연변조선족자치주의 지도자들도 문혁의 광풍에 휩쓸려 대거 희생되었다.

■ 집안 모두루총 널방 동벽의 묵서묘지명

락질을 받고 내침을 당한다. 이게 도대체 무슨 상황이란 말인가? 어떻게 이런 일이 일어날 수 있단 말인가? 사람들이 사소한 문제로 다투다가도 상대가 "너는 수정주의적 사고를 하고 있어. 제국주의의 앞잡이야!"라고 소리치면 갑자기 문제가 커진다. 다들 너무 억울하게 직장에서 쫓겨나고 거리로 내몰린다. 세상이 미쳐 돌아가고 있다. 이곳 집안에

---

10 문화대혁명기에는 중학생에서 대학생에 이르기까지 젊은이들이 스스로를 홍위병, 홍위군으로
    부르며 모택동 반대파에 대한 테러를 일삼거나 문화재 파괴에 앞장섰다. 연변조선족자치주에
    서는 이들에 의해 조선어로 수업하는 민족학교들이 다수 파괴되었고 족보들이 불살라졌다.
    민족문화를 보호하려는 인사들은 반혁명분자로 지목되어 학대받고 추방되었다.

서의 일이 끝나도 이제 다시 학교로 돌아갈 수는 없을 것 같다. 일본과 미국에 대항해 싸웠던 그 모든 수고가 이런 어처구니없는 상황으로 되돌아오리라고는 상상도 못했다.

✻

이번 일로 우리 연변 조선족 중에 아까운 인물들이 많이 숙청되었다. 자치주가 온통 어린 홍위병紅衛兵들의 붉은 깃발에 뒤흔들렸다. 늙은 혁명가들이 합당한 대우를 받기는커녕 반혁명 활동을 자백하라는 강요를 받으며 말년에 험한 꼴을 당하고 있다. 나도 해방전쟁과 조선전쟁에 참여한 위대한 인민해방군 경력을 갖고 있지만 언제 누구에 의해 반혁명적 종파주의자로 내몰릴지 알 수 없는 일이다. 무엇보다 이런 사회 분위기를 견디기 힘들었다. 은사이기도 한 교장 동지께 길림 일대 혁명사적革命事蹟 조사 정리를 핑계로 말미를 얻은 뒤 연길을 떠났다. 혁명사적 및 역사유적 정리와 보고는 교편을 잡았을 때부터 내가 담당하였고, 학교에서도 내 고유 업무처럼 여기고 있었다. 내가 왜 잠시 연길을 떠나 있으려는지 교장 동지도 짐작하고 있어 선선히 허락해주었다.

연길에서 화룡으로 들어가 고구려와 발해 무덤들이 있는 곳을 차례로 돌아보려 하였다. 그러나 그곳도 혼란스런 기운에 싸여 있기는 마찬가지여서 바로 이도백하二道白河로 들어갔다. 백두산은 여전히 사람의 손길을 불편해하는 듯했다. 한족 옛 친구의 안내를 받아 사람들 눈에 덜 띈다는 서파西陂를 통해 천지까지 올랐다. 하지만 길이 험하고 도중에

53

돌이 흘러내린 곳도 많아 오르기가 쉽지는 않았다. 해방군 시절에는 이런 길도 그리 힘들지 않게 한두 참 쉬면서 금세 올랐다. 하지만 이미 나이 사십 줄에 들어선 까닭인지, 근래의 세상 돌아가는 품새에 심신이 고루 지쳤는지, 새벽에 떠났건만 해가 고갯마루를 넘어설 무렵에야 겨우 산꼭대기에 발이 닿았다.

이도백하에서 일주일 정도 머무르다가 나무의 바다로 불리는 장백산맥의 큰 숲 사이로 난 길을 돌아 장백長白에 들어섰다. 이후에는 가능한 한 압록강 줄기를 따라 남으로 내려갔다. 사방 천지가 나무이자 숲이었고 산이며 골짜기였다. 다행히 곳곳에 작은 조선족 마을들이 있어 잠시 머물며 쉬기는 그리 어렵지 않았다. 교장 동지에게서 받은 유적 조사를 위한 출장명령서도 있고 여행증도 있었다. 거기에 장기간 해방군에 복무한 경력도 있어 마을 사이사이에서 옛 해방군 동지들도 만나 길 다니기가 오히려 편했다. 그러나 남으로 내려가는 길은 생각보다 멀었고 산도 골도 깊었다. 골짜기 사이에서 마을과 주변의 평지에 흩어진 오래된 돌무덤들을 많이 보았다. 옛 기록에도 제대로 표기되어 있지 않은 유적들이었다. 아마 일본의 군사지도에는 표시되었을 수도 있지만 예나 지금이나 그것은 구하기 어렵다. 혹 내가 가지고 있어도 지금 같은 분위기에서는 오히려 위험하다.

장백과 임강臨江 사이의 작은 마을들이 자리 잡은 골짜기에서 이전보다 돌무덤들을 더 많이 보았다. 같은 형태의 무덤들이 강 건너 조선의 강변 골짜기나 높은 구릉의 밭들 사이에도 적지 않게 흩어져 있었다. 임강에 이르기 전 압록강의 어떤 곳은 폭도 좁고 물도 시냇물처럼 얕아서

■ 중국 길림성 장백 간구자 고분군 전경

바지만 걷으면 그냥 건너가 조선 땅을 밟을 수도 있었다. 중국 쪽 조선
족들과 조선 쪽 마을 사람들은 수시로 강을 건너 오가면서 소식도 전하
고 서로 필요한 것들을 바꾸기도 한다고 했다. 조선 쪽의 마을에서는 정
기적으로 장이 열려 조선족들도 산에서 채취한 것들을 꾸러미로 싸들
고 장에 간다고 하였다. 연길을 떠나 집안에 이르기까지 꼬박 한 달 반
이 걸렸다.

■ 일제강점기 집안 국내성 안쪽 마을 전경

✼

집안은 연길 쪽보다 분위기가 험악하지 않은 듯했다. 우리 간도間島
쪽보다는 도시도 제대로 형성되지 않은 데다가 가난한 외지 이민자들
이 주민의 대다수를 차지해서인지 반혁명이니, 종파분자니 하며 특정인
을 비판하고 잡아들여 족칠 만한 사건이 그다지 없어 보였다. 형식적으

로나마 홍위병 복장의 아이들이 어슬렁거리는 정도였다. 가난이 미덕인
가? 권력 잡아서 먹을 만한 것이 별로 없어서인가? 아니면 공적이 될 만
한 지주 출신 지식인 사회주의자 패거리가 없어서인가?

　일제 때 만들어진 자그마한 읍내 거리, 주변을 둘러싼 고구려시대의
성벽 외에 눈에 띄는 것이라고는 크고 작은 언덕만 한 무덤들밖에는 없
는 시골도시. 집안은 가난했고 생기도 없었다. 강 건너 조선의 만포満浦

만 바라보고 사는 작은 마을에 불과했다. 이 작은 세계에서 소학교 교편을 잡고 있는 해방군 동지 만대복의 두 칸짜리 초라한 흙벽 집에 여장을 풀었다. 대복은 여전히 노총각 신세를 면하지 못하고 있었으나 나를 보고는 뛸 듯이 기뻐했다. 특유의 함박웃음이랄까 환호성 같은 것을 지르며 그냥 펄쩍 뛰어오르더니 두 팔을 벌린 채 내게 달려왔다.

무덤 속의 괴수들과 마주하다

| 만대복 | 해방군 동지 이윤호. 그는 내 목숨의 은인이다. 큰 형님뻘이기도 하고 특히 나를 따뜻하게 대해주어서 자연스럽게 형으로 부르게 되었다. 열에 아홉은 온전히 살아 돌아오지 못한 조선전쟁! 나는 윤호 형 덕에 사지가 멀쩡한 채 돌아와 영웅 칭호를 받고 외진 시골 동네에서나마 교편을 잡을 수 있었다. 조선의 황해도 사리원 근처에서 경험한 미군의 밤샘 폭격은 지금도 떠올리기조차 싫은 악몽이다. 밤을 낮처럼 훤히 밝혔던 그 무시무시한 폭격에서 살아남은 해방군은 나와 윤호 형밖에 없었다. 길도 모르고 말도 못하는 내게 윤호 형은 길 밝히는 눈이었고 살아 있는 혀였다.

낮이면 오래된 빈 무덤이나 그늘진 동굴 속에 들어가 숨고 밤이면 북으로 발길을 재촉했던 기억이 여전히 생생하다. 언제였던가. 밖에서는 나무에 가려 입구가 잘 보이지 않는 커다란 무덤 안에 들어가 웅크리고 앉았다가 얼핏 잠이 들었던 모양이다. 잠에서 깨어보니 그때까지 윤호

58

형은 잠들지 않은 채 어둠 속에서 무언가를 보고 있었다. 어둠이 눈에 익자 내 눈에도 무언가가 보였다. 나는 순간 대경실색하며 외마디 비명을 질렀다. 부리부리하고 핏발이 선 듯한 눈, 날카로운 송곳니, 날이 선 긴 발톱, 호랑이도 아니고 용도 아니고 귀신도 아닌 이상한 형상의 짐승이 아가리를 크게 벌리고 앞발을 높이 쳐든 채 나를 노려보는 것이 아닌가! 윤호 형은 내 비명을 듣고야 정신이 돌아온 듯 고개를 돌려 나를 바라보았다.

북으로 올라가면서 비슷한 그림이 있는 무덤을 두어 개 더 보았다. 나는 그런 무덤 안에 들어가 낮을 보내는 것이 싫었다. 들어가지 말자며 윤호 형의 소맷자락을 잡았지만 형은 그런 곳이 사람 눈을 피하기 더 좋다며 오히려 내 등을 떠밀었다. 평양 근처에 이르러서야 해방군 복장

■ 일제강점기 강서(현재의 남포시 강서구역) 삼묘리에 있는 강서대묘 널방 벽화의 백호

■ 집안 삼실총 제1실 입구

의 무리들을 여럿 만날 수 있었다. 우리가 속한 군단의 예하부대를 찾아
가 새 부대에 다시 배속된 것도 대동강 언저리에서였다.

🌟

윤호 형 덕에 옛 무덤도 무서워하지 않게 되어 집안에 자리 잡은 뒤
에는 시간이 날 때마다 곳곳에 널려 있는 오래된 무덤들을 찾아다녔다.
무덤 근처에서 눈에 띄는 것들은 주워 집에 가져다두기도 하고, 가끔은
눈 딱 감고 큰 무덤 안에 들어가보기도 했다. 무덤 중에는 괴물이나 용,

호랑이 같은 것을 방 벽 가득 그린 것도 있었다. 그러나 그림을 그리는 방식이나 그림에 넣은 색이 평양 남쪽의 것과는 달랐다. 돌 위에 남은 어떤 것들은 색이 유난히 화려하고 필치도 활달했다.[11] 그렇지만 그림을 그렸던 횟조각이 너무 많이 떨어져 나가 짐승의 머리나 꼬리 일부만 보이는 것도 있었다. 무덤 안은 늘 축축하고 서늘하여 들어가 있으면 금세 기분이 으스스해졌다. 이런 무덤들은 나와는 좀 맞지 않는다. 윤호 형은 무덤 안에 오래 있고 싶은 모양인지 늘 내가 재촉해야만 밖으로 나왔다. 사실 무덤 안에 들어가는 것은 지금도 그리 내키지 않는 일이다.

무덤 속에는 글이 쓰여 있는 것도 있었다. 이래 봬도 내가 공자의 고향인 산동 곡부 출신인지라 한자도 예서隷書나 행서行事체 정도는 구별해 낼 수 있었다. 호태왕비好太王碑와 글맛이 비슷한 것도 있었는데, 비문碑文 글자만 못했다. 촌구석이지만 글방의 훈장으로 자리 잡은 데다 어릴 적부터 글을 배운 덕분에 비문 예서와 무덤 속 행·예서를 섞은 글도 여러 번 멋을 내며 써보았다. 글이 좀 나올 때는 큰 소리로 가락을 붙여 읽어보고는 갑자기 한바탕 크게 웃기도 했다. 글방 곁을 지나던 이웃이 깜짝 놀랐다며 나를 나무라는 일도 있었다.

윤호 형이 이 마을의 옛 무덤에 좀 들어가보자 한다. 사실 옛 무덤에 빌붙어 세워지다시피 한 마을들이라 무덤에 들어가고 말 것도 없다. 이

---

11 6~7세기 고구려의 사신도는 남쪽의 평양권, 북쪽의 집안권 고분벽화 사이에 차이점이 있다. 평양권 사신도는 벽면에 배경 그림 없이 사신만을 그려 깊은 공간감과 사신만의 세계를 느끼게 하는 반면, 집안권 사신도는 벽면을 화려한 배경무늬로 채우고 사신에도 여러 색을 넣어 장식적인 느낌이 강하며 공간감이 약하다.

마을에서는 많은 아이들이 무덤 안에 드나들며 논다. 돌무더기 무덤은 들어갈 수 없지만 돌집무덤은 드나들기 그리 어렵지 않다. 인적이 드문 산 언덕배기 무덤들은 가끔 박쥐소굴이 되어 있기도 했다. 마을 가운데에 있는 무덤들 중에는 가까운 집의 채소창고로 쓰이는 곳도 적지 않다. 윤호 형의 옛 무덤에 대한 관심은 여전하다. 어차피 한동안 이곳에 머무르겠다고 했으니 함께 옛 무덤을 드나들며 그림도 보고 글이 있는지 찾아보는 것도 괜찮을 것 같다. 게다가 윤호 형이 하고 싶다는 일을 내가 마다할 리 없지 않은가. 윤호 형이 나에게 어떤 사람인데….

※

오늘은 수업이 없는 날이라 아침을 간단히 먹은 뒤 윤호 형과 함께 호태왕비 근처의 무덤 세 곳에 다녀왔다. 무덤 안에 그림이나 글이 있으면 마냥 주저앉아 나올 줄 모르는 윤호 형 때문에 종일 무덤 세 곳만 보았다. 나는 예전부터 근처 마을에 살던 사람을 만나면 이런 무덤들이 무엇이라 불리는지 정도 물어보는 게 다였다. 그러나 윤호 형은 어디서 구했는지 일제 때의 책을 꺼내 뒤져보더니 오늘 본 큰 무덤들은 일제 때 이미 조사한 것이라고 했다. 일본 사람들이 측량기사와 화가 등을 데리고 들어가 조사한 적이 있다는 것이다. 형 손에서 책을 건네받아 펼쳐보니 우리가 들어갔던 무덤에 대한 상세한 기록과 함께 흑백사진들이 실려 있었다.

오늘 형과 본 사신묘四神墓의 그림은 나도 벌써 몇 번째 본 것이다. 같

은 학교 선생들과도 두어 차례 그 안에 들어가보았다. 그렇지만 오늘처럼 자세히 보지는 않았다. 윤호 형은 아무렇지도 않은 것 같은데 나는 청룡, 백호로 불리는 이 신비한 괴수들이 무섭다. 붉은 기운도 있으나 실제 푸른빛이 어린 듯한 무서운 눈과 마주치기 싫어 윤호 형과 무덤 안으로 들어가면 저절로 천장 쪽으로 눈을 돌리게 된다. 천장 그림들이 훨씬 낫다. 정말 천상의 신선세계 같다. 그러나 천장돌에 그려진 용은 돌방 벽의 괴수들과 비슷해 바로 보지 않는다.

내일 오후에는 씨름그림과 무용그림을 보러 갈 작정이다. 윤호 형은 오늘 미처 보지 못한 다른 두 개의 큰 무덤을 먼저 보자고 했다. 하지만 나는 이웃 사람들이 혹 나와 형을 수상쩍게 볼 수도 있으니 뜸을 좀 들이자고 했다. 시골 사람들은 외지인의 행동거지를 유심히 살피는 습관이 있다. 윤호 형을 위해서도 멀리 있는 무덤부터 보는 것이 낫겠다 싶었다. 윤호 형은 내게 은인이다. 내가 지켜주지 않으면 누가 하랴!

약탈의 현장이 된 무덤 조사를 시작하다

| **이윤호** | 대복과 함께 무용묘와 각저묘에 들어가보았다.[12] 어제 본 사신이나 하늘세계 신선들을 그린 화가들과는 시대도 다르고 경향도 좀 다른 사람들이 씨름꾼과 춤꾼들을 그렸다는 느낌을 받았다. 무용묘, 각저묘는 사신묘나 그 부근의 큰 무덤들에 비하면 봉분封墳의 크기에서도 비교가 되지 않을 정도로 소규모이다. 귀족으로서의 집안 내력이나 지위가 평지 큰 무덤의 주인공들과는 격이 달랐기 때문이 아닐까.

방 크기도 작을 뿐 아니라 벽과 천장에 고르게 회를 바른 뒤 그림을 그려서인지 무덤 안은 편안한 느낌을 주었다. 무덤 특유의 퀴퀴한 냄새나 축축하고 서늘한 느낌은 같았으나 회를 덧칠하지 않은 돌집무덤보다 안에 있을 때의 느낌은 더 낫다. 그림도 그리 크지 않고 언뜻 보면 아

---

12 북한에서는 벽화고분에 대해 '춤무덤', '씨름무덤' 등 벽화 내용을 담은 한글 이름을 붙이고, 일본과 중국에서는 무덤을 의미하는 한자 '총'과 '묘'를 붙여 부른다. 이 책에서는 일제강점기에 발견 조사된 고분, 북한과 중국에서 발굴된 고분에 붙여진 이름과 글의 주인공이 쓰는 명칭을 그대로 사용한다.

■ 집안 각저총 널방 천장고임 벽화의 하늘세계

기자기한 느낌마저 준다. 비록 작은 무덤이지만 천장은 높아 보이게 여
러 층으로 겹겹이 쌓아올렸다. 그리 높지 않음에도 서서히 좁아지며 겹
을 이루며 올라가니 시원하게 뚫린 듯한 느낌이 든다. 두 무덤은 그림
내용이 상당히 다르다. 하지만 크기나 돌방 내부 모습은 쌍둥이처럼 비
슷하다. 게다가 무덤 입구 방향도 나란하다.

　대복의 집으로 돌아와 언제나처럼 이 노총각이 정성 들여 볶고 구어
서 마련한 소찬으로 저녁을 마쳤다. 그런 뒤 대복이 장춘에서 온 사람에
게 얻었다는 1940년판 보고서 《통구通溝》를 펼쳐보았다. 일제시대에
일본의 두 학자가 주도하여 정리한 일종의 사진 자료집이다. 유적의 조

사 일정이나 내용, 측량결과 등이 도면과 함께 제시되어 있어 조사 당시 무용묘와 각저묘가 어떠한 상태였는지 알 수 있었다. 무덤 안에서 찍은 흑백사진과 수첩 기록을 바탕으로 색을 넣어 그린 천연색의 그림들도 랜턴으로 비춰봤던 벽화 상태를 다시 기억해내기에 좋았다. 사신묘의 것도 그렇지만 무용묘, 각저묘의 그림도 참 좋다.

    집안으로 돌아오는 길에 잠깐 들렀던 장천마을에 다녀왔다. 읍내에서는 상당한 거리여서 낡은 자전거로도 두 시간 이상이 걸렸다. 길도 좋지 않아 오가는 데 어려움이 많았다. 마을 뒤편 넓은 대지에 크고 작은 무덤들이 150기가량 있었지만 제 모습을 그대로 지니고 있는 것은 많지 않았다. 만주국 시기에 무덤 안에서 금가락지가 나온다는 소문이 돌자 한동안 밤낮으로 도둑들이 들끓었다고 한다. 말이 도둑이지 관헌의 눈길이 미치기 어려운 곳이었으니 마을 사람들도 대놓고 무덤들을 파헤쳤을 것이다.

    장천마을에는 대단히 큰 돌더미무덤이 있어 무척 놀랐다. 읍내의 커다란 돌더미무덤들에 전혀 뒤지지 않는 큰 무덤이었는데, 무덤 위쪽에는 구색을 갖춘 돌방도 있었다. 물론 천장이 무너져내린 돌방 안에는 아무 것도 남아 있지 않았다. 계단식이었던 무덤의 원래 모습도 많이 흐트러진 상태였다. 4각형인 무덤 밑면의 한 변 길이만 어림잡아 10미터는 족히 넘었다.

시간이 많지 않아 대형 돌집무덤 여러 기 가운데 입구가 드러난 한 기만 살펴보았다. 역시 도굴꾼의 손을 타 입구뿐 아니라 내부도 크게 어지럽혀진 상태였다. 무덤 안에는 두 개의 방이 있었는데, 방의 벽과 천장이 온통 연꽃과 '왕王'자로 장식되어 있었다. 입구의 문도 넘어져

---

13 《통구: 권하卷下. 만주국통화성집안현고구려벽화분滿洲國通化省輯安縣高句麗壁畵墳》은 이케우치 히로시와 우메하라 스에지가 1935년 조사된 고구려 벽화고분, 곧 무용총, 각저총, 삼실총, 통구사신총, 모두루총, 환문총에 대해 작성한 도판 위주의 보고서이다. 흑백사진과 메모를 바탕으로 그린 컬러 모사도가 함께 수록되었다. 벽화고분 발견 당시의 벽화 상태를 알려주는 사진 자료들이 담겨 있어 가치가 높다.

14 3세기 중엽에서 5세기 초에 걸친 고구려 초기 고분벽화의 주제는 주로 주인공의 일상생활을 그린 생활풍속이다. 무덤칸 벽과 천장에, 사람이 죽으면 이 세상에서의 지위와 신분이 그대로 유지되는 상태로 조상들이 사는 세계로 돌아간다는 계세적繼世的 내세관에 근거한 그림을 그렸던 것이다. 무덤 주인 부부의 초상이나 나들이 모습, 음식을 만들고 상 차리는 장면, 사냥, 씨름, 놀이 등이 그림의 제재로 쓰였다. 5세기 중엽에서 5세기 말까지인 고구려 중기 고분벽화에는 생활풍속 외에 불교적 내세관에 근거한 연꽃 중심 장식무늬, 비천이나 기악천, 보살과 여래가 그려졌으며 음양오행 신앙에 바탕을 둔 사신도가 그려지는 등 여러 주제가 선택되어 그림으로 묘사되었다. 6세기 초부터 7세기 전반에 이르는 고구려 후기 고분벽화에는 주로 사신이 무덤 주인을 보호하기를 바라는 뜻에서 사신도가 무덤칸 가득 그려졌다.

15 적석총, 돌무지무덤으로 불리는 고구려 초기의 무덤들은 강돌을 가져다가 무덤 재료로 사용하던 관습에서 비롯되었다. 초기에는 네모지게 돌을 깔아 바닥을 높인 다음 그 위에 관을 놓고 돌을 덮는 식이었으나 점차 단을 만들어 반듯한 모습이 되게 하였다. 4~5세기에는 벽돌 모양으로 다듬은 큰 돌을 계단식으로 쌓아올려 피라미드처럼 보이게 만들었다. 고구려 돌무지무덤 가운데 가장 큰 것은 한 변 길이가 62미터, 총 둘레 248미터, 높이 14미터인 태왕릉이다. 유명한 장군총은 한 변 길이가 30미터, 총 둘레 120미터, 높이 14미터, 7층 계단식이다.

16 3세기경부터 고구려 사람들은 요양의 돌방무덤 및 낙랑의 벽돌무덤 양식을 참고하여 돌로 방을 만든 다음 그 위를 흙으로 덮는 흙무지돌방무덤을 만들었다. 보통 벽 부분은 사람 머리 크기만 한 돌을 쌓아 흙과 잔돌로 빈틈을 메워 완성하고 천장 부분은 돌로 쌓되 평행이거나 모줄임, 혹은 궁륭식으로 했다. 6세기경부터는 넓적하고 편평한 큰 돌을 세워 무덤방의 벽을 만들었다. 돌방으로 들어가는 길을 따로 만들고 입구에는 돌이나 나무로 만든 문을 달았다. 무덤방의 바닥은 흙과 회, 숯을 섞어 잘 다졌으며 회를 발라 마무리하였다.

■ 집안 장천5호분 정상부

있었으며 앞방과 뒷방 사이의 돌문도 일부 깨진 채 엎어져 있었다. 돌문에 사람의 형상이 그려진 것 같은데 흙찌끼 같은 것이 지저분하게 덮여 있어 자세히 확인하지는 못했다. 사람이 안에 머무른 흔적은 보이지 않았다. 우리 길잡이가 되어주었던 마을 사람 진씨는 대복이 특유의 말솜씨로 나를 저 위쪽 높은 곳의 주석급 인물이라고 떠벌린 탓인지 무척 조심스러워하면서 자기가 아는 온갖 이야기를 전해주었다.

진씨는 이미 환갑을 넘긴 지 오래인 것 같았는데, 만주국 시기에 도둑들이 큰 무덤들만 일부 파헤쳐 돈이 될 만한 것은 모두 들고 갔다는 얘기를 들었다고 했다. 마을 사람들도 도둑들 심부름을 하다가 무덤 파는 법을 배워 흙무지나 돌무지 위에서 아래로 파 들어가는 방식으로 돌집 안에 들어가기도 하고 널이 썩으며 움푹 들어간 돌무지 구덩이 사이로 금붙이나 은붙이 조각을 찾아내기도 했다고 한다.

사실 많은 무덤들이 제 모습을 잃게 된 것은 해방 후 조선전쟁이 일어나 인민해방군이 집안과 만포 사이를 오가게 되면서부터라고 했다. 1950년 겨울, 변변한 지원도 받지 못한 채 집안 근처에 주둔하게 된 여러 해방군 부대의 군인들은 압록강 칼바람을 피하기 위해 급하게 토담 막사라도 세워야 했다. 마침 어떤 부대장이 지천으로 깔린 돌더미의 돌들로 벽을 쌓고 그 위를 나무와 포대로 덮자고 했다는 것이다. 누군가가 그것이 옛날 금金나라나 그 이전 토박이들의 무덤이니 손대지 말자고 했으나 '해방군을 위해서는 무슨 일이든 한다'면서 막무가내로 병사들에게 돌담집을 지어 막사로 삼으라고 명령했다 한다. 장천마을 돌더미무덤 가운데는 그때 아예 없어져버린 것도 적지 않다고 했다.

조선전쟁에 참전했던 나로서는 당시의 상황을 이해할 수 있었다. 그해 겨울은 무척 추웠고 압록강을 건넜던 해방군 가운데는 전사한 군인보다 얼어 죽은 군인이 더 많았다. 모두 그해 추위에는 진저리를 냈다. 압록강 너머에서는 남으로 진격이 거듭되었기 때문에 돌담집 막사를 지을 틈도 없었다. 나 역시 동지들과 함께 단동丹東에서 대기하다가 압록강을 건너 의주義州를 지나 동남으로 방향을 틀어 남으로 내려갈 때 집안에서 봤던 것과 비슷한 많은 돌더미무덤들을 본 것 같다. 그러나 정확히 어디였는지는 기억이 가물가물하다. 그때는 정신없이 남으로 진격

하다가 어느 순간부터는 낮밤으로 미 공군기의 폭격에 시달렸고 저녁 어스름이면 동지들의 주검을 모아 묻는 것이 일상이 되어버렸다. 떠올리고 싶지 않은 아픈 기억이다.

　진씨가 오후에 본 것보다 더 큰 돌집무덤이 두 기 더 있다고 했으나 해는 짧은 데다 읍내로 돌아가려면 만만치 않은 시간이 걸릴 것 같아 무덤 안에 들어가보는 것은 다음으로 미루었다. 진씨 노인에게 간단히 사례를 하고 대복과 함께 읍내로 돌아왔다.

3

|

벽화고분 발굴자
아즈마 타다시의
조사일지

| **소화 10년(1935년) 4월 7일** | 오후 3시 30분 조수 우에다 군과 기차 편으로 만포를 건너 집안에 도착했다. '다나카 쓰에마치'라는 현지 주재소의 순사보가 마중을 나왔다. 다나카 씨는 마른 체격에 중간 키, 조금 긴 얼굴을 가졌는데 고향이 나라현의 '아사히하라'라고 했다. 다나카 씨가 소개한 조선인 김씨의 주선으로 조선인 인부 두 명과 만족 인부 한 명, 한족 인부 네 명을 일당 1원에 일주일간 고용하기로 하였다. 인부가 얼마나 필요한지 정확한 판단이 서지 않았다. 할 수 없이 이런저런 사태에 대비하는 것이 좋겠다 싶어 조금 여유 있게 고용하였다.

주재소 소장 구로다 나가히로 씨, 나를 안내한 다나카 씨와 집안역 가까운 집안빈관 옆 조선옥에서 냉면과 불고기로 저녁식사를 하였다. 식

---

17 1938년경 한국인 인부의 일당은 평균 98전, 일본인 인부는 평균 1원 78전 정도였다.

— 일제강점기 집안 통구평야 고구려 고분군 전경

사를 하는 내내 다나카 씨가 이것저것 묻는 바람에 편안하게 음식을 먹
지도 못했다. 정말 호기심이 많은 사람이라는 생각이 들었다. 간단하게
대답하면서 말을 끊으려 했지만 마음대로 되지 않았다.

저녁 무렵이 되자 매캐한 목탄 연기로 뒤덮인 좁고 지저분한 빈관 앞
거리가 더욱 좁게 느껴졌다. 특실에 여장을 풀었지만 끈적거리면서도
텁텁한 이역異域 거리의 불편함이 방에도 배어 있는 듯했다. 준비해두었
던 내일의 일정표를 다시 살펴보고 메모도 더해놓았다. 더워서 뒤척이
다가 어느새 깊은 잠에 빠져들었다.

| **소화 10년 4월 8일** | 아침을 먹은 뒤 다나카 씨와 함께 지도를 펴 들고
조사 대상이 된 무덤의 위치를 확인하였다. 목표물과 같은 크기의 무덤

두 기가 근처에 있다는 사실을 확인하고, 인부들과 함께 현장으로 출발했다. 나와 우에다 군, 다나카 씨는 인력거를 타고 인부들은 자질구레한 짐을 실은 노새 달구지에 걸터앉아 가거나 걸었다. 무덤까지 한 시간 반 정도 걸렸다.

무덤은 옥수수 밭 한가운데 덩그러니 놓여 있었다. 인부에게 무덤 주변을 정리하게 했다. 다나카 씨는 총을 어깨에 메고 주변 경계를 섰다. 나한테 말을 걸려고 내 주변을 여러 차례 어슬렁거렸으나 짐짓 모른 척하자 헛기침을 하고는 자기 자리로 돌아가곤 했다. 다나카 씨 말에 의하면 이 일대가 집안 시내에 가깝지만 가끔 비적들이 출몰한다고 했다. 점심때가 되어서야 주변의 잡다한 것들을 모두 치울 수 있었다. 간단한 측량을 마치고 인부들과 점심을 먹었다. 나와 우에다 군, 다나카 씨는 빈관에서 마련해온 도시락을 들었고, 인부들은 옥수수가루를 쪄서 만든 개떡을 먹었다.

간단히 점심식사를 마친 뒤 30분가량을 더 쉰 다음 오후 일정을 시작했다. 무덤 둘레를 자세히 살펴보니 입구 쪽 석재들이 일부 노출되어 있었다. 먼저 이곳을 정리하면서 널길을 찾아내고 다음 작업을 진행하기로 하였다. 두 시간 정도 작업 끝에 널길 끝을 막고 있던 흙과 잡석들을 모두 노출시켰다. 잠시 작업을 중단시키고 우에다 군의 보조를 받으며 측량과 스케치, 촬영을 진행했다. 예상보다 시간이 많이 걸렸다. 오후 5시가 다 되어서야 촬영이 마무리되었다. 다나카 씨가 초조한 표정을 지으며 안전을 고려하여 날이 어둡기 전에 시내로 돌아가는 것이 좋겠다고 말했다. 그래서 예정보다 30분 일찍 작업을 마치고 현장에서 철수

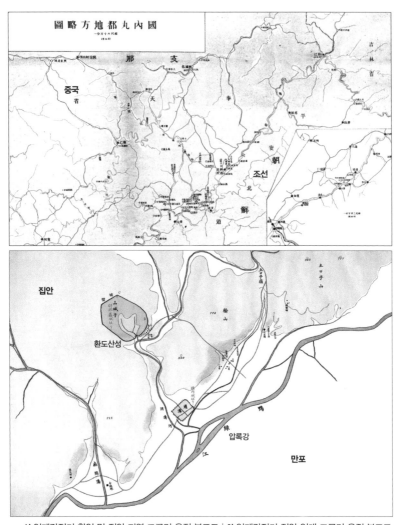

■ 상 일제강점기 환인 및 집안 지역 고구려 유적 분포도 | 하 일제강점기 집안 일대 고구려 유적 분포도

74

했다. 우에다 군, 다나카 씨와 어제 들렀던 조선옥에서 저녁을 먹고 숙소로 돌아왔다.

| **소화 10년 4월 9일** | 아침 9시부터 현장에서 작업을 시작했다. 오늘은 무슨 일인지 한족 인부 한 명이 나오지 않았다. 우에다 군에게 기록과 스케치를 맡기고 나는 측량과 촬영을 전담하기로 했다. 인부들에게 널길 입구를 막고 있던 흙과 잡석을 치우도록 했다. 되도록 천천히 조심스럽게 제거하라고 지시했다. 흙과 잡석의 양이 상당하여 모두 제거하는 데만 두 시간이 넘게 걸렸다. 흙과 잡석을 치우고, 널길 입구를 열어 측량과 촬영을 마치니 12시 30분이다. 인부들에게는 12시에 먼저 점심식사를 하고 휴식을 취하라고 했다.

점심을 먹은 뒤 잠시 쉬면서 다나카 씨에게 고향의 조선 도래인渡來人(삼국시대에 한반도에서 일본 땅으로 건너가 정착한 사람들) 무덤들에 대한 이야기를 들었다. 나도 근처에 가본 적이 있어 무덤 이야기에 관심이 갔다. 다나카 씨가 말을 그치지 않아 더 자세한 이야기는 저녁식사 때 더 듣기로 하고 자리에서 일어났다.

오후 일을 시작했다. 인부들에게 널길 석재 바깥의 흙을 일부 제거하도록 지시했다. 조선인 인부 연씨와 김씨를 뒤따르게 하고 널길 내부를 조사하려 했으나 널길 내부가 상당한 높이의 토사에 덮여 있어 안으로 들어가지 못했다. 아무래도 널길의 한 부분이 파괴되고 그 틈 사이로 토사가 흘러든 모양이었다. 처음 무덤 바깥 부분을 조사할 때 파괴된 부분으로 추정되는 곳이 있기는 했다. 아마 그곳이 널길의 한쪽 천장에 해당

■ 일제강점기 강서 쌍영총 발굴 조사 장면

했던 것 같다. 인부들에게 토사를 들어내도록 하고 잠시 쉬면서 다나카 씨의 이야기를 마저 듣기로 했다. 그가 반색을 하며 내 곁에 앉았다. 조선인 김씨에게 다나카 씨 대신 주변을 경계하도록 했다.

두 시간가량 걸려 널길 내부의 토사를 거의 들어냈다. 잠시 담배 한 개비 피울 정도 참을 갖도록 했다. 3시 30분경 다시 일을 시작하려는데, 갑자기 날씨가 변덕을 부렸다. 주변이 어두워지고 바람도 강하게 불기 시작했다. 다나카 씨에게 물어보니 평소에 없던 일이라고 했다. 조선인 김씨도 날씨가 변덕을 부릴 계절이 아니라고 했다. 겁에 질린 한족 인부들이 더 이상 일을 못하겠다고 소리를 질렀다. 무덤을 건드려서 일어나는 좋지 않은 징조라는 것이다. 만주인 인부도 불안한 표정을 짓고 다나카 씨도 겁을 먹은 듯 오늘은 일을 그만하는 것이 좋겠다고 했다. 우에다 군과 상의하여 일을 마무리하기로 하였다. 날씨는 더욱 우중충해졌다.

| **소화 10년 4월 10일** | 아침을 먹은 뒤에도 거리에 희부연 기운이 가득 내려앉은 채 가실 줄 몰랐다. 우에다 군이 오늘은 조선인 인부 두 사람만 나왔다고 했다. 다나카 씨는 오늘 일을 할 수 있겠느냐고 물었다. 어떻게 해야 할지 고민에 빠졌다. 그래도 일은 해야 하지 않을까. 그렇지만….

(이하 결락)

4

유적 조사에 참여했던
인물들의 독백

| **아즈마 타다시** | 무덤 안에는 벽화 외에 남아 있는 것이 없었다. 누가 묻혔는지, 언제 벽화가 그려졌는지, 무엇이 무덤 속에 넣어졌는지도 알수 없었다. 이 무덤은 아마 대단히 오래전에 도굴된 듯하다. 사람이 드나들었던 흔적조차 희미하다. 무덤 안에 흘러들었던 흙더미를 치우는데도 상당한 시간이 걸렸다. 다른 벽화고분들과 달리 이곳 돌방 벽에는 동심원문만 그려졌다. 그나마 널방 벽 모서리에 표현된 나무기둥, 벽과 천장 사이를 구분하는 도리와 보 그림이 동심원문들이 가져다주는 묘한 혼란스러움, 단조로움 속의 어지러움에서 벗어나게 해주었다.

조선인 일꾼 하나가 무덤 안을 정리하다가 이상한 것을 보았다고 했다. 그림 속에 그림이 있다는 것이다. 다시 안으로 들어서면서 나도 모르게 옷깃을 여몄다. 안에만 들어서면 묘한 한기가 옷가지 사이로 파고드는 것 같다. 정말 동심원문 사이로 그림이 보였다. 얼굴이 둥근 사람

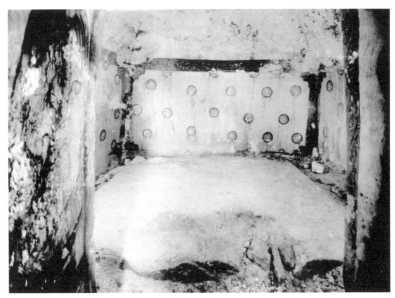

━ 환문총 널길 입구에서 본 널방 내부

의 옆모습이다. 여자인 듯 머리를 뒤로 내리고 중간을 질끈 묶었다. 펼쳐 든 팔의 소매 끝이 길고 자세가 엉거주춤한 것으로 보아 춤을 추는 듯했다. 자세히 들여다보니 다른 사람들이 더 있다. 랜턴이 희미해서인지 더 이상의 그림들은 식별해내기 어려웠다.

그림 속 그림을 찾아낸 조선인 인부 연씨는 다른 사람들과 분위기가 좀 달랐다. 손바닥에는 굳은살이 박였지만 처음부터 농군은 아니었던 것 같다. 조선말을 배워둘걸! 그는 일본말, 중국말을 모두 알아듣는 듯한데, 말은 조선말만 하니 의사소통하기가 불편했다. 그와 같이 온 일꾼 하나가 두 나라말을 하여 몇 가지 말은 주고받았다. 하지만 그는 나

79

와 대화를 오래 하고 싶지 않은 눈치였다. 혹시 이 무덤이나 벽화에 대해 좀 아는 것이 아닐까? 그림을 그렸거나, 옛 무덤에 대해 말할 수 있을 만큼 어떤 공부를 한 것이 아닐까? 오늘내일 그와 이야기를 나눌 기회를 마련해봐야겠다.

| **연고루** | 아즈마 씨가 나와 이야기를 나누려 애쓰는 모습이 역력했다. 다른 사람들의 눈길도 있고, 일본인 순사도 지켜보고 있어 일본말이건 중국말이건 아예 못 알아듣는 듯이 행동했다. 이번에 들어가본 고분은 다른 것들과는 분위기가 사뭇 달랐다. 무덤 입구 벽에 그려진 문지기 괴수들부터 범상치 않았다. 괴수들은 사자 같은 갈기와 범처럼 깊게 쏘는 눈빛을 지녔다. 옛 지리책에 나오는 기괴한 신수神獸나 중국 청동기의 도철饕餮(무엇이든 먹어치운다는 중국 신화의 괴물) 이미지도 지니고 있다. 중국 내지內地를 다니다가 한漢나라 때의 사당이나 석묘 입구에서 본 문지기 괴수의 분위기도 한 자락 담아내고 있었다.

문득 유학 시절 일본 도쿄 교외의 한 신사에서 본 고마이누狛犬(일본의 신사나 절 입구에 세워진 수호신 역할의 고구려 개)가 떠올랐다. 혹 고마이누들이 이런 문지기 괴수들의 후예가 아닐까? 망국의 한을 안고 고구려를 떠난 사람들이 바다 건너 일본에서 조상들의 사당을 짓고 그 앞에 지킴이 개를 이런 모습으로 깎아 세워둔 것은 아닐까? 괜한 생각이 머릿속을 어지럽혔다. 머리를 흔들어 잡스런 상상을 털어버리니 다른 기억들이 떠올랐다.

벌써 몇 번째 집을 떠나왔던가? 이제는 헤아리지 못할 정도이다. 문

■ **좌** 환문총 널길 벽화의 무덤을 지키는 괴수 | **우** 후쿠오카 텐만궁 입구에 세워진 고마이누

득 떠나버리는 나쁜 버릇이 도지고 말았다. 그런 나를 꾸짖기보다는 자연스럽게 받아들이려는 나 자신을 더 이상 돌아보고 싶지 않다. 내게서 작품이 더 나올지도 의문이다. 그럼에도 오늘 무덤 입구에서 마주친 괴수를 머릿속에 담았다가 잠시 땀 식히는 틈을 타 아즈마 씨가 버린 담뱃갑 속지를 주워 여백에 스케치해보았다. 숙소로 돌아와 내 작은 봇짐을 풀고 지필을 꺼내 다시 그리고 싶었지만 그만두었다.

　조선은 '얼의 역사'에 대한 기억을 잃은 지 오래이다. 나뿐만 아니라 다른 일꾼들도 무심코 무덤 안에 흘러든 흙을 퍼 밖으로 실어나르고, 느낌을 담지 않은 눈길로 무덤 속 그림들을 바라본다. 그러다가 그냥 한두 마디 지껄일 뿐이다. "둥근 그림밖에는 보이는 것도 없구먼. 이런 무덤을 뭐 하러 파 젖힐고?", "벽에 물이 질질 흐르네…. 그런데 이거 언제

적 무덤인고? 저 오야가 말하는 고구려는 또 어디여? 마을 이름은 아닌 것 같은디…."

※

　밤새 곰곰이 생각해보았다. 무덤 속 벽면의 동심원문들은 무덤을 닫기 전에 새로 그려진 것 같다. 낮에 무덤 안에서 흙을 퍼내면서 벽 한쪽에서 찾아낸 춤추는 사람의 윤곽은 동심원문보다 먼저 그려진 그림이 확실하다. 아마 오늘 다시 유심히 살펴보면 춤추는 사람 말고도 먼저 그려졌던 다른 그림들도 읽어낼 수 있을지 모른다. 동심원문들을 그리려고 회를 덧발랐지만 두껍게 바르지 않은 탓에 먼저 그렸던 그림들이 배어나왔으리라. 회를 충분히 덧바르지 않은 이유는 무엇일까?

　문득 내가 그림을 배우고 그렸던 지난날들이 떠오른다. 덧바르고 또 덧바르면서 그림을 고치다가 불현듯 캔버스와 함께 내 얼굴도 덧칠되며 두터워지고 있다는 느낌이 들었다. 칼로 캔버스를 북북 긋다가 몇날 며칠 식음을 전폐하고 덧칠된 부분을 한 겹씩 덜어내려 헛되이 애쓰던 순간들이 기억의 저편에서 다시 떠오르다 곧 희미해진다. 애초에 그리려던 것은 무엇이고 고쳐서 드러내려던 것은 또 무엇이었을까?

　무덤 돌방의 벽은 온통 동심원문으로 덮여 있었다. 심장 꼴과 비슷한 무늬로 장식된 모서리의 나무기둥 장식그림 말고 다른 표현들은 찾을 수 없었다. 무덤 바닥에서도 별다른 것이 보이지 않았다. 바닥에서 퍼담아 밖으로 내간 흙더미에서도 눈에 띄는 것은 없었다. 물론 아즈마 씨

82

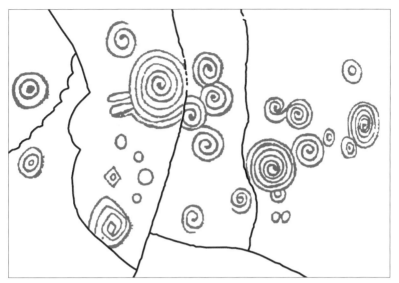
■ 함경북도 무산 지초리 암각화 실측도 _울산대학교 반구대암각화유적보존연구소

는 흙더미를 자세히 헤쳐보려고 하지 않았다. 나 역시 잠시 쉬는 시간에
흙더미 위에 앉아 아즈마 씨가 짐짓 인심 쓰듯이 건넨 담배 한 개비를
태우면서 흙더미를 한두 차례 들여다보았을 뿐이다.

　하루 일을 끝내고 숙소로 돌아오면서 동심원문들이 왜 저런 무덤 속
에 그려졌을까를 생각해보았다. 조선 절간 대웅전에 모셔진 탱화 속 부
처나 보살의 두광처럼 보이기도 했지만, 고향집 근처 너럭바위 위에 새
겨진 장식무늬를 떠올리게도 했다. 널방 입구의 괴수는 새로 그린 그림
같지 않았다. 동심원문들만 새롭게 그린 이유는 무엇인지도 궁금했다.
저녁을 마치고 멍한 표정으로 숙소 앞 담벼락에 기대 앉아 있는 나를
김씨가 찾는다.

"연씨, 오늘도 무덤 속에 들어갔다 나왔는데, 액땜하려면 한잔해야지!"

| 다나카 쓰에마치 | 비적들이 날뛰는 벌판에서 이게 무슨 꼴인가. 금붙이 하나 안 나오는 옛 무덤은 무엇하러 파고, 인부는 또 왜 이리 많이 쓰는가? 아무리 믿을 만한 사람들로 골랐다지만 조선인이나 지나인(일제강점기 때 중국인을 비하하여 가리키던 말)이나 속으로 무슨 생각을 하는지 알 수 없긴 마찬가지인데…. 저 산 너머 어디에 마적馬賊(만주국 시기 말을 타고 다니며 마을을 약탈하던 무리)들 소굴이 있다는데 나 혼자 보초를 서고 아즈마 상과 우에다 상을 지키라니 구로다 서장도 아무 생각 없는 사람 아닌가.

내 고향 아사히하라에도 저렇게 생긴 옛 무덤들이 많이 있다. 도래인들의 무덤이지만 안에는 길쭉한 돌받침 외에는 아무 것도 없었다. 할아버지들 이야기로는 어떤 무덤 안에는 사람이나 짐승 그림도 있었다는데, 이 무덤처럼 괴수가 그려졌다는 말은 못 들었다. 하여간 여름에 친구들과 무덤 안에 들어가 있으면 참 시원하기는 했다. 물론 가끔 뱀이 먼저 들어가 있어 기겁하기도 했지만.

그러고 보니 이런 무덤들이 들어서는 자리는 비슷한 것 같다. 대부분 큰 것은 전망 좋은 곳에 우뚝 서 있지. 주변에 작은 것들이 몇 기 있고. 흙이 무너져 돌방이 잘 보이는 것도 있었다. 정말 큰 돌들로 벽을 쌓고 천장을 덮었는데, 흙더미에 숯도 있고 석회도 섞여 있었던 것 같다. 무덤 바닥에서 붉은 기운이 섞인 석회 조각을 여러 개 줍기도 했지.

우리 일본인 조상들이 남겼다는 무덤 주변에서는 사람 모양의 흙그

■ 일제강점기 집안 통구 사신총 전경

롯 조각들을 줍기도 했다. 그렇지만 도래인 돌방무덤 근처에서는 아무
것도 찾지 못했다. 무덤 안이 서늘해서 어떤 때는 춥다는 느낌도 들었
다. 이 괴수 그림이 있는 무덤도 안은 참 시원하다는데, 경비를 서느라
안으로 잠깐 들어가보지도 못했다. 별 시답지 않은 무덤 근처에 서서 왔
다 갔다 하며 또 하루를 보냈군. 아즈마 상은 저 키 큰 조선인 인부가 무
덤에 대해 무얼 좀 안다고 생각하는 모양이다. 내 생각에는 그저 여기저
기 떠돌며 그럭저럭 살아가는 사람일 뿐이야. 게다가 저 친구는 조선어
밖에는 할 줄 아는 말이 없던데 말이다. 내가 말을 걸어봐서 잘 안다. 아,
빨리 저 별 볼일 없는 무덤 파기가 끝나야 할 텐데…. 산에서 비적들이

내려오면 정말 곤란해.

| **우에다 히로부미** | 다시 만주로 간다. 올 들어 두 번째 북행이다. 곧 압록강을 건너겠지. 몇 년 사이에 도쿄는 내게 아득한 과거의 도시가 되었다. 내 화업畫業의 기초를 다진 곳이지만 동북 벽지 어촌 출신인 나같은 촌놈에게는 한 치의 빈틈이나 여유도 허용하지 않았던 도시, 도쿄.

조선 속담에 '시집살이는 벙어리 삼년 귀머거리 삼년 장님 삼년'이라고 했던가. 어찌어찌 대학에는 들어갔지만 도쿄 깍쟁이들과 부대끼며 살아가기가 여간 벅찬 일이 아니었다. 게다가 교수님들은 얼마나 엄격한지 실습시간에 선 하나, 점 하나 흐트러지지 못하게 했다. 덕분에 정확하게 보고 바르게 그린다는 것이 무엇인지를 손과 눈뿐 아니라 마음으로도 깨칠 수 있었다. 내게는 참 의미 있고 귀중한 시간이었다.

집안의 후원을 받아 독 선생 밑에서 제대로 배운 내 동급생들. 튼실한 기초를 자랑하던 그들과의 경쟁에서 밀려나면 나는 돌아갈 곳이 없었다. 혹 유학에 실패하고 돌아간다 해도 60년에 한 번씩 돌아온다는 흉어凶漁로 다른 일자리를 찾아 산지사방으로 흩어지던 고향 어촌에서 나를 반길 사람은 없었다. 그저 닥친 현실을 밀고 나가야만 했다. 교수님들의 점수를 따기 위해 두 해 동안 한 해의 거의 3분의 2는 실습실에서 살다시피 했다. 그래서인지 점차 안목이 높아지고 덩달아 선도 좋아졌다. 동급생들은 나를 보면 밤도깨비라고 부르며 혀를 차곤 했다. 3년차 봄 학기부터는 야외답사 스케치에서 누구보다도 빠르고 정확한 손놀림을 보여줄 수 있게 되었다. 그해 가을 학기가 끝날 무렵 아즈마 선

■ 일본 나라현 도다이지東大寺 금당 모서리

생님이 학교를 방문하셨고 모리 선생님이 나를 그분께 추천해주셨다. 그때부터 그분 밑에 들어갔는데 이렇게 조선행, 만주행을 밥 먹듯 하게 되다니….

    도쿄에서의 학업기간에는 짐짓 눈감아주신 수위장守衛長과 모리 선생님의 배려로 대학 숙직실과 실습실을 무료 거처로 삼을 수 있었지만 입을 것과 먹을 것은 스스로 마련해야 했다. 때가 때인지라 막노동도 쉽지 않았고 가정교사 자리 얻기도 만만치 않았다. 일거리가 있으면 가리지 않았다. 3년차부터는 간간이 그림 그리는 재주를 써먹을 수 있었다. 이런저런 인연으로 알게 된 이들이 다리를 놓아주었고 연이 닿으면 초상화도 그려주고, 여러 종류의 그림을 복제해주기도 했다. 인물이나 풍경, 건물 사진을 그림으로 다시 그려내는 일도 의뢰받았다. 생계를 위한 것이지만 여러 그림 작업이 내 전공인 건축 설계보다 긴장도 덜하고 재미도 있었다.

전공 능력을 키우기 위해서라도 시내의 각종 신·구식 건물들을 눈여겨볼 필요가 있었다. 이미 지어진 건물은 물론이고, 지어지고 있는 것도 가능한 자주 신중하게 지켜보았다. 형태가 바뀌면 존재감도 달라지고 사람이 옷을 입거나 화장을 하듯이 채색이나 장식이 변하면 이미지도 영향을 받는다. 건물은 새것이든 옛것이든 거리의 일부로 녹아 있기도 하지만 시가지의 정체성을 새롭게 바꾸기도 한다. 친구도 별로 없던 내게 답사 겸 산책은 건물들과 교감하는 진지하거나 가벼운 대화의 시간이기도 했다. 오래된 건물들과는 시공간을 거슬러 올라가는 깊고 묵직한 이야기를 나누었고 새로 선 건물들과는 빠르고 생생하게 돌아가는 지금의 삶을 얘기했다. 그밖에도 건물 안팎의 장식물이나 걸개그림, 벽화, 기호와 눈인사를 하고 묵언의 대화에 몰두하기도 했다. 절이나 신사의 봉안물이나 조각, 오미쿠지(신사에서 파는 운세풀이 종이)도 대화의 상대였다. 아사쿠라데라朝倉寺의 금당 벽화 속 부처님과 인사를 나눈 것도 그림 값 몇 푼으로 허기진 배를 채우던 3년차 초가을 무렵이었다.

■ 압록강변 만포 쪽 구릉지대

기차간에서 잠깐 잠이 들었다. 꿈에 한 스님을 만났다. 가사장삼을 단정히 걸쳤는데, 키가 훤칠하고 이목구비가 뚜렷했다. 몸에서 어떤 강한 기운이 뿜어나오는 듯했고 눈도 부리부리했지만 눈빛만은 부드럽고 고요했다. 이상하게도 그에게 친근감이 느껴졌고 나도 모르게 합장하며 허리를 굽혀 예를 표했다. 서로 수인사를 하는데 스님은 자신이 고구려에서 왔다고 했다.

문득 이 스님이 아사쿠라데라 금당의 부처님을 그린 분이 아닐까 하는 생각이 들었다. 스님이 내 눈에 어린 마음을 읽으셨는지 절집 그림쟁이일 뿐이라고 하셨다. 일본에 온 것도 절집을 장식하고 그림방을 열어 제자를 기르기 위해서라며 내게 절 그림을 배울 생각이 없느냐고 물으셨다. 아사쿠라데라 금당 그림을 스케치하는 나를 눈여겨보고 계셨다는 것이다. 내가 원하면 나를 고구려에 데려가 제대로 된 그림들을 보여주고 그림의 대가들도 만나 제대로 배울 기회를 마련해주시겠다고 하신다. 머뭇거리다가 막 입을 열어 답하려는데, 잠이 깨어 버렸다.

눈을 부비며 밖을 내다보니 기차가 압록강 철교를 막 건너고 있었다. 아즈마 선생님은 창밖을 보며 생각에 잠겨 있었다. 무릎 위에는 습관처럼 수첩을 펼쳐놓았다. 힐끗 곁눈질로 보니 강변에 펼쳐진 산과 구릉의 편편한 곳 여기저기 봉긋이 솟아 있는 노적가리 같은 것이 스케치 되어 있었다. 나중에 알고 보니, 노적가리로 보였던 것은 옛 무덤들이었다. 아마 집안 일대에서 보았던 고구려시대 무덤들과 같은 종류의 것이었던것 같다.

| **오오쿠라 다마코** | 우에다에게서는 아무런 소식도 없다. 그는 늘 제대로 된 연락도 없이 문득 경성에 모습을 드러낸다. 그러고는 마치 어제 어디 다녀왔던 사람처럼 내게 말하고 내 집에 머무른다. 희미한 미소를 머금은 채 낡고 손때가 묻은 배낭에서 가죽 덮개에 싸인 그림 뭉치를 조심스럽게 꺼내 내 앞에 편다. 약간 창백하면서도 작은 찌끼들이 섞여 있는 그림종이에서는 이끼 냄새, 오래된 흙냄새, 돌과 횟가루 냄새, 관솔불 검댕 냄새 같은 것이 조금씩 풍겼다.

90

■ 남포 쌍영총 널방 벽화의 모사도로 무덤 주인 부부의 모습이 생생하다.

그림은 시작하다 말았지만 그의 그림은 왠지 깨끗한 느낌이다. 주춤
거리지도 않고 흔들리지도 않는 그 무엇이 그 안에 있는 것 같다. 미련
이나 아쉬움도 남기지 않고, 힘이 있는 것도 아니고 없는 것도 아닌 것
들로 채워진 그림이랄까. 그의 손끝에서 나온 선들은 그저 공간을 지
나, 여백을 향하여 자기의 길을 갈 뿐이다. 나는 그의 그림을 보면 '이
런 선도 있고, 이렇게 그림을 그릴 수도 있구나' 하는 생각이 든다. 다
른 곳에서는 볼 수 없는 선이 그의 손끝에서 나온다. 무슨 미술전람회
비슷한 행사가 열리는 곳이었던 것 같다. 우연히 친구들과 구경 삼아
그곳에 들어갔다가 그런 선 때문에 그의 그림 앞에 서 있었다. 그때 그

를 만났다.

우에다는 그림에 대해서만 말한다. 다른 것에 대해서는 침묵한다. 고향에 대해서도 말하지 않는다. 말투로 보아 동북 출신인 것은 틀림없는데…. 풍문에 도쿄의 좋은 대학을 나왔다는 이야기도 들었다. 하지만 그런 얘기도 내게 한 적이 없다. 그는 그저 아사쿠라데라의 금당 벽화에 대해 말하고, 히지오데라의 고려불화를 처음 보았을 때의 소회를 이야기할 뿐이다. 고려불화에 대해 말할 때는 눈에서 빛이 나고, 입술에도 미소가 어렸다. 그는 자기가 처음 본 그림이나 그림 속의 인물, 동물, 심지어 물건과 어떤 대화를 나누었는지를 내게 말하기도 한다. 그럴 때 나는 어떤 곳을 여행하는 기분이 된다. 꿈꾸는 듯한 표정으로 그의 이야기를 듣는다. 어느새 나는 그의 이야기를 듣는 데 익숙해졌다. 그의 조용한 미소 속의 입놀림, 시공을 넘나드는 듯한 맑고 깊은 눈에 깊이 빠져드노라면 '전생에 이 사람과 무슨 인연이 있었던가' 하는 생각마저 든다.

그가 떠나면 나는 다시 일상으로 돌아간다. 제 시간에 출근하여 가게 문을 열고 일을 보다가 제 시간에 문을 닫고 퇴근한다. 저녁식사를 마치면 잠깐 근처를 산책하고, 어둠이 짙게 드리우고 주변이 조용해지면 책을 읽거나 뜨개질을 한다. 가끔은 그가 두고 간 그림들을 꺼내 펼쳐보기도 한다. 사실 내 방의 미닫이 벽장 안 작은 종이상자에 담긴 그의 그림들에 대해 나는 잘 알지 못한다. 내가 배우고 보았던 그림들이 아니다. 그는 옛 무덤 속에 그려진 그림을 베낀 것이라고 했다. 어찌 보면 오래된 집의 사랑채나 안채를 장식했던 풍속도 같기도 하고, 절이나 신당을 장엄(향이나 꽃을 부처에게 올려 장식하는 일)하였던 종교화 같기도 하다. 익숙지 않은 내용도 많지만 그의 그림은 생생하면서도 고요해서 좋다. 마치 그를 보는 것 같은 느낌이 들기도 한다. 원래 그림이 그랬는지, 그가 그린 그림이기 때문인지 나도 잘 모르겠다. 어느 날 가게 문을 닫고 퇴근하여 돌아오면 그가 또 날 기다리고 있겠지.

| **우에다 히로부미** | 다시 평양에 들렀다. 역 앞 숙소에 짐을 풀자마자 아즈마 선생님을 모시고 강서江西의 삼묘리三墓里 고구려왕들의 무덤으로 갔다. 총독부 지시로 평양시에서 관리인을 고용했다고 하지만 무덤 근처의 관리인 사무소에는 아무도 없었다. 말이 사무소지 들판 한쪽에 덩그러니 세워진 오두막 비슷하여 조선인 관리인이라도 종일 머물 만한 곳은 아니었다. 무덤 입구에 달아둔 나무문짝 고리의 자물쇠도 건성으로 걸려 있었고 그나마도 반쯤 열려 있었다.

큰 무덤 안에서 조선인 아이 하나를 만났다. 천장에 뚫린 구멍 사이로 흘러든 빛에 의지하여 넋을 잃은 듯한 표정으로 무덤 안 그림을 보다가 우리를 보자 흠칫 놀라는 듯하더니 슬그머니 곁을 지나 바깥으로

■ 일제강점기 강서(현재의 남포시 강서구역) 강서삼묘 전경

■ 남포 강서대묘 널방의 천장석

나갔다. 곧바로 뒤따라 나갔지만 어디로 숨어버렸는지 찾을 수 없었다.
작고 마른 아이였는데 볕에 그을린 얼굴에 쏘는 듯한 눈빛만 뇌리에
남았다.

　그림은 여전히 생생했다. 선생님은 랜턴으로 이곳저곳을 비추며 그
림의 상태를 다시 확인하셨다. 나는 선생님의 말씀을 그대로 받아 적
고 필요한 부분의 스케치도 빠른 속도로 진행했다. 늘 하던 일이고 같
은 부분에 대한 반복된 메모도 많았지만 선생님도 나도 지루해하지 않

94

는 일이다. 밖에서 기다리던 인력거꾼이 몇 차례나 무덤 안으로 들어와 우리 기색을 살피고는 실망한 표정으로 나간다. 삯을 곱으로 쳐주기로 했는데도 무덤 근처에 오래 있기가 영 불편한 듯했다. 우리도 여러 차례 밖으로 나와 메모와 스케치를 다시 보면서 잠깐씩 이야기를 나누다가 다시 무덤 안으로 들어갔다. 그럴 때마다 인력거꾼의 안색은 조명을 받듯 밝아지다가 어두워지곤 했다. 인력거꾼은 못내 약이 올랐는지 몇 차례 그런 일을 겪고는 결국 저쪽 나무그늘에 누워 잠이 들어버렸다.

아즈마 선생님은 저녁을 드시자 곧바로 숙소로 들어가셨다. 나는 역 근처에서 조금 떨어진 곳에 있는 커다란 비석 자리까지 걸어갔다가 숙소로 되돌아왔다. 오늘 메모한 것을 다시 찬찬히 살피면서 생각나는 것을 덧붙여 적어넣은 뒤, 스케치한 그림을 한 장 한 장 뜯어보았다. 원화原畵의 선에서 오는 그 느낌이 거의 전해지지 않아 마음이 무거웠다. 내 필선이 매우 좋다는 평을 늘 들었으나 이상하게도 무덤 안 벽화를 스케치하면 선이 무거워지고 흔들리며 특유의 힘을 잃어버리는 듯한 느낌이 든다. 무엇 때문일까? 뭔가 빠진 것이 있어서일까?

불을 끄고 누워서도 쉽게 잠이 오지 않았다. 낮에 보았던 그림들이 다시 선명히 어둠 속에 떠올랐다. 벌써 10년 가까이 거의 해마다 평양에 들러 강서 삼묘리를 찾았다. 그럴 때마다 지겨운 줄도 모르고 무덤 안

■ 강서대묘 널방 천장고임 벽화의 장식무늬와 상서로운 새의 모습_김광섭

에 머무르며 벽화 모사에 몰두했다. 그런데도 그 신비한 선과 색채는 눈에 들어오고 손에 익는 듯하다가 마는 느낌이다! 언제나 익힐 수 있을까? 만주에서 본 그림들과 맥이 닿는 것은 확실하지만 그럼에도 여전히 다른 무엇을 담고 있는 듯한 삼묘리 왕릉 그림들이 내게 또 불면의 밤을 불러온다. 다시 불을 켜고 일어나 앉았다. 보따리 속에서 이전의 스케치, 수첩, 흑백사진 따위를 주섬주섬 다시 꺼낸다. 오늘도 다시 잠들기는 그른 듯하다.

| **오오쿠라 다마코** | 그가 집에 머무르다 떠났다. 평양에 들렀다고 했다. 몇 장의 그림을 보여주고 내게 맡겨두었던 그림들도 꺼내 보았다. 주섬주섬 자신의 낡은 배낭에서 사진 뭉치를 꺼내 몇 장 펼쳐보더니 그대로 시간을 잊은 듯 사진 속 그림에 빠져버렸다. 덕분에 고스란히 저녁때를 놓치고 밤늦게 차 한 잔 마시는 것으로 그날 하루가 마무리되고 말았다.

■ 스케치한 다마코의 얼굴 _전혜전

오늘 퇴근하고 돌아오니 그는 떠나고 없다. 화장대를 겸한 작은 문갑 위에 내 모습을 스케치한 그림 한 장만 달랑 남아 있었다. 인사말을 담은 간단한 메모도 없다. 언제 내 옆모습을 스케치한 것일까.

별일이다. 그에게서 그림엽서가 왔다. 글 쓰는 자리에는 정작 아무런 글도 없이 펜으로 그린 그림만 달랑 하나 있다. 점무늬 저고리와 치마를 입은 어떤 여인이 소매를 펼쳐 휘두르며 춤추는 모습이다. 문득 여자의 자세가 조선 학춤의 한 장면을 떠오르게 한다. 가만히 들여다보니 여자의 얼굴이 나와 닮았다. 무덤 안에 저런 그림이 있었을까.

97

■ 집안 무용총 널방 벽화의 가무 모사도

아니면 나를 생각하면서 그림책을 보고 있었던 것일까. 이 사람은 하
는 짓도 별나다. 이게 뭐람! 아무리 그래도 그렇지, 엽서에 아무 글도
넣지 않다니!

| **우에다 히로부미** | 집안으로 올라가 다시 사신총에 들어갔다. 평양에 내
려 삼묘리에 들르고 싶었지만 내 손이 그림을 기억하지 못하는 형편에
다시 대묘나 소묘에 들어가고 싶지 않았다. 사실 들어가고 싶은 맘이

반, 그러고 싶지 않다는 생각이 반이었다. 결국 경성역에서 그냥 만주 집안까지 가는 표를 끊었다. 아즈마 선생님과 약속한 날짜로 치면 평양에 잠시 들렀다 올라가는 것도 그리 어렵지 않았지만 삼묘리의 대묘 그림은 잠시 시간을 두고 다시 마주해야겠다는 생각이 들었다.

아즈마 선생님은 사신총의 구조와 그림이 보다 상세하게 조사되고 기록되기를 바라신다. 가능한 한 현장에 대한 세세한 자료를 남기기 위해 측량 및 사진기사 아오키 군과 함께 3일 동안 점심도 챙기는 둥 마는 둥 하며 사신총 실측과 벽화 모사, 기록에 매달렸다. 아오키를 도우랴, 모사와 기록을 동시에 진행하랴 3일째 저녁에는 거의 녹초가 되었다. 그날 저녁시간에 셋이서 청淸요리를 안주 삼아 고량주를 거의 반 되

▬ 집안 통구 사신총 널방 벽화의 주작

나 비웠다. 술 탓인가? 오랜만에 아주 깊이 잤다.

业

　무용총과 각저총에 각각 하루를 배정하여 재조사 겸 벽화 부분 모사에 들어갔다. 아즈마 선생님은 새로울 것이 없을 텐데도 여전히 기록에 여념이 없으시다. 아오키 군이 선생님 곁을 수시로 오간다. 선생님의 배려로 이번에 나는 온전히 모사만 하면 된다.

　발견 당시의 기록과 달리 무용 장면 일부가 흐려졌다. 횟조각이 너덜거리는 곳도 몇 군데 있다. 사냥 장면의 위아래는 그런 현상이 더 심하다. 바닥에 가까운 아래쪽의 회는 상당 부분 곧 떨어져 나갈 듯이 보인다.[18] 그렇다고 우리가 달리 어떻게 할 도리도 없다. 회를 잘못 만지면 오히려 더 쉽게 떨어질 뿐이다.

　세심히 들여다보니 가장 선명하게 남은 춤꾼 여자의 얼굴이 다마코와 닮았다. 내 삶에 처음으로 떠올라 가슴 한편을 완전히 차지하고 있는

18　무덤칸 안에 사람이 드나들면 외부 공기가 함께 들어와 무덤 안의 온도와 습도가 불안정해지거나, 무덤 바깥 날씨의 변화가 심해 무덤 안에까지 큰 영향을 주게 된다. 이 경우 바닥이나 천장에 이슬 맺힘 현상이 심해진다. 무덤칸 안은 닫혀 있는 상태에서는 보통 95퍼센트 전후의 높은 습도가 유지된다. 그러나 외부의 영향으로 공기 안에 있던 과포화 상태의 수분이 물방울이 되면 무덤칸의 바닥 부분에 먼저 고인 뒤, 습기가 벽을 타고 올라간다. 바닥에 가까울수록 습기의 영향을 많이 받게 된다. 이런 일이 반복되면 벽을 덮은 백회가 오랫동안 젖어 부풀어오르다 조각나면서 덩어리째 벽에서 떨어져 나가기도 한다. 그 위에 그려진 벽화 역시 함께 바닥에 떨어지게 된다. 습기에 덮인 벽화가 흐려지거나 지워지기도 한다. 이런 과정을 거치면서 천왕지신총과 같이 벽화가 완전히 사라지는 현상도 생긴다.

■ 집안 무용총 널방 벽화의 무용수

여자 다마코. 언뜻 듣기로 그녀의 어머니 쪽이 조선과 닿아 있다고 하는
데, 북쪽의 이 옛 왕국 사람들과도 이어져 있는 것은 아닐까. 쉬는 시간
에 엽서를 꺼내 춤꾼 여자 한 사람의 옆모습을 스케치했다. 순간 다마코
의 얼굴이 겹쳐졌다.

종일 작업했지만 무용총에서는 춤꾼들과 주인, 시동尸童, 노래꾼으로 보이는 사람들을 그렸을 뿐이다. 좁은 공간에서 랜턴에 의지해 실측치대로 그리기에는 하루가 너무 짧다. 모사 작업을 할 때마다 늘 아쉬움이 남는다. 모르는 사이에 눈에 그렁그렁 눈물이 솟았다.

각저총에서는 무덤 주인과 두 부인이 그려진 안쪽 벽 그림을 가능한 상세히 모사했다. 점심도 거르고 온 기운을 쏟아부었지만 벽 모서리 쪽 일부 장면은 급히 마무리할 수밖에 없었다. 다행히 사람의 모습이 거의 남아 있지 않은 곳이어서 무덤을 나오면서도 크게 마음에 걸리지는 않았다. 아마 사람이나 기물器物의 일부를 그렇게 처리했으면 그날 저녁에는 음식물이 목에 걸려 넘어가지 않았을 것이다.

또 한 차례의 집안 일정이 각저총 벽화 모사 작업을 끝으로 마무리되었다. 언제 또 이곳에 올까? 아즈마 선생님은 세상 풍문이 수상쩍어 앞으로 북쪽으로 몇 차례나 더 올 수 있을지를 예측하기 어렵다고 걱정하신다. 집안을 떠나는 날 아침, 무용총 춤꾼 여자를 그렸던 엽서를 경성으로 부쳤다.

✿

평양을 향해 기차를 타고 내려가면서 이번 조사에서 모사한 것들을 다시 펼쳐 살펴보았다. 강서 삼묘리 대묘의 것과는 다른 느낌을 주는 사신총의 현무玄武, 곳곳에 흠집이 생긴 무용도의 인물들, 얼굴을 알아보기 어렵게 되어가는 각저총의 무덤 주인. 다음에 또 기회가 되어 이 무

102

■ 집안 각저총 널방 벽화의 무덤 주인과 두 부인 모사도

덤들에 들어가면 이들의 모습이 어떻게 바뀌어 있을까. 무덤 주인은 얼굴을 잃고, 춤꾼들의 팔다리 생채기가 더욱 깊어져 있겠지! 아마 무용총 사냥도(수렵도)의 사냥꾼들이나 그들을 태우고 달리던 말들 가운데는 모습을 아예 알아볼 수 없게 된 놈도 생길지 모른다. 그렇게 된다고 해도 지금으로서는 별다른 방법이 없다. 이런 쪽에는 아예 관심도 없는 만주국 관리들이 어떻게 해줄 것도 아니고 변두리 도시 집안 주민들이야 하루 두 끼 입에 풀칠하기도 힘겹다. 옛사람들의 넋이 어려 있다는 무덤 안의 그림들이 어떻게 되건 그것이 그들의 삶과 무슨 관련이 있겠는가? 문득 가슴이 답답해졌다.

아즈마 선생님은 무언가 다른 생각에 빠져 계신 모양이다. 아마 고구

103

려 무덤에 대한 새 보고서나 일본의 나라시대 무덤들과의 관련성을 생각하고 계시겠지. 아오키 군은 많이 지쳤는지 아예 코까지 골면서 자고 있다. 갑자기 아즈마 선생님이 당신의 현장수첩 중에 한 권을 꺼내시더니 중간쯤을 펼쳐 내게 건네주신다. 펼친 곳부터 뒤로 몇 장 정도 간단한 현장 모사가 되어 있는 부분과 메모를 잘 보라고 하신다. 주섬주섬 약간 빛바랜 흑백사진도 몇 장 골라주신다. 내가 동행했던 동심원문이 가득한 환문총 조사 당시의 사진과 기록들이다. 그때는 이 수첩의 메모와 그림을 내게 보여주지 않으셨다. 아직 내가 학생 티를 벗지 못한 때였으니 당연한 일이기도 하다.

환문총에 들어갔을 때 관솔불을 가까이 들이대면 그림과 그림이 겹쳐 있던 부분이 뚜렷이 보이다가도 랜턴 불빛에는 그 미묘한 차이, 그리

━ 집안 무용총 널방 벽화의 사냥도

두껍지 않은 이중 벽화 층의 안팎이 제대로 구분되지 않던 기억이 새롭다. 안쪽에 그려진 것과 바깥쪽에 그려진 그림의 내용도 달랐지만 선도 같지 않았다는 느낌이 들었다. 놀랍게도 선생님은 벽화의 장면 중에 이런 차이가 있다는 점, 그런 차이는 그림에 대한 감은 같으나 필선이 다른 두 사람의 존재를 짐작하게 한다는 점을 수첩에 메모해두고 계셨다.

역시 스승은 스승이다. 그림이 주업이 아님에도 안목이 남다르다. 사람들의 평가와는 달리 그림을 섬세하게 읽어내는 능력을 지니고 계시다는 생각이 들었다. 환문총 보고서에는 슬쩍 흘리듯이 언급만 한 내용이다. 이전에는 무심코 지나갔던 사진들이지만 선생님이 골라주셔서 다시 들여다보니 수첩에 기록했던 내용을 확인하기 위해 찍으신 것이 틀림없다. 아마 당시 직접 촬영을 지시하실 때는 이런 부분을 염두에 두셨으나 원하던 좋은 사진이 나오지 않자 보고서에서도 자세히 언급하지 않으신 듯하다. 수첩의 기록과 간결한 그림, 흑백사진을 몇 번이고 대조하며 살펴보다가 나도 모르게 잠이 들어버렸다. 열차가 덜컹거리며 선다. 쇠끼리 부딪히며 내는 마찰음에 문득 깨어 눈을 부비고 창밖을 본다. 벌써 평양이다!

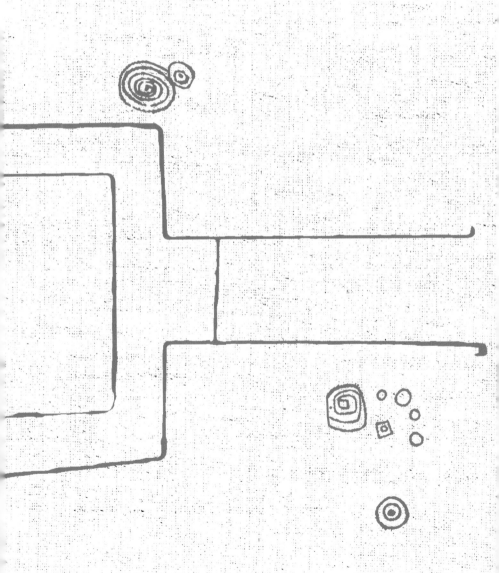

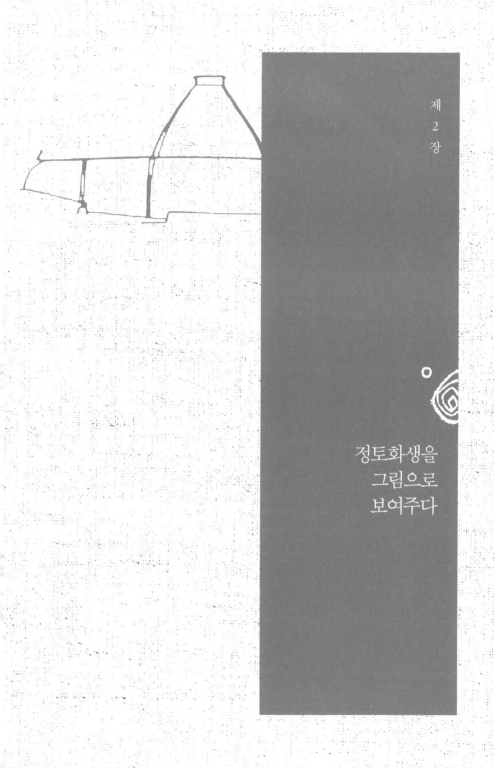

제
2
장

정토화생을
그림으로
보여주다

노예에서
성자가 되어 돌아온
호자스님

1991년 봄, 미술부 박 부장님으로부터 실크로드 특별전 실무를 맡으라는 지시가 떨어졌다. 박 부장님은 그해 10월경으로 계획된 미술전을 담당할 적당한 인물이 없어 고심하던 차에 내가 박물관 안의 중앙아시아 전시실 관리를 맡고 있다는 것을 생각해내고는 이 일을 던져준 것이다. 계획했던 것보다 2년 반이나 늦게 학위논문을 쓴 터라 마음의 여유도 좀 있어 큰 불만 없이 일을 맡았다. 아마 부장님은 이제 막 연구자의 길에 들어선 내가 이 일을 통해 시야를 넓히고 능력도 끌어올릴 수 있으리라 여긴 듯하다. 실제 그렇게 된 면도 있으니 돌아보면 고마운 일이다.

아직 실크로드 미술에 대해 별로 알지 못하던 때라 박물관 도서실에서 서역이나 중앙아시아, 또는 실크로드라는 제목의 도록, 보고서, 연구서를 모조리 추려낸 뒤 차례로 대출해가며 보기 시작했다. 사실 학위논문을 쓰면서 내가 전공으로 삼게 된 고구려 문화에도 고구려와 서역 사이 교류의 결과물들이 여럿 포함되어 있었다. 그러나 그 정도가 내가 아는 전부였다. 내 지식은 불교를 통해 서역미술이 동방에 전해졌고 고구려도 그 영향을 받았다는 상식적인 수준에서 크게 벗어나지 않았다.

너무 모르기 때문인지 한 달쯤 자료들을 보고 나자 서역미술, 실크로드 문화와 관련된 책들이 담고 있는 내용이 지나치게 방대하다는 생각이 들었다. 이제 전시와 관련된 구체적인 계획도 짜야 하는데 아직도 가늠되는 것이 없다는 생각에 마음이 다급해졌다. 아예 독일 베를린 동아시아미술관에서 가져온다는 실크로드 미술품에 대한 기본적인 내용만 파악하고 전시도록도 그에 맞추어 간편하게 구성하면 될까? 아니면 전문가의 자문을 구하고 이 분들의 연구논문도 도록에 한두 편 실을 수 있도록 해볼까? 그날도 퇴근길 전철 안에서 내가 맡은 전시와 관련하여 이런저런 생각을 하느라 내리는 역을 지나칠 뻔했다.

집에 돌아와 저녁식사도 않고 방 안을 서성거리다가 책상 앞에 앉았다. 문득 책꽂이 한쪽 끝에 꽂힌 고태일 꾸러미의 프랑스어 양장본이 눈에 들어왔다. 가만 생각해보니 이 책도 실크로드 답사기였다. 물론 여전히 내 프랑스어 실력은 전혀 나아지지 않았고 그림이나 보자는 마음으로 책을 펼쳤다. 거의 2년여 만에 다시 손에 쥔 셈이다. 그때도 책 속의 그림과 사진만 훑어보았다!

한 차례 책 속의 흑백사진들과 유적유물 그림들을 살펴본 뒤 프랑스어 책 옆에 같이 꽂아두었던 서역자료 봉투도 열어보았다. 예상대로 실크로드 유적유물의 사진 수십 장과 메모지들이 담겨 있었다. 낱장의 메모지 뭉치와 함께 손바닥 크기의 노트도 하나 나왔다. 공무원이셨던 아버님도 이런 형태의 노트를 늘 지니고 다니셨다. 지금으로 치면 수첩에 해당한다. 혹 이 작은 노트가 고구려 벽화고분에 대한 고태일의 또 하나의 조사 기록이나 메모가 아닐까 하는 생각에 얼른 노트를 펼쳤다. 짐작과는 달리 어떤 서역 스님에 관한 글이었다.

노트를 덮고 산책이라도 갈까 하며 문밖을 나서다가 발걸음을 돌렸다. 그래도 실크로드에 대한 글인데 한번 읽어봐야지 하는 생각이 들었다. 다시 노트를 펼치니 고태일의 성격이나 생활방식을 보여주는 듯한 반듯한 펜글씨가 눈에 들어왔다. 목차는 따로 없었지만 내용이 달라질 때마다 한자로 번호를 넣어 읽기에 그리 힘들지는 않았다. 이전에 읽었던 노트 책 등장인물들의 독백과는 달리 노트의 글은 가끔 비약이 심한 부분도 있었으나 전체적으로 부드럽게 풀려 나가는 맛이 있었다. 날짜는 쓰여 있지 않았다. 아마 고태일이 독백식 글을 쓰고 나서 시간이 좀 흐른 뒤 이 글을 다듬은 까닭에 글에 자연스러운 맛이 스며든 듯했다. 이 노트를 읽으면서 문득 젊은 시절의 고태일은 문학청년이 아니었을까 하는 생각이 들었다.

노트 속 글의 주인공은 '호자胡子'라는 이름의 서역 스님이었다. 사실 호자란 '서역인 승려(선생님)'라는 뜻이다. 고태일이 이 스님을 가상의 인물로 설정했음을 한눈에 알 수 있었다. 호자는 지금의 우즈베키스탄 사마르칸드를 중심으로 세워진 소그디아나 출신 승려였다. 소그디아나는 실크로드 동서무역으로 큰 부를 거머쥔 소그드족의 나라들을 뭉뚱그려 부르는 이름이다. 사마르칸드는 중앙아시아 교통의 요지로 이 일대에서는 가장 역사가 깊고 번성했던 오아시스 도시이다. 이곳과 실크로드 동쪽의 또 다른 거점도시인 중국의 서안(당나라 시대의 장안) 사이에는 천산산맥, 곤륜산맥 등의 거대한 산맥들과 타클라마칸이라는 길고 넓은 사막이 가로놓여 있다. 서쪽의 대도시 바그다드와의 사이에도 메마른 대지와 사막들이 여럿 놓여 있어 가로지르기가 쉽지 않다.

고태일은 소그드족 청년 호자가 출가하여 스님이 된 뒤 이 세상의 동쪽 끝까지 불교를 전하려는 마음을 여래 앞에 올리고 사막과 초원을 가로지르며 온갖 고초를 겪은 것으로 묘사하고 있다. 글의 내용으로 보아 호자가 동쪽 끝 고구려를 목적지로 삼아 소그디아나를 떠난 것은 4세기 말이나 5세기 초의 어느 시점이었던 것 같다. 호자는 하늘 끝에 걸려 있다는 파미르고원을 넘고 거대한 죽음의 사막 타클라마칸을 가로지른 뒤 동방으로의 관문인 야르호토(현재의 투루판)에 이르렀던 듯하다. 여기서 동남으로 길을 틀어 내려가다가 하서회랑河西回廊 의 서쪽 입구에 자리 잡은 저족抵族 의 중심도시 둔황燉煌에 다다른다.

그러나 호자는 여래의 도시, 불탑의 도시 둔황에서 호리꾼과 사기꾼들에게 걸려 동료와 물품을 모두 잃고 초원의 유목민족에게 노예로 팔려간다. 그 후 몇 차례 더 다른 유목민족들에게 팔리고 넘겨지며 고된 노역에 시달린다. 이 과정에서 호자는 청년 전법승傳法僧으로서 지녔던 이전의 혈기와 야심을 잃고 서역 출신의 유순한 노예로 바뀌어간다. 마침내 호자는 몽골고원 동남쪽 끝의 초원과 삼림지대를 생활무대로 삼던 피리라는 족속에게 넘겨진다.

고태일은 거란이나 해奚, 실위室韋 등 동몽골 및 서북 만주 지역의 유목·수렵족을 염두에 두고 글 속에 가상의 피리족을 등장시킨 듯했다. 호자는 피리족의 노예가 된 뒤 역시 피리족에게 납치되어 노예생활을 하던 고구려 여인과 결혼한다. 대장장이 노예로 살던 호자는 피리족이 고구려군과의 전쟁에서 크게 패하여 흩어지는 와중에 다른 노예들과 함께 고구려군에게 포로로 붙잡힌다.

실제 역사에서 이와 비슷한 사건을 찾아본다면 광개토대왕(재위 391~412) 때의 거란원정을 들 수 있다. 광개토대왕이 직접 군대를 이끌고 391년 9월경 펼친 1차 거란원정 당시 거란의 여러 부족은 지금의 중

---

1 소그디아나는 우즈베키스탄 사마르칸드주, 부하라주, 타지키스탄의 수그드주에 걸쳐 크고 작은 오아시스 도시 국가들을 세웠던 이란계 소그드족의 나라들을 뭉뚱그려 부르는 이름으로 '소그드인의 땅'을 가리킨다. 이들은 실크로드 중심부에 터를 잡고 동서교역에 종사했으며 상업에 매우 능한 민족으로 널리 알려졌다. 알렉산더의 동방원정으로 헬레니즘의 지배 아래 들어갔다가 불교신앙과 불교미술이 크게 번성한 지역이 되었으며 7세기 이후 무슬림 세력의 영향을 받기 시작하여 후에는 이슬람 문화권에 편입되었다. 6~7세기경 소그드 상인들이 동아시아의 초원지대를 가로지를 때 이 지역을 지배하던 투르크(돌궐)족은 고구려를 '해 뜨는 곳, 무지개의 나라'라고 불렀다.

2 '하서주랑'으로도 불리는 동남에서 서북 방향으로 뻗어간 길이 900킬로미터, 너비 수백 이내의 좁고 긴 국제무역의 통로를 말한다. 동쪽의 오초령에서 출발하여 서쪽의 옥문관에 이르기까지 돈황, 주천, 장액, 무위 등의 주요한 군사 도시들이 자리 잡고 있으며 통로의 북쪽으로 용수산, 합려산 등이, 남쪽으로 기련산, 아미금산 등의 산들이 맥을 잇고 있다. 중국과 중앙아시아를 잇는 실크로드의 주요 교통로이며 한족, 몽골족, 티베트족, 위구르족 등 여러 민족이 함께 거주하는 지역이다.

3 저족은 중국 감숙성 일대에 살던 유목민족으로 5호16국시대에 전진, 후량 등의 나라를 세웠다. 실제 둔황은 주로 한족에 의해 개척되었고 저족을 비롯한 다양한 민족이 섞여 살던 국제도시였다.

국 내몽골 동쪽을 흐르는 시라무렌강(서요하) 유역의 초원지대를 생활무대로 삼고 있었다. 이 원정은 성공적인 결과를 가져와 고구려의 영향력이 요하 상류 지역으로까지 확장되는 계기가 되었다. 아마 고태일도 이 사건을 머리에 떠올리며 호자의 고구려행을 설명하는 자료로 썼을 가능성이 높다는 느낌을 받았다.

아내가 고구려인이라는 이유로 자유인이 된 호자는 비로소 고구려의 귀족과 자신의 종교인 불교에 대해 논할 기회를 갖게 된다. 불교신앙을 받아들이지 않으면서도 호자를 귀한 객으로 예우한 고구려의 성주 대형 한보는 집안의 모두루총 묵서묘지명에 언급된 북부여수사北夫餘守事 모두루가 원래의 모델이다. 글 중에도 모두루의 조상으로 중시조인 대형 염모의 활약이 언급되었듯이 일제강점기 이래 학자들 사이에는 모두루총 묵서묘지명의 주인공이 염모인지, 모두루인지를 놓고 논란이 계속되었다. 고태일 역시 이에 대해 잘 알고 있었을 것이다.

아내를 잃고 국내성에 정착한 뒤에도 염모 가문의 후손 대형 한보와 그의 아들 한덕의 후원을 받던 호자는 다시금 승려로서의 수행에 들어가고 그의 두 아이는 한보 댁에서 길러진다. 한보는 호자가 전하려는 불교에 대해 듣기를 꺼리지 않았으나 서역의 문물에 대한 관심이 더 깊었다. 그러다가 피리족과의 마지막 전투에서 깊은 부상을 입은 뒤로 불교에서 말하는 정토왕생 신앙에 대해 조금씩 마음을 열기 시작한다.

호자는 한보의 무덤 장식을 염두에 둔 듯 아들 호두에게 사원 장식을 위한 불교회화를 가르치면서 고구려보다 더 먼 땅에 있다는 나라 신라로의 전법 여행을 계획한다. 글의 이런 흐름 속에서 고태일은 호자의 아

114

들 호두를 통해 고구려의 귀족무덤에 불교의 정토왕생을 내용으로 하는 벽화가 그려지기 시작할 것임을 암시한다.

글 내용으로 보아 고태일이 노트 속 회고록의 주인공으로 내세운 호자는 《삼국유사》에 등장하는 고구려 승려 '묵호자墨胡子'인 것 같다. '거무튀튀한 얼굴의 서역 선생님'이라는 뜻의 묵호자는 신라의 눌지마립간(재위 417~458) 때 고구려에서 신라로 왔을 뿐이지 본래 고구려인은 아니었음이 확실하다. 실제 묵호자가 신라에 모습을 드러낸 것은 글 속의 호자스님이 고구려에 온 때보다 반세기 정도 뒤이다. 그러나 묵호자가 고태일이 그려낸 소그드인 승려는 아니더라도 지금의 아프가니스탄 및 우즈베키스탄 일대에서 배출된 서역인 승려였을 가능성은 매우 높다.

---

4 고구려의 관직은 연장자나 족장을 뜻하는 형兄, 공납을 받거나 조세를 받는 일을 하는 관리라는 뜻의 사자使者에서 비롯되어 나뉜 여러 등급의 관등을 바탕으로 만들어졌다. 후대의 14관등제의 각 관등 명칭은 대대로, 울절, 태대사자, 조의두대형, 대사자, 대형, 수위사자, 상위사자, 소형, 제형, 과절, 대과절, 선인으로 대형은 제5관등에 해당한다. 《신당서》에 기록된 12관등제에 따를 때도 제5관등이다. 모두루 가문은 선조가 동명성왕과 함께 북부여에서 왔으며 대형 염모가 크게 두각을 나타낸 이래 대대로 북부여수사를 맡았다. 묘지명에 따르면 모두루 역시 북부여수사를 맡고 있던 도중 광개토대왕의 서거 소식을 들었다고 한다.

5 439년 북량이 북위에 의해 멸망함으로써 북중국은 통일된다. 이후 북중국의 북위, 남중국의 송, 동북아시아의 고구려, 유목 세계의 유연을 중심으로 하는 '4강 체제'가 성립하여 동아시아는 정치적 안정기에 접어든다. 장수왕(재위 412~491)은 동북아시아에서 고구려의 패권을 주변 세력으로부터 인정받은 뒤 백제에 대한 압박을 강화하였다. 475년 고구려군의 침공을 받아 한성을 포함한 한강 일대를 잃은 백제는 남쪽 웅진을 중심으로 국가를 재건한다. 고구려의 전성기와 일치하는 동아시아 4강 체제는 535년 북위가 동위와 서위로 분열된 뒤 각각 북제, 북주로 이어지는 6세기 전반까지 유지된다. 4강 시대의 고구려는 유연, 북조를 통해 중앙아시아 지역과 자주 접촉했고 이 과정에서 서역문화를 적극 받아들였다. 고구려 사절이 서역과의 교류를 위해 유연을 통과할 때는 실크로드의 초원길, 북중국의 북조 영역을 지날 때는 오아시스길을 이용했다.

묵호자는 신라의 변경으로 고구려와의 국경에 가까운 일선군에 도착해 지방귀족인 모례의 집에 머물렀다. 당시 신라에는 불교와 불교문화가 거의 전해지지 않은 상태였다. 그는 그런 신라에 여래의 가르침을 전하려 애썼던 서역계 전법승 중 대표적인 인물이다. 묵호자는 토착신앙의 전통이 매우 강하고 외래의 새로운 문화와 종교에 극히 배타적이었던 신라 귀족들의 기세로 서라벌까지는 들어가지 못한 것으로 보인다.

고태일은 호자의 회고록을 구상하면서 환문총의 동심원문이 실은 서역에서 고구려로 온 호인胡人 승려의 가르침이나 호인 승려가 가져온 장식그림에서 비롯된 것일 수도 있다고 가정하고 있다. 묵호자와 같은 인물들을 통해 서역회화, 특히 불교회화가 고구려에 전해졌고 이것이 고분벽화의 주제나 내용에도 영향을 끼쳤으리라 짐작한 것이다. 지금은 일반인들에게도 어려움 없이 받아들여지는 생각이지만 1960년대만 해도 전문연구자가 아니면 이런 가정은 쉽지 않았을 것이다. 노트의 글을 모두 읽고 이런저런 생각들을 하노라니 미술사학이나 역사학에 구체적인 족적을 남기지 않은 고태일이 점점 더 수수께끼의 주인공으로 바뀌어간다는 느낌이 들었다.

비록 반듯한 펜글씨였지만 고태일의 책 꾸러미 전체가 오랜 기간 습한 곳에 방치되었던 때문인지 아니면 서류봉투 안에 습기가 흘러들었던 탓인지 노트의 글 일부는 잉크가 번진 상태였다. 노트 뒷장 중에는 너덜거리는 부분도 있어 그대로 더 두었다가는 읽을 수 없는 부분이 점점 많아질 것이다. 마침 다음 날은 약속도 없고 월요일도 공휴일인지라 나는 사촌형에게서 얻은 오래된 타자기로 노트의 글을 타이핑하기로 마음먹었다. 컴퓨터가 막 보급되던 시기라 한 대뿐인 박물관용 컴퓨터는 접근조차 쉽지 않았다. 나는 타자기를 두드리면서 혼자 중얼거렸다. '혹 아는가. 언젠가 이 글이 빛을 보게 될지.' 습기로 지워진 부분은 그냥 빈 채로 두기로 했다. 이미 밤이 깊었지만 나는 개의치 않고 타이핑에 몰두하기 시작했다. 오랜만에 또 밤을 하얗게 새야 할 것 같다.

■ 중국 신강 위구르자치구 쇼르축에서 출토된 간다라 양식의 여래상_베를린 동아시아미술관

1

호자스님의
이야기

억울하게 노예로 팔려간 스님들

모래폭풍이 그치지 않는다. 벌써 일주일째 이 작은 오아시스 마을에 갇혀 있다. 지금은 아무도 움직일 수 없다. 그냥 기다려야 한다. 가슴 가운데서 지펴진 불이 목구멍까지 올라왔다 다시 내려간다. 속이 탄다. 전에 듣기로 동방에서는 비를 머금은 세찬 바람을 폭풍이라고 한다지만, 나의 고향 마라칸다에서는 메마른 모래바람이 마을이건 밭이건 모두 덮어버릴 때까지 한도 끝도 없이 불어제치는 것을 말한다. 아마 어느 순간 모래폭풍이 닥친 마을이나 도시는 죽음을 담은 이 큰 바람과 바람이 실어온 모래에 덮여 흔적도 없이 사라져버릴 것이다. 지금 여기에서 그런 일이 일어난다면 내 소망, 내 일족의 오랜 소원은 꽃망울도 맺지 못한 채 사그라지고 만다. 나와 내 동무들, 우리를 신고 천리 길을 걸어온

낙타 열두 마리도 여기서 이대로 모래 속에 파묻혀 세상에서 잊히고 만다. 다시 속이 탄다. 일행이던 스님 파르자가 "이 역시 부처님의 뜻이라면 어쩔 도리가 없지 않겠소"라고 말한다. 마치 어쩌기라도 할 듯이 눈을 부라리며 그에게 다가가다가 주변의 눈길에 밀려 다시 내 자리로 돌아가 앉는다. 기다리고만 있기에는 너무 힘들다. 속에서 다시 불덩어리가 올라오려 한다.

다행히 모래폭풍이 가라앉았다. 다시 동쪽으로 급히 길을 재촉한다.

한 번 더 모래폭풍을 만나면 더 이상의 여정을 기대하기 어렵겠다는 생각에 몸도 마음도 조급해진다. 카스(신장 자치구 서쪽의 도시로 톈산남로의 요충지. 카슈카르라고도 한다) 지역을 지나 사막 남쪽 길로 들어선 지 벌써 보름이 가까워진다. 더 지체하다가는 두 번째 사막 길 너머에 있다는 큰 도시 호탄(중앙아시아 타림분지 남부의 최대 도시. 옥의 생산지로 유명하다)에 이르기도 전에 물과 식량이 바닥날지도 모른다. 이렇게 길이 늘어지다 보면 낙타도 견뎌내기 힘들다. 급한 걸음을 따라가지 못하고 대열에서 뒤처지는 사람도 한둘 생겨나지만 나는 속도를 줄이지 말고 그냥 가자고 했다.

결국 파르자 스님의 의견대로 노자에 쓸 짐 가운데 일부를 낙타 등에서 내려 길에 두고 지친 사람들을 낙타에 태웠다. 아무래도 사람이 먼저라는 파르자 스님의 말이 맞다. 호탄에 이르기만 하면 다른 방도를 찾을 수 있으리라. 그래도 경문經文은 내려놓을 수 없지! 동방의 말 타는 사람들이 같은 무게의 금으로 바꾼다는 모전毛氈(카펫)은 버릴 수 있어도…. 마라칸다의 동족들이 수년 공들여 짠 모전이 귀한 것이기는 해도 우리에게는 어차피 생활의 방편이었을 뿐이니까.

※

우리와 마주쳐 지나간 상인들이 말하기를 저 불덩어리처럼 보이는 화염산火焰山만 지나면 저족의 큰 도시가 나온다고 했다. 본래 양떼를 몰며 떠돌아다니던 족속인데, 언제 중원의 서북 언저리에 이런 큰 도시를 세웠을까? 이제 서역의 대상隊商 모두가 저족의 대도읍을 지나지 않고는 동방의 나라와 도시들로 갈 수 없다고 한다. 저들이 동방과 서방의 커다란 두 세계를 잇는 길목에 자리를 잡고 오가는 상인들에게 통행세를 받는 꼴이다.

지금 중원은 선비鮮卑들이 세운 큰 나라 몇이 자웅을 겨루고 중원 남쪽, 은하수처럼 흐르는 큰 강들과 별처럼 흩어진 호수 사이의 넓은 땅에는 북에서 쫓겨 내려간 한족이 세운 다른 큰 나라가 있다고 한다. 듣기에 저족은 우리와 모습이 다르다고 한다. 한족처럼 생겼다고도 하고, 선비족 같은 외모를 지녔다고도 하니 도대체 어느 말이 맞는지 모르겠다. 하긴 내가 아는 중원에 대한 지식이라고 해봤자 몇 권의 책에 실린 이야기, 대상들을 통해 시장에서 주워들은 소식들, 길동무인 파르자 스님이 나와 다른 스님들에게 말해준 것이 전부이다. 내 동족과 이웃 나라의 많은 스님들이 우리 일행들처럼 큰 사막길을 지나고 저족의 대도읍을 거쳐 중원에 들어갔다고 한다. 하지만 그들 가운데 다시 서쪽의 고향 땅으로 돌아온 이가 있다는 소식은 듣지 못했다.

듣기로는 나보다 앞서 동방으로 간 스님들은 불법을 알지 못하는 사람들에게 참된 지식과 바른 깨달음을 전하다가 붙잡혀 죽은 이가 태반이라고 한다. 간혹 산야 깊숙이 쫓겨 들어가 다시 여래의 법을 전할 길

---

6 316년 서진이 멸망하여 북중국이 5호16국시대라는 혼란기에 들어서자 서진 왕족 사마예는 강남의 건업에 다시 나라를 세웠다. 이 나라가 동진이다. 316년 이후 북중국에서는 흉노, 선비, 갈, 저, 강의 다섯 호족이 세운 나라들이 명멸하였다. 367년 북중국을 완전히 통일한 전진前秦 (저족의 추장 부견이 세운 나라)이 383년 남쪽 동진 정벌에 실패하여 쇠퇴하자 북중국에는 다시 후연, 대, 서연, 후진, 서진, 후량, 남량 등의 나라가 세워졌다. 4세기 말에서 5세기 초 돈황 일대는 서량, 남량, 북량 등의 나라들에 의해 지배를 받았다.

■ **상** 둔황 명사산 근처의 낙타들 _이재환 | **하** 신장 투루판에 있는 화염산 _이재환

을 찾던 이도 몇몇 있지만 대부분 그대로 세상과의 인연을 끊었다고 전해진다. 내가 무사히 동방에 이른다면 나 역시 그런 길을 걷겠지! 결코 지나온 이 길을 되짚어가지는 못하리라. 이미 각오한 길이다. 길이 열려 중원 저 너머에 있다는 천하명궁天下名弓의 나라, 무지개의 한쪽 끝이 걸려 있다는 신비한 땅까지 들어가기만 바랄 뿐이다. 그 땅을 처음 디딘 소그드족 스님으로 이름이 남고 싶다. 여래여! 이 호자를 그 길로 이끄소서. 기꺼이 그 땅에서 제 피를 뿌릴 수 있게 하소서.

저족의 큰 도시는 소문과 달리 객들을 노리는 호리꾼과 사기꾼, 도둑과 강도들이 그득했다. 말 그대로 마족魔族이 판을 치는 어두운 세계였다. 예전에 불법을 아끼고 불자를 받드는 큰 임금이 있어 도시에 높이 솟은 것은 불탑이요, 거리에서 어깨 부딪치는 이는 스님이라 했지만, 다 옛날 이야기였다. 나와 동무 스님들은 도시 객잔에 들러 하룻밤 노독을 풀고 그나마 낙타 등에 싣고 오는 데 성공한 모전 몇 장을 팔러 시장에 나갔다가 협잡꾼에게 걸려 돈 한 푼 받을 틈도 없이 모두 털렸다. 그야말로 대낮에 두 눈 벌겋게 뜬 채 모두 도둑질 당한 꼴이다. 더구나 객잔에 남겨두었던 다른 귀중품마저 되지도 않는 구실을 붙인 시장 관리에게 모두 빼앗겼다. 나는 분을 참지 못하고 역정을 냈지만 우선 말이 마음대로 오가지 못하니 어디 가서 하소연하기도 어려웠다. 이제 부족한 노자조차 마련하지 못하게 되었으니 막막하기만 했다. 당장 객잔 숙비

갚을 길도 없었다. 나는 기가 막혀 한동안 객잔 입구에 주저앉아 멍한 눈으로 누런 기운 가득한 하늘만 쳐다보았다.

곧 자리를 털고 일어난 나는 저족 스님들의 도움을 받아보겠다며 도시 안의 불탑 솟은 절간을 발바닥이 닳도록 찾아다녔다. 그러나 저족 스님들이 있다는 절간이란 것이 기실 도둑들의 소굴과 다름없었다. 스님의 탈을 쓴 도둑들이 절간마다 가득했다. 여래의 자비가 펼쳐져야 마땅한 저족의 큰 도읍이 어찌 마족들로 들끓는단 말인가? 전륜성왕轉輪聖王 (불교의 가르침을 실천하는 이상적인 통치자)이라 불리던 큰 왕이 세상을 뜨자 이 땅이 삽시간에 마족의 세상이 되었구나! 나와 동무 스님들이 동방 땅에 아름답고 복된 소식을 전하러 왔으나 모든 것이 헛된 꿈이 되었구나! 동방의 첫 도읍에 이르자마자 마족의 덫에 걸려 되돌아갈 노자도 없이 털리고 말았으니 이를 어찌해야 하나? 나는 소식을 기다리는 동무 스님들의 얼굴을 떠올리며 힘없는 걸음으로 객잔으로 돌아왔다. 모두 한자리에 모여 한숨과 염불을 반복하며 그 밤을 뜬눈으로 새웠다.

■ 복원된 서역의 관문 둔황 양관 _이재환

■ 투루판에 자리한 교하고성 유적_이재환

알고 보니 객잔 주인도 호리꾼이자 강도였다. 그는 객잔을 차려놓고 객들의 짐을 노리며, 오갈 데 없게 된 자를 좋은 말로 꼬드겨 붙잡아두 었다가 거간꾼을 세워 헐값에 생구生口(노예)로 팔아넘겼다. 그 뒤에는 시장 관리가 있었고 시장에서 협잡을 일삼는 꾼들도 한통속이었다. 그 들의 정체를 미처 알기도 전에 나와 동무 스님들은 눈 덮인 설산 너머 검은 사막 북쪽의 큰 초원에 산다는 우리와 모색貌色이 비슷하면서도 다른 유목족 '샤키'에게 생구로 팔려버렸다.

저족의 큰 도시에 발을 들여놓은 지 3일 만이었다. 뒤늦게 사실을 알고 길길이 뛰었지만 내게 돌아온 것은 마구잡이 채찍질뿐이었다. 혼절했다 깨어난 나를 돌보던 파르자 스님을 쳐다보면서 문득 내 선배 스님들 가운데도 이렇게 생구로 팔린 이들이 적지 않았으리라는 생각이 들었다. 마음이 아득하여 다시 눈을 감았다.

출가하기 전까지 한쪽으로는 포도 농사요, 다른 한쪽으로는 양 치고 노새 부리는 것이 내 일이었는데, 결국 그중 한쪽 일을 다시 하게 되었다. 샤키족의 생구가 되었으니 '이들의 마음을 얻어 불자가 되게 하는 일이 내 일인가' 하는 생각이 들기도 하였지만 수시로 치솟는 분을 누를 수가 없었다. 주인 사내는 내 눈빛이나 태도가 고분고분하지 않다 싶으면 그저 채찍질이었다. 맞지 않으려면 눈을 내리깔고 시키는 일에 부지런을 떠는 듯이 보여야 했다. 동무 스님들 가운데 몇은 어디로 팔려갔는지 말이 통하지 않아 묻지도 못했다.

다행히 나를 포함한 셋은 한 묶음으로 샤키족에게 넘겨졌으니 일이 힘들고 몸이 고달프더라도 서로에게 위로는 되겠구나 싶었다. 이도 인

━ 투루판 인근의 포도원 _이재환

연인가 하고 여래에게 물으려다 그만두었다. 내 가슴에는 여전히 분이 가득하였고, 나와 동무들을 팔아넘긴 저족 객잔 주인에 대한 미움으로 잠이 오지 않는 날이 계속되었다. '다시 만나면 반드시 죽이리라.'

강제 결혼과 고구려로의 이주

샤키족은 나와 두 동무 스님을 동쪽에 사는 다른 동족에게 팔았다. 내 눈에 보기에도 잘생긴 말 한 마리가 이쪽 족장에게 넘겨지고 우리는 한 꺼번에 저쪽 사람들에게 넘겨졌다. 두 해 사이에 이런 식으로 세 번이나 더 팔렸다. 마지막으로 우리를 넘겨받은 족속은 우리와 생김새가 사뭇 달랐다. 이들도 매의 눈은 같았지만 샤키들처럼 얼굴이 좁고 길지 않았다. 냇가 바위처럼 바탕이 펑퍼짐하고 옆으로 얇은 얼굴이었다. '피리'라고 불리는 이들은 우리를 사들인 뒤 각 사람에게 억지로 짝을 맺어주고 가정을 이루게 하였다. 우리가 스님이었는지 여부는 이들에게 문제가 되지 않았다. 그런 사실에 관심도 없을뿐더러 알지도 못하는 것 같았다. 겨우 1년 사이에 우리는 산발을 한 머리에 온몸이 멍 자국과 핏자국으로 얼룩진 고약한 냄새 나는 노예로 바뀌어 있었다.

　나와 살을 맞대고 살게 된 처자는 나처럼 팔려온 것이 아니라 피리족이 약탈을 나갔다가 붙잡아와 생구로 부리던 사람이었다. 서로 어찌어찌 말이 통하게 된 뒤 아내가 말하기를 나와 동무 스님들이 피리족에게 팔려오기 두 해 전에 고향마을 근처의 밭에서 일하다가 다른 처자들 몇

127

과 함께 잡혀왔다고 했다. 아내의 동무들은 차례로 다른 족속에게 넘겨지고 자신만 남았다는 것이다.

출가 후, 온전히 불법 닦기에 힘써왔던 나였지만 생구가 된 지 1년 만에 여래에 대한 믿음, 동방에 불법을 전해 저들의 눈을 뜨게 하리라는 소망은 이미 기억도 희미한 옛날의 일이 되어버렸다. 맞고 일하고 맞고 일하고, 팔리고 다시 팔리다 보니 기도와 염불로 불심에 가득 차 있던 혈기왕성한 소그드족 청년 스님 호자의 모습은 온데간데없이 사라졌다. 나는 어느샌가 내가 돌보는 온순한 양이나 소처럼 되어 있었다.

나는 새 주인이 짝을 맺어주자 싫은 마음보다는 감사한 마음이 컸다. 부부가 된 첫날밤, 나는 늦은 시간에 홀로 깨어나 오래도록 눈물을 흘렸다. 내 아내가 된 보리와 함께 살면서 슬하에 아이도 둘이나 두었다.

비록 생구였지만 수년 만에 피리족처럼 살게 되었다. 내 소유의 가축이 없고 저들을 주인으로 모시고 살면서 이런저런 일을 도맡아 해야 하는 것만 달랐다고 할까. 생구로 사는 여자들은 족장의 집안 살림을 도왔고 사내들은 온갖 궂은 일거리를 맡았다. 들판에 나가 말을 몰고 양을 치는 일은 저들이 가족별로 하는 일이었으나, 들판에서 돌아온 가축들을 우리에 넣은 뒤의 일은 생구들의 몫이었다. 게다가 천막집 나무걸대를 짠다든가, 말발굽에 쓸 편자나 재갈, 말방울, 안장 따위를 만드는 것도 우리의 일이었다.

나는 손끝이 좋다 하여 말방울이나 안장 따위에 장식을 넣어 아름답고 보기 좋게 꾸미는 일도 도맡아 했다. 피리족은 양떼나 말떼를 몰고 다니거나 숲 언저리나 초원에서 짐승을 몰고 사냥하는 일은 좋아했

■ 멀리서 바라본 몽골의 초원. 몽골 울란바타르 인근

다. 그러나 한곳에 쭈그려 앉아 녹인 쇳물을 틀에 부어 모양을 만들고, 달군 쇠를 두드려 펴 연장과 무기를 만들거나 나무를 깎아 다듬어 모양을 내는 일 따위는 하지 않으려 했다. 나와 두 스님은 점차 우리 안의 가축 돌보는 일에서 벗어나 이런 일만 하게 되었다. 피리족과 산 지 10여 년이 될 무렵 우리는 대장장이에 목수, 금은장색金銀匠色이 본업이 되어버렸다.

🌱

피리족은 터를 자꾸 동쪽으로 옮겼다. 몇 해를 그러더니 결국 동방 끝, 바다 근처에 터를 잡고 산다는 '명궁名弓의 나라' 고구려 군인들과

■ 고구려 철갑기병 복원 모형 _평양 조선중앙역사박물관

마주치게 되어 한판 크게 붙고 말았다. 사내건 계집이건 초원에 사는 사람들은 두 발로 걷기보다 말 타기를 먼저 배운다. 그로 인해 말 타고 달리는 데는 이골이 나 있다. 하지만 화살로 백보 거리의 가락지 한가운데를 꿰뚫는다는 명궁의 나라 고구려군 역시 말 타고 날래게 달리는 데는 결코 뒤지지 않는다고 했다. 말 타고 몸을 놀리는 데 서로 차이가 없으니 결국 갑옷, 투구로 몸을 잘 가리고 창칼보다 활을 다루는 데 능숙한 쪽이 싸움에서 유리할 수밖에 없다.

겨울이 시작할 즈음이었다. 하루는 싸움 나갔던 피리족 전사 가운데 두 사람이 말을 달려 급히 돌아왔다. 서둘러 천막을 거두어들이고 가축을 몰아 북쪽 큰 산 밑 골짜기 안으로 들어가라고 지시하고는 다시 싸움터로 돌아갔다. 그러나 천막을 다 거두어 말등에 올리고 가축들을 우리에서 몰아낼 즈음 갑옷과 투구로 몸을 감싼 고구려 기병 한 무리가 우리의 숙영지에 들이닥쳤다. 부녀자와 생구, 가축뿐인지라 우리는 한 사람도 달아나지 못하고 붙잡히고 말았다. 아마 피리족 전사 가운데 여럿이 크게 다치거나 죽고, 남은 몇은 고구려 기병에 쫓겨 사방으로 흩어진 듯했다. 우리는 고구려군이 다그치는 대로 양과 소, 염소 떼를 몰고 수레를 밀며 초원의 남쪽으로 발걸음을 옮겼다. 모두 '북쪽의 큰 산 밑으로 빨리 들어갈걸!' 하는 표정으로 서로를 돌아보면서 좌우를 지키는 군사들을 곁눈질했다. 뉘엿뉘엿 지는 해가 어디로 가는지도 모르는 채 남쪽으로 걸음을 재촉하는 우리 등뒤를 비추었다.

※

아내는 본래 고구려 겨레의 큰 줄기인 맥족貊族은 아니었지만, 고구려 땅 한쪽 끝자락에서 그 나라 백성으로 살며 '주몽'이라는 신의 돌봄을 받는 것을 자랑스럽게 여겼다고 한다. 나는 그 사실을 나중에야 알았다. 아내가 당시에는 나도 알아듣지 못하는 저들의 말로 고구려군에게 몇 마디 건네자 그들은 곧바로 내 가족을 생구들과 따로 서게 했다. 우리의 세간도 별도로 챙기게 했다. 아내에게 생구로 살던 동무 스님들의 가족들도 우리처럼 될 수 있게 선처를 부탁해보라고 했다. 그러나 우두머리로 보이는 이가 아내의 말에 고개를 내저었다. 안타까웠지만 아내에게 한 번 더 말을 건네보라고 할 수 없었다.

우리는 고구려군과 함께 이레가량을 쉬지 않고 남으로 내려왔다. 피리족의 모든 가축까지 함께 움직이려니 하루에 갈 수 있는 거리가 얼마되지 않았다. 중간에 고구려군의 다른 무리가 우리 일행에 붙어들었다. 저들 역시 크고 작은 피리족 부녀자와 생구들을 포로로 잡았고 가축들도 한 떼씩 몰아왔다. 아마도 초원지대 동쪽 끝자락 곳곳에서 고구려군

■ 황해남도 안악군 안악3호분 회랑 벽화의 철갑기병 대행렬

과 피리족 전사들 사이에 싸움이 있었던 모양이다. 고구려군은 약간 갸름하면서도 넓적한 얼굴을 가졌는데 피리족과 비슷하면서도 달랐다. 나중에 안 사실이지만 고구려인과 피리족은 말뿐만 아니라 생김새, 사는 방식에 모두 차이가 있었다. 고구려인은 머리를 모아올려 묶어 상투라는 것을 만들고 그 위에 덮개 끝이 뾰족한 모자를 쓰지만 피리족은 머리 한가운데를 밀고 나머지 머리카락은 풀어 내렸다.

고구려인 중에도 피리족이 있다고 했다. 그들은 키라 사람으로도 불린다. 아내 말로는 고구려도 큰 나라여서 키라족뿐 아니라 말과 생김새, 관습이 다른 족속들이 적지 않다고 하였다. 피리족의 노예로 살다가 이

132

제 고구려에 잡혀가 그곳 사람들의 노예로 살 생각을 하니 불현듯 머릿속에 여래가 떠올랐다. 제발 좋은 주인이 걸리기를 여래께 빌었다. 이렇게 여래를 떠올리기도 오랜만이었다.

대초원 동남쪽 끝에 다다라 큰 숲 언저리를 지났다. 다시 초원지대가 펼쳐졌다. 그렇지만 전에 살던 서북쪽의 큰 초원과 달리 이곳은 잔잔한 바람에 약간 습하고 따뜻한 기운이 흘렀다. 아니나 다를까 하룻길을 더 내려가니 폭만 5리쯤 되는 큰 강이 나왔다. 강을 끼고 길을 따라 이틀가량 더 내려갔다. 지평선 자락에 산봉우리들이 아련히 줄지어 서 있다. 참으로 오랜만에 보는 산이다. 고향 마을에서도 동쪽으로 사흘 길을 걸어가면 머리에 흰 눈을 인 큰 산들이 줄지어 있었다.

내 동족들은 '생명의 물을 주는 귀한 산'이라며 산신에게 절하고 제사를 지냈다. 고향 동쪽의 산골짜기에 사는 사람들은 그 산들 가운데 가장 높고 온통 눈으로 덮인 큰 산을 '한텡그리'라고 불렀다. 불법을 전하러 고향을 떠나 동방으로 올 때도 이 산들 사이로 난 길을 따라 마을과 도시를 수없이 지났다. 그런 뒤에야 호수까지 삼킨다는 죽음의 사막길에 들어섰다. 지금 저 멀리 펼쳐진 산들은 그런 크고 험한 고산준령은 아니다. 그러나 오랜만에 보는 눈 덮인 산들이어서일까? 왠지 정겹다.

아내가 저 산봉우리들을 넘어가면 그 동쪽에 고구려가 있다고 한다. 인연이란 이런 것인가? 10여 년 전 동무 스님들과 결연한 눈빛을 주고

■ 톈산산맥은 중국 신장에서 키르기스스탄, 우즈베키스탄, 카자흐스탄에 걸쳐 있다.

받으며 동방의 끝까지 가보자고 했던 바로 그곳에 왔다. 비록 노예의 몸에 파계하여 가족을 거느린 세속의 사람이 되었지만 기어이 와보겠다고 서원했던 그 땅에 이제야 당도한다! 만감이 교차하며 마음이 어지러웠다. 검게 그을고 주름만 깊어진 내 두 볼 위로 어느새 눈물이 흘러내렸다. 두 아이가 무슨 일인가 하는 표정으로 나를 쳐다본다.

　모두 아련히 보이는 산봉우리들에 눈길을 주고 있는데 멀리서 기마병 한 무리가 우리에게로 달려온다. 국경의 큰 성에 머무르며 노예사냥을 나오는 초원의 도적 떼를 감시하는 고구려 병사들이다. 저들의 인도에 따라 온갖 생김새의 족속들로 이루어진 포로들과 가축 떼의 큰 무리가 말로만 듣던 동방 명궁의 나라로 들어선다.

■ 중국 요녕성 서풍현에 위치한 고구려의 성자산성

성문 근처에서 쳐다보니 초원 끝 구릉지에 우뚝 선 고구려의 성이 위
압적이다. 커다란 돌들을 벽돌처럼 다듬어 쌓은 까닭인가. 이전에 보았
던 흙벽돌로 쌓은 성들보다 단단하고 육중해 보였다. 모두 처음 보는 고
구려의 성을 힐끗거리며 통나무를 다듬어 짠 커다란 성문 사이로 들어
선다. 이제부터 나와 두 스님, 우리에게 딸린 가족들은 고구려에서 살아
야 한다. 이전처럼 생구로 살겠지! 우리의 운명은 큰 성의 성주나 그 위

의 높은 사람들, 아마도 임금님이 쥐고 있을 것이다.

영원한 이별과 새로운 인연의 시작

오늘도 성주 어른 댁에 다녀왔다. 나와 동무들이 서역인으로 애초에 불가에 몸담았음을 알게 된 성주 어른은 우리를 생구 자리에서 풀어주었다. 참으로 세상살이는 예측하기 어렵다. 더욱이 성주 어른은 내가 고구려 처자와 가족을 이루었음을 알고 이제부터 고구려인으로 살 수 있도록 호구戶口에도 넣어주었다. 또한 살 곳과 먹을 것도 마련해주었다. 사는 모양새가 갑자기 이렇게 달라질 수도 있다니!

성주 어른은 다른 고구려인들처럼 아직 여래의 가르침에 대해 알지 못했다. 그렇지만 깨달음의 도리가 오래전부터 서역과 중국에서 큰 바람을 일으켰고, 이제는 많은 사람들의 눈과 마음을 사로잡고 있다는 사실은 잘 알고 있었다. 듣기로는 선배 스님 가운데 초원의 나라들뿐 아니라 이곳 고구려까지 왔던 이도 있다 하였다. 성주 어른은 중국에서 온 나와 같은 생김새의 사람들이 고구려의 수도 국내성에 와 몇 해 동안 머무른 적도 있다고 하였다.[8] 하지만 귀족이나 일반 백성 가운데는 머리를 밀고 서역인의 옷을 입은 사람들이 세상을 떠나 살라고 가르친다 하여 불가를 아주 괴이하고 가까이 해서는 안 되는 집단으로 여기는 이들이 많다고 하였다.

사람들의 생각은 어디나 비슷한 듯하다. 불교가 일반화된 내 고향에서는 이런 문제가 별다른 고민거리가 되지 않았지만 아직 여래의 세상을 알지 못하는 동방으로 향하는 길에 들렀던 도시와 마을에서는 깨달음의 씨앗을 가슴에 담은 듯이 보이는 현자들조차 우리에게 "불가는 왜 출가로부터 시작하려 하는가?" 하고 물었다. 그때는 '출세간出世間을 하더라도 온통 세간에 얽혀 사는 것이 불문佛門에 든 자들의 삶인데, 이 사람들은 세속의 인연에서 잠시라도 멀어지는 것이 그렇게도 두려운가?' 하며 오히려 내가 고개를 갸우뚱거렸다. 그러다가 내 속이 답답해지면 밤이 새도록 그런 물음을 던지는 이들을 설득하려 애쓰기도 했다.

성주 어른도 역시 같은 것을 물었다. 그러나 이제는 이런 물음이 나를 답답하게 하지 않았다. 그들을 설득하려는 마음이 속에서 마구잡이로 솟아오르지도 않았다. 오히려 그런 의문을 품을 수도 있겠구나, 불법을 깨치기 위해 굳이 출가하지 않아도 되는 것 아닌가 하는 마음이 생겼다. 게다가 나는 이미 불가의 사람이 아니지 않은가! 아내가 있고 두 아이가 있는 평범한 가장, 인연이 있어 고구려 땅에 살게 된 서역 출신의 필부匹夫일 뿐이다.

고구려인은 조상신의 세계와 얽혀 사는 것을 당연시한다. 그러니 이

---

8 5호16국시대에 북중국을 일시 통일한 전진의 3대 왕 부견은 불교의 전파에 많은 노력을 기울였다. 372년 부견은 사신과 함께 승려 순도와 불상, 불경을 고구려에 보냈다. 고구려의 소수림왕은 이를 받아들여 공식적으로 불교를 인정하였다. 그러나 이때는 이미 고구려에도 불교를 믿는 이들이 있어 동진의 승려와 편지를 주고받는 일도 있었다. 이로 보아 늦어도 4세기 중엽에는 고구려에 불교가 전해졌음을 알 수 있다. 374년 승려 아도가 고구려에 왔고 소수림왕은 국내성에 불교사원 초문사, 이불란사를 짓게 했다. 391년 고국양왕은 불교를 믿고 복을 구하라는 왕명을 내렸고, 394년 광개토왕은 평양에 9개소의 사찰을 창건하였다.

■ 집안 무용총 널방 벽화의 손님맞이 모사도

런 질문을 하는 것이 이상할 것도 없다. 우리를 얽어매는 인연으로부
터 자유로워지기만 하면 되니 세간이니 출세간이니 하며 굳이 나눌 필
요가 있을까? 인연의 고리에 대해 설명하고 이해시켜야만 자유의 길
로 들어설 수 있는가? 필부가 된 나 자신도 가부가 판단되지 않았다.
오늘도 성주 어른과 긴 이야기를 나누었다. 헤어지면서도 서로가 만족
스럽게 이야기를 나누지는 못했다는 아쉬움이 남았다. 문득 성주 어른
과 불가의 이야기를 나누기보다는 내가 나를 되찾는 것이 먼저라는 생
각이 들었다.

남쪽에서 처음으로 겨울을 맞았다. 초원과는 비교할 수 없을 정도로 따뜻한 겨울이다. 그러나 고구려 사람들은 올 겨울이 유독 춥다고 호들 갑이다. 이렇게 추운 적이 없다고 한다. 하긴 나 역시 유목족에게 팔려 초원생활을 처음 시작했을 때는 상상도 못했던 추위로 고생했었다. 겨울 추위로 하룻밤에도 우리 안의 양이 몇 십 마리씩 얼어 죽는 것을 보면서 '설산의 추위, 얼음 지옥의 고통이 이런 거구나!' 생각했다. 나는 초원에서 첫 겨울을 나는 동안 동상으로 발가락을 두 개나 잃었다. 스님 하나는 열 발가락 가운데 넷이나 잃었다.

아내는 이곳에서 서남으로 400~500리 떨어져 있는 자기 고향으로 가고 싶어한다. 봄이 되면 성주 어른에게 아뢰고 허락을 받으라고 자꾸 조른다. 고구려 사람으로 호적을 얻었으니 굳이 아내의 고향으로 가지 못할 이유도 없고, 성주 어른이 이를 허락하지 않을 리도 없다. 그렇지만 나는 이러기도 어렵고 저러기도 어려워 망설였다.

사실 내가 갈 곳은 딱히 정해져 있지 않았다. 하지만 고향 땅에서 발걸음을 떼기 전 여래 앞에 서원한 것이 있는데, 이제 고구려 땅까지 왔으니 다시 출가하여 전법을 시작해야 하는 것 아닌가, 이것이 여래의 뜻이 아닐까 하는 생각으로 머릿속이 어지러웠다. 10여 년의 노예살이 와중에 아내를 얻고 자식까지 낳아 필부가 되었으니 이제는 그냥 아내와 함께 그녀의 고향으로 내려가 두 아이를 기르며 평범하게 사는 것이 내 할 일이 아닐까? 판단이 서지 않았다. 그렇다고 마냥 결정을 미룰 수도

139

■ 평양 원오리에서 출토된 니조보살입상 _국립중앙박물관

없다. 아내 보리는 자꾸 고향에 가기를 닦달한다. 어찌해야 하나?

서릿발보다 더한 겨울 기운이 서서히 가실 즈음 참으로 오랜만에 열흘 동안 식음을 전폐하고 정진하였다. 동방 전도를 결심하기에 앞서 40일 정진을 한 뒤로 거의 열한 해 만의 일이다. 비록 내 거처 작은 방에서 하는 것이지만 아내에게는 내가 불가에서 행하는 열흘 기도에 들어간다고 미리 말해두었다. 불가에 대해 아는 것이 없는 아내는 걱정스런 눈빛으로 나를 바라보았다. 그러나 내 결심이 굳음을 알자 더 이상 다른 말은 하지 않았다. 어떤 큰 결심을 한 것은 아니다. 불가와의 인연을 끊을 수도 있다는 마음으로 여래 앞에 나아갔다. 필부로 살게 되면 그뿐이다. 세상 인연에서 자유롭고자 불문에 들었지만 그 역시 또 다른 인연이다. 출세간한 자가 어쩌다가 세상과 새로운 인연을 맺었고 그로 인해 인연의 씨앗을 낳았다. 인연의 실타래가 얽히고설켜 질기고 어지럽기가 이렇게 심하다. 굳이 무뎌지고 이도 빠진 칼을 들어 상처를 내고 피를 흘리며 인연의 탯줄을 끊으려고 애쓸 이유는 또 무엇인가. 말 그대로 마음을 비우고 여래 앞에 다시 섰다. 열흘이 쏜살같이 흘렀다. 열흘간의 정진을 끝내고 아내와 그의 고향에 가기로 마음먹었다. 아내는 뛸 듯이 기뻐했다.

　

아내가 자꾸 수척해진다. 상실감이 너무 컸던 것일까? 폐허가 되었다는 고향마을을 잊지 못해서일까? 수자리를 끝낸 고구려 병사 한 무리와 더불어 고구려 서북의 큰 성 부여성을 떠난 지 사흘. 길섶에서 만난 고구려 병사들에게서 아내의 고향 마을 일대가 크게 약탈당했다는 소식을 들었다. 난리를 당한 그 지경에서 간신히 도망쳐나온 몇몇 고구려인이 그 지역을 관할하던 작은 성의 고구려 병사들에게 이 소식을 전했고 그들이 다시 우리에게 알린 것이다. 피리족의 전사 한 무리가 그 일대에 들이닥쳐 10여 곳의 마을에 불을 지르고 노약자들을 죽인 뒤 젊고 쓸만한 사람들은 따로 모아 한꺼번에 붙잡아갔다는 것이다. 근처를 지나던 또 다른 고구려 군사들이 그 뒤를 쫓았지만 이미 저들은 수십 리 바깥 큰 숲 너머로 달아난 뒤였다고 한다.

함께 길을 떠났던 고구려 젊은 군사들이 우리 가족을 잿더미가 된 마을로 보낼 수는 없다며 같이 그들의 고향이 있는 동남쪽으로 내려가자고 간곡히 권하였다. 망연자실하던 아내도 고향마을로 돌아갈 마음을 접었다. 우리는 결국 행로를 바꾸었다. 그러나 고향길을 포기한 그날부터 아내는 조금씩 넋을 놓기 시작했다. 꿈에도 그리던 고향을 다시 밟아보지도 못한 채 자기를 반길 것으로 기대하던 피붙이들을 잃었다는 사실을 받아들일 수 없는 것 같았다. 배 속에 지난 가을에 들어선 셋째가 자라고 있건만 아내는 마음을 다잡고 몸을 추스르려 하지 않았다. 이러다가는 정말 큰일날 텐데…. 내가 여러 말로 타일렀건만 아내는 귀담아들으려 하지 않았다.

　　결국 아내는 동서로 비스듬히 뻗은 큰 산줄기들이 우리 눈에 들어올 즈음 이 세상과 인연을 접었다. 저 산들을 넘어서면 국내성이라고 했는데, 아내는 새로운 삶터로의 여행길을 여기서 멈추고 말

■ 중국 요녕성 영구시 고구려 건안성 _ 양시은

■ 압록강 수풍댐 지역의 고구려 돌무지무덤들

왔다. 두 아이를 남겨두고 배 속의 새 생명과 함께 다른 세상으로 떠났다. 행장을 꾸려 다시 움직여야 했지만 나는 넋을 잃고 아내의 시신 앞에 주저앉았다. 이미 잊힌 옛 습관이어서일까, 아니면 황망함 때문일까? 염불을 외지도, 소리내어 곡을 하지도 못한 채 그저 가만히 앉아 눈물만 뚝뚝 떨어뜨릴 뿐이었다.

아내의 육신을 긴 산줄기 바로 밑까지 매고 와 시냇가 큰 나무 밑에 묻었다. 일행의 도움으로 냇가의 돌을 많이 가져다가 시신을 덮었다. 잠깐 사이에 돌무더기가 제법 큰 무지를 이루니 마치 초원에 살 때 길잡이 삼아 만들던 서낭신 무더기처럼 보였다. 고향 근처 큰 산자락에 살던 사람들이 불탑 대신 만들던 돌무지 스투파(유골을 매장한 인도의 화장묘) 같기도 했다. 이곳에 큰물이 한번 지면 아내의 무덤은 흔적도 없이 사라질지 모른다. 그래도 사람이 살던 자취요, 세상 인연의 한 모습이 아닌가. 다시 찾아오게 될지 알 수 없으나 혹 찾고자 할 때 이 나무와 돌무더기를 볼 수 있다면 그것만으로도 마음에 위로가 되리라.

✼

아내가 세상을 떠나자 나와 두 아이는 고구려 사람이면서도 고구려 사람으로 살기 어려워졌다. 고구려 말을 미처 배우지 못했으니 입이 있어도 말을 할 수 없다. 비록 국내성에 나와 같은 생김새의 사람들이 있다고는 하나 나는 그들보다 더 검은 피부를 가졌다. 서역 출신이라 해도 고향이 다르면 말도 종족도 다르고 사는 습관이나 생각에도 차이가 있다. 다른 고구려인들과 나는 구별될 수밖에 없다. 내게 몇 가지 재주가 있어 국내성 저잣거리 한구석에 움막을 짓고 살아갈 방도가 없지는 않지만 이곳 사람들에게 우리는 바람에 불려온 검부쟁이나 다름없다. 이리 치이고 저리 치이기 십상이다. 이런저런 고민으로 마음이 어지러운 가운데 국내성에 이르렀다. 국내성 앞에서 수자리 고구려 젊은이들과 헤어지기 전 그들이 알려준 대로 국내성 바깥 큰 강 자락에 있다는 부여성 성주 어른 댁을 찾았다.

성주 어른 댁 마을은 국내성에서 동북으로 30여 리 떨어진 강 자락의 너른 벌판에 자리해 있었다. 그 댁 사람들이 곡식을 얻기 위해 일군 벌판은 '염모 어른댁 벌'이라 불린다고 했다. 성주 어른이 달리 사람을 놓

■ 한겨울의 우즈베키스탄 아야즈 칼라 _오세윤

아 기별했는지, 집안의 풍토가 그래서인지 알 수 없으나 나와 두 아이는 성주 어른 댁 위아래 사람들 모두에게 환대를 받았다. 작은 어른으로 불리는 성주 어른의 큰 아드님이 앞서서 나와 두 아이를 챙겨주셨다. 작은 어른의 지시로 큰 저택 앞쪽에 늘어선 여러 행랑채 중 하나가 우리에게 주어졌다. 방 안에 세간도 제법 갖추어져 있어 봇짐 몇 개를 어깨에서 내려 방에 들여놓으면서 마음속 깊이 감사했다. 말은 제대로 통하지 않았지만 큰 마님에게도 감사의 마음을 전해달라고 나와 두 아이를 도와주기로 한 성주 어른 댁 집사 노인에게 거듭 내 뜻을 전했다.

며칠 동안 편안히 쉬며 노독을 푸는 가운데도 한갓진 곳에 육신을 뉘고 저 세상으로 떠난 아내가 그리워 쉽게 잠을 이룰 수 없었다. 이제 그녀와의 인연은 여기서 끝인가, 아니면 두 아이를 통해 고리로 이어지는

것인가? 이제 이 아이들의 내일은 어찌 될 것이고, 나는 또 어찌할 것인가? 그저 성주 어른 댁 더부살이 객식구로만 살 수도 없는 노릇이다. 내가 배운 작은 재주를 두 아이에게 가르치며 저잣거리로 나갈 준비를 해야 하는가, 아니면 성주 어른 댁 전답田畓지기가 되거나, 이 집안을 위한 공양供養잡이가 될 것인가? 어찌 내 인연의 실타래는 이리도 어지럽게 얽혀 갈 바를 알지 못하게 하는가? 여래여, 눈 어두워 제 길 못 찾는 저에게 갈 길을 보이소서!

꿈도 아니고 생시도 아니었다. 아내 보리가 나를 찾아왔다. 오랜만에

146

아내와 깊고 따뜻한 시간을 보냈다. 전생과 이생의 인연에 대한 이야기도 나누었다. 아내는 이미 보살의 경지에 이른 듯 하는 말 마디 마디가 나를 얽어매던 온갖 번뇌의 고리를 끊을 수 있게 해주었다. 아내가 입을 열 때마다 나를 가두어놓았던 커다란 고치의 가늘고 긴 실들이 툭툭 끊어지고 빛 한 점 들어오지 않던 두꺼운 껍질 곳곳에 틈이 생겼다. 그 틈 새로 여래가 내는 깨달음의 빛이 쏟아져 들어와 나를 감싸는 듯했다.

찰나刹那도 아니요 영겁永劫도 아닌 시간을 보낸 뒤, 내 아내가 보살이요 관음觀音이었다는 확신이 들었다. 그녀가 낳은 두 아이는 내 곁에서 아름다운 미소를 띠며 깊이 잠들어 있지만, 그녀는 사람의 몸을 잠시 빌려 내 곁을 지켜준 관음보살이 틀림없었다. 지난 여러 해 동안 관음과 살을 섞고 살면서 보살임을 알지 못했던 것이다! 나를 지키고자 저

— 집안 통천굴

■ 통일신라시대 금동관음보살 _일본 동경국립박물관

살을 에는 추위와 살갗을 짓무
르게 하는 더위, 온갖 수모와 노
역을 견디며 나와 함께하였어도
나는 이를 몰랐으니 사람이 어
찌 이다지도 어리석단 말인가.

동이 터올 무렵에야 나는 있
을 자리에 있으나 해야 할 일은
하지 않고 있음을 깨달았다. 보
살이 애써 나를 이곳에 보냈음
에도 나는 왜 내가 이곳에 있는
지를 알지 못했다. 망연자실 두
아이의 어미요, 내 깊은 의지이
던 아내만을 그리워하고 있었
다. 초원의 긴 밤 내내 내 곁에
누워 나를 떠나지 않으려 했던
고구려 처자만 생각하고 있었
다. 그가 보살이요 관음이며 내
게 남겨놓은 작은 열매들, 남은 인연의 고리 안에서 진리의 길을 찾길
기대했던 깨달음의 길잡이라는 사실을 그녀가 다시 올 때까지 나는 알
지 못했다. 소경에 귀머거리에 벙어리처럼 눈을 감고, 귀를 막고, 입을
닫은 채 어둠 속에서 길을 묻지도, 소리를 듣지도 않고 그저 그 자리에
가만히 앉아 있기만 했던 셈이다.

지난겨울은 내 삶에서 가장 길었던 한 철이었다. 두 아이를 성주 어른 댁에 남겨놓은 채 거의 150여 리 길을 백산 쪽으로 오르다 만난 산자락 중턱의 동굴에 거처를 정하고 겨울 수행에 들어갔다. 내 고향 마라칸다에서도 철마다 작은 사원에 기거하며 여러 달 불출입不出入 수행에 들어간 적은 있다. 그렇지만 이렇게 겨울이 길고 추운 지방에서 한 철 수행에 들어가기는 처음이다. 비록 국내성 일대가 고구려 북쪽 지역에서는 가장 따뜻한 곳이라고 해도 압록수(현재의 압록강) 곁의 산 중턱 동굴에서 겪는 겨울 추위는 그야말로 매서웠다. 10여 년 동안 겨울이 혹독한 초원생활을 경험하지 않았더라면 견디기 어려웠을 것이다.

처음 열흘 동안은 뼛속까지 파고드는 차가운 기운이 새삼스러웠다. 비록 두툼한 담비 털옷을 걸쳤다고는 하나 모닥불 정도로 견뎌야 하는 겨울철 동굴생활은 처음인지라 수행자의 자세로 앉아 있기조차 힘들었다. 추위에 마음을 빼앗겨 평상심을 회복하기가 어려웠다. 고요 속으로 들어가 머무르기는 더 힘들었다. 석가여래는 보리수 밑에서 미동도 없이 6년을 수행했다는데, 나는 추위에 온 정신을 빼앗겨 잠시도 가만있을 수 없으니 겉옷처럼 여기던 육신이 내 마음을 다스리는가? 한순간 나 자신에 대한 모멸감이 한기보다 더 무섭게 육신과 마음을 조여와 숨쉬기조차 힘들었다.

어떤 이는 육신을 버리면 깨달음의 길이 보인다고 하고, 어떤 이는 육신과 마음의 관계에서 깨달음의 길을 찾으라고 한다. 맞기도 하고 틀리기도 한 말이다. 사람마다 길이 있을진대 무엇이 맞고 무엇이 틀리겠는 가. 아침저녁으로 한 차례씩 바랑에 꾸려온 말린 음식들을 꺼내 침이 괴어나오도록 씹고 또 씹었다. 곡식도 씹고, 고기도 씹었다. 고향 절간에서 육식을 버렸지만, 초원살이를 하면서 다시 고기를 먹고 그 껍질을 이용하는 법을 배웠다. 사랑으로 기르던 가축이 남긴 껍질과 몸뚱이를 하늘에 감사하고 그 짐승의 혼에게 고마워하며 입고 먹었다. 죽은 양과 소에게서 전생의 나를 보았고, 끝없이 높은 하늘을 쳐다보며 인연에서 자유로워진 여래의 가르침을 읽었다.

백산 길로 떠나기 전 성주 어른 댁 안채에서 내온 마른 음식들을 굳이 거절하지 않고 바랑에 넣었다. 그 손길들을 기억하며 즙이 되어 없어질 때까지 오래도록 씹어 삼켰다. 그렇게 무릎 꿇고 눈을 감은 채 음식을 정성껏 씹는 사이 배고픔도 추위도 물러갔다. 육신과 마음 사이의 가시 돋친 갈등도 사라지고 나와 내 바깥세계 사이의 미움과 분노, 갈등도 녹아 없어졌다. 그러면 고요가 찾아왔고, 마음속 깊은 곳에 웅크리고 있던 맑은 고갱이가 기지개를 펴고 서서히 빛을 내고는 했다. 그러는 사이에 밤과 어둠이 지나고 아침이 왔다. 잠깐 사이에 새로운 빛이 동굴을 가득 채우곤 했다. 어느 맑은 날 아침, 동굴 밑 계곡에서 물 흐르는 소리가 들렸다. 동굴 안을 깨끗이 치운 다음 바랑을 꾸려 산을 내려왔다.

🌿

겨우 몇 달 사이에 두 아들은 어른이 되어 있었다. 성주 어른 댁 사람들은 내 눈빛과 얼굴색이 달라졌다고 한다. 하지만 내 눈에는 두 아들의 눈빛과 얼굴 표정이 이전과 달라 보였다. 내 수행의 시간이 저들에게도 수행이었던가? 이미 세상의 인연에서 벗어난 어미가 저들의 마음에 함께했는지도 모른다. 아직 소년티가 가시지 않았음에도 아이들은 나를 육신의 아버지보다는 마음의 스승으로 대하는 듯이 보였다. 나는 내 눈을 의심하면서도 마음 한구석이 편안해지는 듯했다. 불자로 돌아가려는 내 마지막 걸음을 가볍게 해주려는 것

■ 평양 평천리사지에서 출토된 고구려 금동미륵반가사유상 _ 평양 조선중앙역사박물관. 양시은

인가? 제 아비가 초원 유목족의 노예로 팔려가면서 출가자 생활을 멈춘 지 십수 년 만에 동방의 끝, 명궁의 나라에 와서 다시 출가자로 돌아가게 됨을 세간의 내 두 아들도 아는 것일까? 성인이 되려면 앞으로도 몇 해가 더 흘러야 함에도 벌써 이 아비의 품에서 떠나고 있는 것인가? 한순간 갈피를 잡지 못한 채 마음으로 염불을 외면서 세상의 육신을 버리고 보살의 자리로 되돌아간 아내를 불렀다. '이보시오. 어찌하면 좋겠소? 이 자리에서 다시 출가함이 옳은지, 두 아이의 아비 노릇을 몇 해 더 함이 옳은지 갈피를 잡을 수가 없구려!'

성주 어른이 고구려 대왕으로부터 말미를 얻어 잠시 댁으로 돌아왔다. 작은 어른까지 함께 모인 자리에서 긴 대화가 시작되었다. 성주 어른은 대인의 풍모를 지닌 분답게 내가 다시 출가자로 돌아온 것을 전혀 이상히 여기지 않았다. 오히려 마을에 덧대어 있는 산자락 한편에 나를 위해 작고 아담한 집 한 채를 새로 짓도록 했다. 거기에 더해 장정 하나를 붙여 내게 필요한 것을 공궤供饋하게 했다. 작은 어른도 내게 필요한 것은 없는지 세세히 챙겼다. 큰 어른이나 작은 어른 모두 비록 여래의 도道를 믿지는 않지만 나를 불자로 인정하고 나에게 배울 것이 있으면 배우겠다는 뜻을 보인 셈이다. 식견이 깊고 넓은 분들임을 새삼 느꼈다. 그래서일까, 사랑방에서 두 분과 마주 앉아 대화를 하면 마음이 편안해지고 즐겁기까지 하다. 전생에 나와 무슨 인연이 있거나 아니면 깨달음의 길을 걸으며 나를 깨우치려 했던 분들이 틀림없다. 어떤 식으로든 나와 인연이 닿아 있던 사람들이리라.

큰 어른은 여래의 길에 대한 내 설법에 귀를 기울이다가도 내가 경험했던 초원에서의 삶, 내 고향 오아시스 도시의 풍물, 내가 동방 여행길에서 겪었던 여러 사건에 대해서도 이것저것 물으며 자세한 것까지 알고 싶어했다.[9] 때로는 그 풍광이나 형용을 그림으로 그려 보여달라고도

---

9 고구려 외교사절의 발길은 동북아시아의 패자로 군림하던 5세기에서 동아시아의 국제질서 재편을 둘러싸고 중국의 수당隋唐과 치열한 외교전을 벌이던 7세기 사이에 내륙아시아의 스텝지대를 가로질러 중앙아시아의 서쪽 끝에까지 닿은 듯하다. 이는 중국 서쪽 변방의 돈황석굴, 파미르고원 너머 사마르칸드의 아프라시압 궁전지 벽화에 보이는 조우관鳥羽冠을 쓴 고구려 사절의 모습에서 미루어 짐작할 수 있다.

했다. 큰 어른은 사람을 꿰뚫어보는 매서운 눈을 지닌 분이다. 처음 부
여성에서 어른에게 나아갈 때 내 봇짐에 묶여 있던 작은 고리와 술 장
식들 몇 개를 보고는 내게 손재주가 있음을 눈치챘다. 그 고리와 술 장
식들이 같이 있던 다른 이들이나 유목족의 것들과 다르다는 것을 금세
알아차리고는 내 솜씨냐고 물었다.

 작은 어른이 내놓은 너른 폭의 명주 몇 단이 잠깐 사이에 내 고향과
사막, 초원의 풍광, 내가 수행하던 사원의 천장 둥근 승방僧房들, 본전의
여래상과 보살상, 천인상, 화초무늬와 포도, 석류나무들로 채워지면 큰
어른은 하나씩 짚어가다가 내가 미처 그리지 못한 그 안의 것들에 대해
다시 묻고는 했다. 큰 어른이나 작은 어른 모두 나와 동무 스님들이 지

■ 쿰투라 석굴사원의 내부 _이재환

154

나왔던 한텡그리산과 그 산에 얽힌 전설들, 머리에 눈을 인 큰 산을 섬기는 민족들에 대해 자세히 듣고 싶어했다. 오아시스 도시들과 저족의 큰 도시, 길섶과 도시 안팎의 강도와 도적들, 코가 높고 얼굴이 긴 유목족들의 관습, 저들이 타고 다니는 다리가 길고 날랜 말들에 대해서도 깊은 관심을 보였다. 큰 어른은 한 번쯤 대초원을 가로질러 그 너머에 있는 내가 살던 세계에 고구려 사람을 보내보는 것도 좋겠다는 생각을 내비치기도 했다.

✳

작은 어른의 둘째 아들 두모 도령은 그 나이 또래의 다른 아이들과는 다른 특별한 느낌을 주었다. 할아버지인 큰 어른도 소년 시절 아마 두모 도령과 비슷하지 않았을까 짐작되었다. 작은 어른이 도령을 내게로 보낸 뒤, 함께 지내면서 오히려 내가 배우는 것이 많았다. 도령은 내가 생김과 생각이 달랐음에도 내 밑에 들어오는 것을 꺼리거나 두려워하는 기색이 없었다. 마치 오래전부터 나를 스승으로 모신 듯이 자연스럽게

---

10 5세기 고구려에는 불교와 함께 서역문화가 대거 흘러들었다. 고분벽화에 등장하는 큰 눈에 매부리코, 구레나룻 짙은 사람들은 중앙아시아 및 서아시아, 인도문화의 동방 전래와 관련이 깊다. 삼실총과 장천1호분 벽화의 하늘세계를 받쳐드는 우주역사도 그중 하나이다. 357년에 만들어진 안악3호분 벽화와 5세기 중반의 삼실총 벽화에 등장하는 현악기 완함, 6세기 고분인 오회분4호묘 벽화의 장고 역시 중앙아시아에서 기원한 악기들이다. 벽화에는 여러 가지 놀이, 그림 그리는 기법 등에서 서역과의 관련성이 확인되며 문헌기록 상으로는 고구려의 춤과 노래에서도 서역과의 문화교류 흔적이 발견된다.

받들었다. 진지하면서도 흐트러짐 없는 자세로 배우고 가르침을 따랐다. 마치 출세간의 후학처럼 내 일거수일투족을 그대로 배우며 따르려는 듯이 그림자처럼 내 곁을 지켰다.

내 생각과 지식이 차례로 전해졌지만 두모 도령이 여래의 길에 들어서거나 서역 성자들의 깨달음에 마음을 열고 통하려는 것은 아니었다. 그 마음의 중심은 처음 그대로인 듯했다. 도령은 성주 어른보다 더 많은 것을, 더 자세히 물었다. 게다가 글과 말까지 내게 배우되 깨우치고 익히는 속도가 늘 내 짐작을 뛰어넘었다. 대가 댁 자제여서 근기根機(여래의 가르침을 받을 수 있는 능력)가 남다른 것일까. 꼭 그런 것 같지도 않았다. 아마 집안 내력이요 대를 물려 내려오는 기운 때문이리라. 성주 어른 댁 가계에는 밝고 힘센 어떤 줄기가 뻗어 내려오는 것처럼 느껴졌다.

비록 나이는 두모 도령보다 여러 살 아래이나 세속의 내 큰 아들 호두가 늘 도령과 함께하였다. 저 둘은 이제 눈빛만으로도 서로의 뜻과 마음을 읽을 정도로 가까워졌다. 호두가 도령과 나란히 내게 배운 것은 아니지만 내 가르침, 나와 도령이 나눈 대화는 빠짐없이 호두에게 전해졌다. 호두도 조금씩 출세간의 내 후학이 되어가고 있었다. 호두는 나를 많이 닮은 아이이다. 손재주가 남다른 점에서 더욱 그렇다. 그 아이도 나처럼 도령이 말로 형용하는 것을 그려서 형상으로 나타냈다. 내가 도령을 가르치는 시간에는 장정 쇠돌뫼를 따라다니며 그를 도왔다. 쇠돌뫼가 크고 작은 집안일을 마무리하고 어른네로 가면, 호두는 뒤꼍 채마밭 곁에 오두막처럼 세워진 작은 공방에서 이것저것 깎고 다듬고 손보는 일에 빠져들었다. 호두가 다듬어내는 물건은 내가 보기에도 기이할

■ 통구 사신총 널방 천장고임의 선인 벽화

정도로 정교하고 아름다웠다. 그렇게 나를 넘어서는 재능과 솜씨에 감
탄하면서도 격랑의 세상에서 살아가야 할 그 아이의 앞날을 생각하면
안쓰러움으로 마음속에 무거운 추가 내려앉은 듯했다.

진정한 깨달음을 향한 정진

작은 승원僧院이 완성되었다. 집에서 800보가량 떨어진 곳이지만 아래
에서는 승원의 입구가 보이지 않는다. 제법 높은 산기슭에 지어진 데다
입지도 좋다. 승원의 입구로 나가면 집과 마을, 압록수와 그 일대의 넓

은 들까지 한눈에 내려다보였다. 사실 짓는 데 든 재료나 짓고 난 뒤의 규모와 모색으로 볼 때 이 승원은 토굴土窟과 비슷하다. 그럼에도 이를 만드는 데 만만치 않은 공력이 들었다. 힘쓰는 일은 나와 쇠돌뫼가 주로 했지만 세세한 곳까지 손보는 것은 두모 도령과 호두가 도맡아 했다. 둘은 시키지도 않았는데 승원 안을 장엄하였다. 그러더니 거칠고 때로 황량한 느낌마저 들 수 있는 작은 토굴을 여래의 연화정토蓮花淨土처럼 꾸며놓았다.

처음 이 방으로 들어올 때 비록 한순간이었지만, 고향 땅 큰 강어귀 바위절벽에 세워졌던 대승원의 자그만 내 수행방에 들어온 듯한 착각을 일으켰다. 내가 두 소년에게 잠깐 선 그림으로 나타내고 말로만 묘사했던 바로 그곳이다. 그것이 동쪽으로 만 리를 날아와 이곳에 놓인 것 같았다. 곱디고운 연꽃이 벽과 천장을 가득 메웠으니 어찌 연화정토가 아니겠는가. 저들에게 삼천대천세계三千大天世界의 삼라만상森羅萬象을 설명하고, 하늘사람들의 모습을 형용하였더라면 이 승원을 여래본전如來本殿처럼 온갖 장엄 속 광명천지光明天地로 바꾸어놓았을지도 모른다. 사람의 능력이 참으로 무궁무진하니 이 역시 여래의 덕이다. 여래가 열어놓은 길에 인연이 닿는 중생들이 발을 내딛으니 이 또한 새 정토로의 길이요 인연이 아닌가.

이제 이 수행방이 세간에서 내 육신이 머무를 마지막 공간이 되리라. 도령과 호두에게는 사흘거리로 해가 집 앞 왕솔 허리에 걸릴 때쯤 올라와 중천中天 말미에 내려가도록 일렀다. 그들은 자신들의 내일을 준비하고 나는 이 세상에서의 업과 연을 정리할 때이다. 쇠돌뫼에게 성주 어른 댁으로 가 명주 몇 폭과 지필묵紙筆墨을 한 바리 얻어오도록 하였다. 세간에서는 마음으로 닿거나 알려질 수 없는 길이 있다. 그러나 그 자취라도 형용해 남기는 수밖에 없으리라는 생각에 한어漢語와 고구려 이두로 글을 남길 참이다.

이제 나는 범어梵語 경전을 지니고 있지 않다. 이리 같은 자들의 흉폭한 손에 걸려들어 졸지에 노예가 되면서 경전과는 인연이 끊겼다. 그럼에도 이런저런 인연으로 머리에 담긴 것이 적지 않다. 여래가 직접 말씀하시는 것들도 여전히 가슴에 새겨져 있다. 이 승원에서 수행하는 틈틈이 이를 기억해내어 정리하고 묶어낸다면 내 뒤를 이어 이 땅에 닿을 새 호자胡子들의 전법이 훨씬 수월해질 것이다. 내가 이 땅에 발을 디딘 몇 번째 호자인지는 알 수 없으나 여래께서는 내 뒤를 이어 또 다른 호자들이 잇따라 이곳에 걸음하게 하실 것이다. 그렇지 않고 이곳 고구려 맥자들이 내 뒤를 잇는다 해도 내가 겪은 일, 내가 본 세상은 저들에게도 덕이 되리라. 여래여, 이 세상 육신을 버리기 전에 마음에 둔 이 일들을 마무리할 수 있게 하소서. 동방 명궁 나라에서의 내 인연이 육도六道에서의 선업을 쌓는 마지막 걸음이 되게 하소서.

※

두모 도령의 간절함이 내 마음을 흔들더니 결국 항아리 뚜껑 아래에 쟁여놓았던 온갖 재주를 다시 세상에 드러내게 되었다. 출가 전은 물론이고 출가 후에도 나는 타고난 감각과 손재주로 인해 하던 일을 제대로

■ 아프가니스탄에서 출토된 간다라 양식의 여래상과 천부중들 _파리 기메미술관

마무리하지 못하는 경우가 많았다. 하나를 끝내기 전에 새 것에 손대고, 한 생각에 이어 떠오르는 생각을 다스리지 못하는 습관 때문이었다. 게다가 이것저것 다 해내겠다는 욕심과 자신감이 온전히 하나를 마무리하지 못하는 결과를 낳았다.

그럼에도 한번 머릿속에 떠오르는 것들을 형상으로 깎고 다듬거나 그림으로 형용하는 데는 나를 따라올 이가 없었다. 나는 포도 따기로 한창 바쁠 때도 시간 가는 줄 모르고 이것도 형용하고 저것도 다듬다가 집안 어른들의 꾸중을 듣곤 했다. 핏대를 드러내며 대들기도 자주 하여 늘 집안 어른들에게 걱정을 끼쳤던 일이 지금도 기억에 생생하다. 그때를 생각하니 새삼 얼굴이 붉어진다. 내 온갖 재주를 펼치기도 여의치 않고 가업 잇기도 내키지 않아 하던 차에 '출가'의 길이 내 앞에 어른거렸다. 그때 앞뒤 따져보지도 않은 채 세속과 작별하고 구도求道의 길로 들어섰다. 내 나이 열여섯이 꽉 차던 해 여름의 일이다.

사람마다 길 아닌 길을 찾다가 길을 놓친다고 했다. 수행하는 과정에서도 여러 재주가 나를 놓지 않아 불자의 길을 걷는 데 방해가 되었다. 그러고 보면 내가 그 재주들을 놓지 않아 길 찾기에 어려움을 겪고 있었다는 말이 맞다. 수행방의 안팎에서도 내 재주를 필요로 하는 곳이 많았다. 재주를 부리는 것이 덕이 되는 때도 있었다. 승원을 장엄하거나 건물들을 손봐야 하는 일이 있으면 주변의 권유를 못 이기는 척 자의 반 타의반 그런 일에 달려들곤 했다. 깎고 다듬고, 끼우거나 붓고 말리며 세세한 곳까지 밀어내고 비빈 뒤 칠하는 일들에 손끝을 모으고 마음을 쏟다 보면 세간과 출세간 속에서 겪게 마련인 어지러움과 번잡함이 내게서 멀어진 듯했다. 이런 일들에 온 정성을 쏟고 있으면 사람 사이의 긴장이나 갈등, 모임에서 강요되는 엄격한 규율과 질서, 삼라만상의 얽힘들이 느껴지지 않았다. '온전한 자유로움이란 이런 것이야' 하며 스스로 만들어낸 만족에 빠질 때도 있었다. 초원의 유목족 아래에서 노예살이를 하던 시절에도 천지제사를 위해 새 장식물들을 한꺼번에 여럿 마련해야 할 때면 주인과 그 이웃들의 눈에는 내가 일거리에 치이는 것처럼 보였으리라. 하지만 오히려 나는 걱정하지도 힘들어하지도 않고 잠시나마 다른 노역에서 벗어난 것이 기뻤다.

두모 도령과 호두에게 간간이 선보였던 내 재주를 이제 온전히 보여주고 저들이 받을 수 있는 것, 깨우칠 수 있는 것은 그렇게 하도록 할 참

161

■ 평양 평천리사지에서 출토된 영강7년명 금동 광배

이다. 글도 글이지만 틈틈이 형용과 형상의 세계를 저들에게도 보여주기로 했다. 내 경험과 생각들을 다듬어내는 가운데 저들도 그 안에서 길을 찾을 수도 있고 열 수도 있다. 저들이 머릿속에 그리는 집을 지을 수도, 헐 수도 있으리라. 고구려 사람들이 내가 걸어온 길, 보고 겪은 것, 만나고 헤어진 세상의 만상萬象들 사이사이에 무엇이 있는지를 알게 된다면 이 역시 뜻있는 일일 것이다. 글과 그림, 말과 장식은 본래 하나이니, 두 소년이 이를 나누지 않고 하나로 알되 그 안의 만상까지 이해할 수 있도록 길잡이가 되는 것도 내 소명이 아니겠는가?

🌿

성주 어른의 창상創傷을 치료하는 데 꼬박 반년이 걸렸다.[11] 피리족과의 전투에서 입은 상처로 성주 어른의 길고 긴 관직생활도 끝이 났다. 지금까지는 성주 어른의 수하가 부여성을 임의로 다스리고 있었지만 왕명이 내리면 작은 어른의 장자 연모 도령이 그 뒤를 잇게 된다고 한다. 대대로 부여성을 맡아 나라 서북 경계 바깥의 초원 족속들을 제어하는 것이 이 집안의 큰 자랑거리요, 국내 귀족 사이에서 명망을 유지하는 길이라고 두런거리는 소리가 내 귀에까지 들어왔다. 이제 그 일을 연모 도령이 맡게 된 셈이다.

꼬박 3년 만에 국내성으로 되돌아온 성주 어른의 창상은 생각보다 심했다. 처음에는 그리 대수롭게 여기지 않은 듯했다. 피리족 가운데 가끔 창날을 독초로 닦아 사냥에 쓰는 자가 있는데, 그런 자의 창날이 어르신의 어깨 끝 갑옷 솔기 사이를 빠르게 스치고 지나갔다는 것이다. 노예살이로 얻은 지식이 은혜를 갚는 데 쓰일 줄이야. 이 역시 겹겹이 얽힌 인연의 실타래 때문이 아니겠는가. 임시로 치료했던 상처가 덧나고 깊어진 까닭에 덧난 부위를 도려내고 상처 주변에 퍼진 독 기운을 뺀 뒤 새 살을 돋게 하기까지 오랜 시간이 걸렸다.

성주 어른이 내게 불법에 대해 좀 더 자세히 알고 싶다고 했다. 산기슭의 내 집에 잠시 기거하며 서역의 이상한 신과 사람들의 세상을 만나 보겠다고 작은 어른께 그 집을 좀 넓히라고 지시했다. 지난 30여 년 동안 겪은 부족간 다툼과 노예사냥이 부질없고 헛되다는 것을 깨달은 것

---

11 고대의 전투는 대개 두 진영 장수의 대결로 시작된다. 《일본서기》는 고구려와 백제 사이에 있었던 전쟁의 한 장면을 구체적으로 전한다. 두 나라의 군대가 들판에서 마주치자 두 진영은 먼저 자기 군대의 장수를 앞으로 내보낸다. 갑주甲冑로 무장한 채 말을 타고 앞으로 나아간 두 장수는 각기 4대조부터 자신까지의 계보를 밝혀 자신이 어떤 집안의 자손인지를 상대방에게 알린다. 인사 나누기를 마친 후 두 장수는 맞대결에 들어간다. 두 진영은 이 대결의 승패로 전투의 승패를 사실상 결정짓지만 어느 한 진영이 이 결과에 승복하지 않을 때 전투는 진영 전체로 번진다. 한편, 성을 공격하고 수비할 때는 예외 없이 장수와 병사가 모두 동원되는 총력전 양상을 띤다.

163

인가. 양과 소를 빼앗고 빼앗기고, 사람을 붙잡아 팔거나 부려먹다가 스스로도 붙잡혀가 노예살이를 하기도 하는 아지랑이 같은 삶에서 길 아닌 길을 보았음인가. 인연에 얽히고 업에 붙잡힌 중생의 가련한 삶에서 벗어날 방도를 구하고 구하다가 나를 찾은 것인가.

그에게 은혜를 받은 바도 적지 않으니 영생정토永生淨土의 길이 어떤 길인지 살펴보겠다는 그의 청을 거절하거나 거리낄 이유가 없다. 비록 내 수행방을 자주 비우게 된다 할지라도 어르신의 답답함을 풀어주고 어둠을 밝혀주는 길잡이 노릇을 할 수 있다면 나로서는 두 소년을 가르치고 쇠돌뫼를 감화시켜 남몰래 불자의 길을 걷게 하며 느낀 보람 이상의 큰 기쁨을 맛볼 것이다.

무엇이 깨달음인가? 성주 어른과 깊은 대화를 나누면서 그 분이 던진 물음에 답하기보다 나 스스로가 제대로 된 답을 얻고자 애썼다. 함께 길을 간다고 하지만 이 역시 풀어야 할 인연이요 굴레였다. 한 길로 보이나 두 길이요, 다른 삶처럼 느껴지나 한 삶이 아닌가. 굳이 답을 찾지 않고 서로 묻고 묻기를 거듭했다. 하루가 그렇게 가고 달과 철이 그렇게 흘렀다. 나는 알게 모르게 그분에게 대인의 풍모를 배웠고 그분은 내게 넓은 세상을 한눈에 보고 담은 뒤, 다시 비우는 법을 받아들였다. 어른의 그릇이 큰지라 여래가 나를 길로 삼아 보내는 것들이 막히거나 되넘치지 않고 그에게로 고스란히 흘러 들어갔다.

■ 집안 삼실총 제1실 벽화의 공성도 중 기병전

　왕명임에도 불구하고 국내성 귀족들 중 여래의 가르침이 고구려의 미풍양속을 저버리는 것이라며 주변과 수하들이 이 법을 따르지 못하도록 엄히 단속하는 이들이 적지 않다고 한다. 때로는 그 정도가 지나쳐 몰래 불법을 믿다가 집안 어른에게 들켜 가문에서 내쫓김을 당하기도 한다는 것이다. 종들은 아예 마음을 돌이키기까지 굶기고 심하게 매질하는 경우도 적지 않다는 사실을 입에서 입으로 전한다. 쇠돌뫼는 국내성 저자에 나갔다가 성주 어른 댁 사람들이 모두 불법에 귀의하면 집안 전체가 국내성의 다른 귀족들에게서 따돌림을 당하리라는 이야기도 들었다고 한다.

　성주 어른의 명망과 지위가 남다르고 심지 또한 군어 항간의 소문이나 귀족 가문들의 태도로 마음이 흔들리지는 않으리라. 이 집안에 은혜를 입은 나로서는 이 모두가 평정을 흔드는 소식이었다. 차라리 안

들었으면 좋았으련만 이미 귀에 들어오고 마음속에도 울렸으니 이를 털어내거나 지우는 일만 남았다. 건강이 회복된 성주 어른은 잠시 산자락 아래 본댁에 내려가 밀린 일들을 처리하고 사람들도 만나겠다고 한다. 나로서는 수행방에 다시 머무를 수 있게 되니 참 다행이었다.

수행방에 돌아와 붓을 들었다. 이런저런 어지러움을 잊고 자유로워지기 위해서는 붓으로 깨달음의 세계를 형용하는 것만큼 좋은 일이 없다. '염화미소捻華微笑'라.[12] 저 더러운 찌끼들로 가득한 진흙 못 속의 연꽃이 어쩌면 저렇게 깨끗하고 아름다울까. 그러나 진흙이 되어 끈적거리는 찌끼들도 사랑해야 하지 않겠는가. 저 연꽃은 더러운 찌끼가 담고 있다가 아낌없이 내준 양분으로 아름다움을 피워낸 것이 아닌가.

＊

어느새 호두의 붓질이 내 경지를 넘어섰다. 그는 결국 내 핏줄이요, 분신이다. 억겁億劫(범천의 하루인 1겁은 인간계에서는 4억 3200만 년, 무한하게 오랜 시간)의 인연이 그와 나를 단단히 붙들어 매었으니, 내가 그를 버릴 수 없고 그가 나를 떠나지 못한다. 내가 이 육신을 벗은 뒤라도 언제 그와 내가 다시 만날지 가늠할 수 없다. 하지만 인연의 실타래가 풀어지는 날까지 두 생명의 만남과 헤어짐은 거듭될 수밖에 없지 않겠는가.

---

12 이심전심, 마음에서 마음으로 뜻이 전해지는 상태. 석가여래가 범왕이 설법을 청하며 바친 연꽃을 들어 사람들에게 보였을 때, 마하가섭만이 그 뜻을 깨닫고 미소를 지었다는 데서 유래한 말이다. 진흙 못 속의 연꽃은 어지러운 사바세계에서 깨달음을 이루는 상태를 말한다.

내 몸에 기억되고 내 머리와 손끝에 남아 있는 온갖 기법과 형상, 기억, 경험 가운데 그 아이가 익힐 수 있고, 새길 수 있는 것, 담고 퍼낼 수 있는 것은 모두 그에게 전해졌다. 두텁지는 않으나 서책이나 모본模本 (본보기가 되는 그림이나 틀) 두루마리로 남길 수 있는 것도 여러 권 만들어 호두에게 건넸다. 그도 이제 몸이 굵어지고 머리도 커졌으니 제 앞길을 헤쳐 나가기에 크게 부족함은 없으리라. 어차피 인생은 나 홀로 가든 함께 가든 생사화복生死禍福의 온갖 갈림길들을 만나게 될 것이고, 그 길이 평탄하게 다듬어진 상태로 앞에 펼쳐지지도 않을 것이다. 이제 그의 길은 그에게 맡기고 나는 나대로 내 앞에 펼쳐져 있는 길, 아직 걸어가보지 않은 길로 나아갈 때가 되었다.

오솔길처럼 구부러지며 아스라이 가늘게 이어지다가 그 끝이 흐려져 버린 저 길로 다시 걸음을 내딛기로 했다. 밝음과 어둠이 구별되지 않는 저 길이 내 남은 삶을 조각조각 내려놓고 갈 길이다. 이미 낡기 시작한 지 오래인 이 육신이 저 길 어느 곳에 잠시 흔적을 남겨놓을지도 모를 일이다. 모두 여래의 뜻이요, 나의 인연이다. 비록 마른 나뭇등걸처럼 굳고 거칠어졌지만 내가 버리는 육신이 배고픈 길짐승과 새와 벌레들에게는 잔치가 되고 향연이 될지 어찌 알리요. 한 끼나마 그들에게 보시할 수 있다면 이 또한 내게는 큰 덕이요, 고마움이다. 호두와 호루를 고구려 땅에 남겨놓을 수 있음도 또한 감사할 일이다.

애초에 신라 길은 염두에 없었다. 고구려에 이르기 전까지는 동방의 남쪽 모서리에 신라라는 나라가 있는지 알지도 못했다. 내 고향 땅에 알려진 동방의 끝에 있는 나라는 고구려뿐이었다. 고구려인도 신라인에 대해 그리 잘 알고 있지는 못했다. 나라의 남쪽 끝에 닿아 있지만 내왕이 거의 없는 탓이다. 임금의 사신들이 오가고, 경계를 지키는 병사들 사이에 어쩌다 서로 필요한 것을 맞바꾸는 경우가 있다는 말만 들었다고 한다.

내 앞에 또 나 같은 이가 몇이 있어 저 알려지지 않은 나라 신라로 들어갔다고 한다.[13] 그뿐이다. 그들이 다시 고구려로 돌아오지는 않았으니까. 나 역시 고구려로 돌아오지 못할 것이다. 육신도 이미 많이 쇠했지만 불법에 대해 일면식도 없는 땅에 생김새나 옷차림이 다른 내가 들어간다면 그 뒷일을 기약하기는 어렵지 않겠는가. 더욱이 신라인들은 온순하고 친절하면서도 자기네 것을 매우 자랑스럽게 여겨 바깥세상에서 들어가는 사람이나 물건, 생각에 대해서는 무심하거나 심하게 홀대하는 일이 잦다지 않은가. 어찌 되거나 그들과 맺어질 길이 있다면 당장 그들

---

13 신라에는 눌지마립간 때 고구려에서 내려온 아도, 혹은 묵호자에 의해 불교가 전해지기 시작했다. 그러나 변경인 일선군(현재의 경북 구미) 일대에서만 비공식적으로 포교가 이루어졌다. 《삼국유사》의 '사금갑(거문고 갑을 쏘다)' 이야기로 보아 신라의 수도 서라벌에 들어가 불교를 전하려던 승려들은 죽임을 당한 듯하다. 신라에서는 전통신앙을 고수한 귀족들이 불교의 전래를 적극 반대하였으므로 527년 법흥왕(재위 514~540) 때 이차돈이 순교하기까지 불교는 국가에 의해 공식적으로 수용되지 않았다.

이 여래의 법을 받건 안 받건 그 길로 갈 수밖에 없다.

길지 않은 내 삶에 많은 일을 겪고 깨친 것도 적지 않으나 만세 전부터 얽힌 인연을 헤아리기는 참으로 어렵다. 고구려에 가 불법을 전하고 그곳에서 내 삶의 여정을 마치리라고 마음먹었는데, 이제는 꿈에도 생각지 못한 신라라는 미지의 땅에까지 발걸음을 내딛게 되다니…. 더욱이 내 앞에 이미 나처럼 호자로 불리는 이들이 여럿 덤불을 헤치고 풀숲을 밟으며 희미하게나마 길을 냈다니 참으로 기이한 인연이 아닐 수 없다.

■ 경주 백률사 금동약사여래입상 _국립경주박물관

내 뒤를 또 누가 이을 것인가?

내 분신의 하나인 호루일까, 아니면 지금도 내 고향 땅을 떠나 해 뜨는 동쪽 끝으로 발걸음을 내딛고 있는 또 다른 호자일까? 혹 저들에게 내 발자국이 이정표가 되고 길잡이가 된다면 저들과 나 사이의 큰 인연이요, 내게는 여래가 베푼 큰 자비일 것이다. 이 또한 언젠가 떨쳐야 할 인연이겠으나 낯설고 동행 없는 새 길에 나선 내게는 고맙고 또 고마운 일이다.

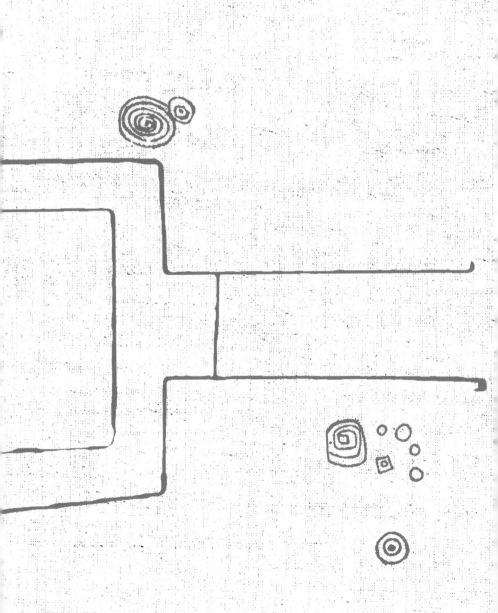

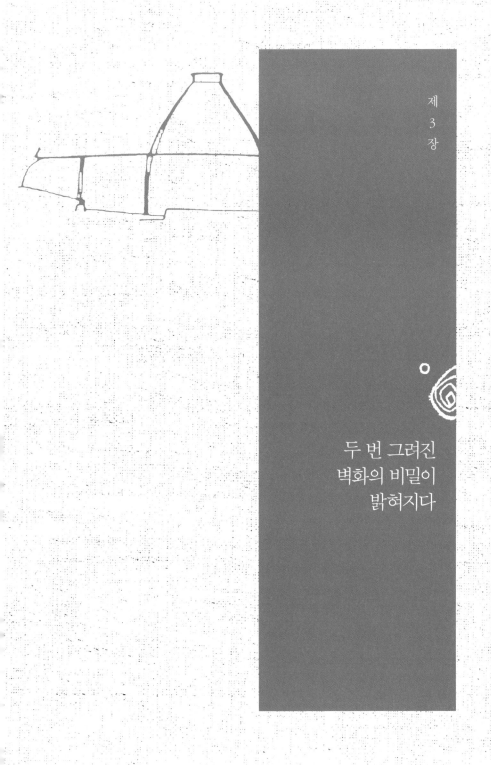

제 3 장

두 번 그려진
벽화의 비밀이
밝혀지다

무덤을 놀라운
공간으로
만들어낸 사람들

괜히 달려들었다는 생각이 들었다. 1991년 가을 실크로드 미술전을 무사히 개막한 뒤 박 부장님이 수고 많았다며 전시팀에 일주일 동안 휴가를 허락하신 것이 탈이라면 탈이었다. 같이 애썼던 최 선배와 이 선배가 2박 3일짜리 지리산 등반여행을 제안했지만 굳이 뿌리치고 고향 강릉에 내려와 '환문총 글쓰기'를 시작하고야 만 것이다.

사실 언젠가 한번 손을 대야지 하는 생각은 있었다. 특히 지난 3월 실크로드 특별전 준비에 들어가면서 고태일이 쓴 서역 스님 호자 이야기를 읽은 뒤에는 나도 이런 식으로 글을 써보겠다는 마음이 조금씩 굳어지고 있었다. 고태일이 그랬듯이 생각날 때마다, 아이디어가 떠오를 때마다 메모를 남겼다가 모아 정리하면 말 그대로 고구려 고분벽화나 고구려인의 삶과 문화에 대한 다큐멘터리가 나올 수 있으리라 생각했다. 여름 내내 진을 빼다시피 하며 준비했던 실크로드 미술전이 별 탈 없이

173

제때 개막되자 새 업무가 떨어지기 전에 한번 마음먹었던 일을 해야겠다며 날을 벼르고 있었다. 이제나 저제나 기회만 엿보고 있던 중에 일주일짜리 긴 휴가가 하늘에서 뚝 떨어진 것이었다. 앞뒤의 두 일요일까지 포함하면 8일이다!

오랜만에 고향집에 내려온 첫날은 고등학교 동창들과 한잔 걸치며 바닷바람도 쐤지만 이튿날부터는 군대 가 비어 있는 막냇동생 방에서 글쓰기에 들어갔다. 먼저 등장인물부터 잡았다. 성격, 하는 일, 인물 사이의 관계 등도 짜보았다. 고태일의 글에 얼굴을 내밀었던 사람들도 여기에 포함시켰다. 그렇게 하지 않으면 뭔가 어색할 것 같았다. 어차피 고태일의 아이디어에서 출발한 글이 아니겠는가. 사실 글을 다 써도 어디에 발표하겠다는 생각은 하지 않았다. 그런 류의 글도 아니었다.

대형 한보를 환문총에 묻힌 고구려의 귀족으로, 화사 대수를 벽화를 그린 화공으로 상정했다. 글 속에서 '대형 한보'는 신중하면서도 과단성이 있는 성격으로 전통적 질서와 가치를 존중하는 인물이다. 그러나 포용력 있고 시야가 넓어 마음을 열고 서역 사람 호자스님과 이야기를 나누며 그의 후견인 역할을 한다. 서역 문물에 대한 관심도 깊다.

'화사 대수'는 한보의 무덤에 벽화를 그리기로 한 인물이다. 가문의 화업을 자랑스럽게 여기고 고구려의 전통적 사고나 관념, 신앙에 대해 강한 자부심을 지니고 있다. 말이 적고 고집이 세나 마음만은 따뜻하다. 불교의 가르침, 서역 스님이 말하는 전생적 내세관 등에 대해 자세히 알지는 못하나 강한 거부감을 가지고 있다. 심지어 적대적이기까지 하다.

'대사자 한덕'은 한보의 아들로, '대발고'는 어릴 때부터 그림의 신동으로 불린 대수의 아들로 묘사했다. 한덕은 아버지와 인연이 닿아 집으로 찾아온 호자에게 불법을 전해 듣고 불교신앙을 지니게 되지만 이를 전면에 내세우지는 않는다. 아버지 한보가 세상을 뜬 뒤 대발고에게 한보의 무덤 안에 이미 그려진 전통적 내세관에 따른 벽화를 불교신앙적 내용으로 바꾸어 그려달라고 부탁한다. 대발고는 대수의 뒤를 이어 국내성 화공 중의 우두머리 자리에 오르지만 불교미술에 대해서는 잘 모르는 인물이다. 한보의 무덤에 새로 벽화를 그려달라는 한덕의 부탁을 받은 뒤 이를 고민하다가 결국 응낙한다.

고태일의 글에 나오는 호자스님의 이름은 고차호자로 고쳐지었다. 서역의 오아시스 도시로도 나오는 고차高車를 호자의 성으로 삼은 것이다. 호자라는 이름이 '서역에서 온 선생님'이라는 뜻으로 고태일이 묵호자라는 이름에서 가져온 것이지만 나는 고차라는 성을 붙여 중앙아시아 소그드족 출신 승려의 정식 이름으로 만든 것이다. 글 속에서 호자는 공명심이 있고 지기 싫어하는 성격의 젊은 스님이었으나 동방전법을 위한 여행 도중 많은 어려움을 겪으며 온화하고 관조적인 성격의 스님이 된다.

그는 부여 성주였던 한보의 아들 한덕을 불교에 귀의시킨 뒤 한보가 불교신앙을 받아들이게 하려고 애쓴다. 뒤에 신라로 다시 전법 여행을 떠나는 인물로 묘사해 자연스럽게 묵호자와 동일인임을 암시하기로 했다. 글의 첫 번째 이야기에는 이상의 인물들만 등장시키고 고태일이 시도했던 각 인물의 독백 형식으로 펼쳐 나가기로 마음먹었다.

그러나 독백 형식이라도 자연스럽게 등장인물들의 경험, 사고, 내면의 심리적 갈등, 인간관계에 대한 고민 같은 것을 드러내기는 쉽지 않았다. 막상 글을 시작하고 보니 문장이 물 흐르듯 잘 써지지 않았다. 중간에 턱턱 막히기 일쑤였다. 적당한 단어는커녕 형용사나 의태어 같은 것도 제때 머릿속에서 나와 문장 안으로 흘러들지 않았다. 대학 다닐 때 친구들과 만나 문인들의 글을 쉽게 비평하던 내 자신이 참 철딱서니 없었음을 새삼 느꼈다. 논문이나 보고서 글과 이야기를 만들어야 하는 논픽션 계통의 글 사이에는 큰 해자(적의 공격을 어렵게 하기 위해 성벽 둘레에 깊고 넓게 파놓은 물길) 같은 것이 있다는 생각도 들었다.

꼬박 사나흘을 글쓰기 스트레스에 시달렸더니 잇몸이 붓기 시작했다. 고질병이었던 스트레스성 잇몸 질환이 재발할 조짐을 보인 것이다. 마음을 고쳐먹기로 했다. 내 글쓰기 능력에 대한 객관적인 평가를 내리고 받아들이기로 했다. 터무니없는 기대치도 확 낮추기로 했다. 자, 마음 편하게 그냥 아주 단순한 메모만 하고 모아놓자! 좋은 문장이나 완성된 문장은 아예 염두에 두지도 말자.

그날부터 사흘 동안은 생각나는 대로 대발고의 고민도 적고 고차호자의 회상도 썼다. 단어만 잇달아 적기도 하고 간단한 문장으로만 마무리하기도 했다. 고구려인의 전통적인 계세적繼世的 내세관에 익숙해 있던 대형 한보가 고차호자의 설법을 들으면서 자신도 모르게 마음이 흔들리는 과정이 있었으리라는 짐작도 가능한 간단한 문장을 나열하는 형태로 정리하려 했다. 모든 생명체의 삶은 6가지 유형의 삶 중에 끝없이 하나를 반복하게 된다는 불교의 윤회전생론. 한보가 이에 대한 고차호자의 설명을 들으면서 같은 형태의 삶이 계속된다는 고구려인의 믿음에 회의를 느끼게 되었는지 여부를 드러내야겠다는 생각이 들었다. 그렇지만 이 역시 단어들만 나열하는 식으로 메모했다.

윤회전생, 정토왕생 중심의 불교적 내세관을 받아들일지를 놓고 고민하던 한보가 대수에게 이미 완성된 벽화의 주제를 바꾸어달라고 부탁하는 장면을 묘사하기로 했다. 역시 이 부분도 아이디어만 메모하는 데 그쳤다. 대수가 한보의 부탁대로 벽화를 새로 그릴지를 고민하는 장면도 넣어야겠다고 생각했으나 적당한 문장이 떠오르지 않았다. 대수가 새로 그렸다고 해야 할지 여부도 고민되었다. 결국 짧은 문장 몇 개짜리 메모를 세 장이나 썼지만 마무리하지는 못했다.

고차호자는 한보가 노예생활을 하던 자신과 아내, 두 아이를 어떻게 구해냈는지를 떠올리며 어떻게든 그가 죽기 전에 여래의 세계에 귀의하게 하려고 애썼음에 틀림없다고 생각했다. 고태일의 노트에도 이와 관련된 부분이 잠깐 등장한다. 이미 관련된 글이 있어서인지 마음의 흐름이 잘 묘사된 메모 몇 장을 완성할 수 있었다. 처음 구상한 대로 한보의 아들 한덕은 호자로 인해 여래를 믿게 된 불교도로 묘사했다. 내가 비교적 잘 아는 불교 관련 내용이어서 아버지에 대한 한덕의 마음이나 생각은 짧은 시간에 정리할 수 있었다. 대수의 아들이자 화사 계승자 대발고에 대한 메모는 휴가 기간 동안 손대지 못하였다. 대발고의 역할을 어떻게 규정할지 갈피를 잡지 못했기 때문이다.

이런 들쑥날쑥한 내용의 메모 30장 정도가 긴 휴가의 성과라면 성과였다. 힘과 능력에 부치는 일이었기 때문인지 휴가를 마치고 서울행 고속버스터미널 대합실에서 우연히 마주친 고등학교 동창 인규는 "너 그동안 엄청 퍼마신 모양이다. 얼굴이 다 핼쑥하네!" 하였다. 나는 그냥 피식 웃었다.

✿

글의 두 번째 이야기는 장천 고분군을 염두에 두고 쓰기로 했다. 모두 루총과 환문총이 있는 하해방 고분군에서도 한참 떨어진 곳에 자리한 장천벌 산기슭의 고분군은 국내성이 있던 집안에서는 가장 먼 곳에 있다. 고분군 중에는 대형의 적석총도 있고 벽화고분도 3기나 있다. 특히 장천1호분에서 발견된 벽화는 사찰 내부에서나 볼 수 있을 법한 여래도, 보살도, 비천도 등으로 채워져 있어 이 사실이 외부로 알려졌을 당시 많은 사람들의 관심을 끌었다. 1980년에 조사보고가 나왔으니 고태일이 환문총을 염두에 두고 호자스님 이야기를 쓸 무렵에는 세상에 존재도 알려지지 않았던 무덤인 셈이다.

우선 환문총과 장천1호분 사이에 보이지 않는 인연의 끈이 닿아 있다고 상정했다. 대수의 아들 대발고가 아버지가 끝내 거부한 새 벽화를 대형 한보의 무덤 안에 그리면서 국내성 일대에서 처음으로 불교의 내세관을 담은 고분벽화가 등장하는 것으로 묘사했다. 한덕이 대발고를 설득했다는 아이디어를 떠올렸지만 글에 어떻게 녹여낼지는 감이 잡히

178

지 않았다. 결국 대발고는 아버지가 그린 벽화를 회로 덮고 불교적 깨달음을 나타내는 여래의 두광으로 벽면을 다시 장식한다. 그러면서도 무덤 입구 좌우의 널길 벽에 그려진 무덤지킴이 괴수, 험상궂은 얼굴로 무덤에 어른거리는 사악한 존재를 쫓아내는 짐승의 모습은 그대로 남겨둔다는 식의 설정도 덧붙여 글에 담기로 했다.

서울로 돌아온 그다음 주 일요일 글에 대한 구상이 머릿속에 떠올랐다. 대발고가 아버지의 뒤를 이어 화사가 되자 대수의 공방에 있던 수제자 '해우로'를 포함하여 제자 여럿이 각기 자신의 길을 찾아 흩어진다. 이들이 결국 고구려에서 불교를 주제로 한 벽화가 확산되고 유행하는 데 결정적 역할을 하는 것으로 이야기를 전개시키는 것이 어떨까 하는 생각이 든 것이다. 스스로 판단하기에도 괜찮은 아이디어였다. 갑자기 좋은 아이디어가 샘솟듯 하니 웬일이지? 그날 속으로 회심의 미소를 머금고 생각이 떠오르는 대로 메모를 한 것이 10여 장이 넘었다.

대발고 곁에 명랑하고 쾌활한 성격의 '새불리'라는 어린 화공이 남고 그 친구로 무덤 건축을 담당하는 석공공방의 막내 '다마루'를 등장시키기로 했다. 다마루는 말이 없고 얌전한 아이로 스승은 '여휼'이다. 학자적 성품의 스승 '석사 부걸'의 뒤를 이어 공방의 새 마루, 곧 두목이 된 인물이다. 내가 석사 여휼이었다면 가장 큰 고민은 무덤의 천장고임을 새롭게 하여 좀 더 구조적으로 안정되면서도 아름다운 공간을 만들어내는 것이 아니었을까 하는 생각이 들었다. 이도 역시 메모에 담았다. 여휼은 창의적이고 집중력이 높은 장인으로 그리기로 마음먹었다.

당시 고구려 고분벽화와 관련하여 중국 한·당시대의 화상석 畵像石,

179

화상전畵像塼, 고분벽화 연구에도 관심을 갖고 있던 나는 화상석으로 장식된 무덤 및 사당, 벽화가 그려진 고분이 예사로 보이지 않았다. 건축을 맡은 석공, 그림을 담당한 화공이 따로 있어 역할을 나누어 맡는다는 사실에 주목하고 관련 자료를 별도로 정리하고 있었다. 고구려 벽화고분도 당연히 석공들과 화공들이 각기 담당한 일이 있었으리라. 그러나 이와 관련된 기록은 전혀 내 손에 들어오지 않았기 때문에 구상 중이던 이 글에 석공 이야기를 넣어보기로 한 것이다. 장천1호분의 내부 구조가 여휼에 의해 새롭게 설계되었으리라는 암시를 글에 담기로 한 것도 이때 떠오른 아이디어에서 나온 것이다.

✼

두 번째 이야기에 등장할 인물과 인물의 역할에 대한 윤곽이 어느 정도 잡힌 뒤에도 그때그때 떠오른 아이디어가 메모로, 다시 글로 옮겨지기까지는 많은 시간이 걸렸다. 휴가기간 강릉에서 쓴 것을 포함해 주말마다 정리한 메모가 한 뭉텅이가 되었지만 여기에서 앞으로 더 나아가

---

1 중국의 한대에는 역사적 고사 및 신화와 전설 속의 신이한 이야기, 영험한 새와 짐승, 세상사에 영향을 미치는 신과 귀신들을 돌 위에 새긴 뒤 채색하여 무덤과 사당 안에 장식하는 풍습이 크게 유행하였다. 당대에 믿어지던 내세관 및 우주관과 관련된 내용을 돌에 나타낸 것을 화상석, 벽돌에 회를 바르고 그 위에 묘사한 것을 화상전, 무덤칸 벽과 천장에 그려 나타낸 것을 벽화라고 한다. 화상석 무덤과 사당은 중국의 산동, 산서, 섬서, 하남, 서주 일대에서 크게 유행했고, 감숙에서는 화상전 무덤이 많이 만들어졌다. 사천에서는 돌관에 화상석처럼 새기고 장식하였다. 벽화고분은 중국에서 후한 말기부터 화상석 무덤이 조금씩 쇠퇴하는 가운데 적극적으로 만들어졌으며 중국의 삼국 및 위진, 남북조, 수당시대에 크게 유행했다.

기는 쉽지 않았다.

해마다 미술부에서 내는 학술잡지 편집 작업에 일손이 딸려 그 일에 추가로 투입되는 바람에 글쓰기 생각도 흐트러졌다. 게다가 한동안 논문이나 보고서 같은 건조한 글 읽기에만 매달렸던 탓인지 메모를 글로 옮기고 싶은 마음마저 쉽게 생기지 않았다. 결국 연말연시 즈음에야 사무실 선배들의 숙직을 일부러 대신 떠맡거나 날짜를 바꿔주면서 다시 글쓰기에 들어갈 수 있었다. 적어도 사흘 이상 아무도 없는 밤 시간에 홀로 사무실을 쓸 수 있게 되자 글 쓸 마음도 되살아났다.

고민 끝에 대발고가 장천1호분 벽화를 그렸다는 이야기는 넣지 않기로 했다. 장천고을의 옛 이름으로 떠올린 우리말 긴내고을의 큰 어른이 누군가에게 벽화 장식을 맡길 것이라는 정도에서 그치기로 했다.

당시 국내성의 화사직을 대발고가 맡고 있었다면 이미 환문총 벽화를 불교적 주제의 장식무늬로 다시 그린 경험이 있는 그에게 벽화 작업의 의뢰가 들어올 가능성이 높다. 그렇지만 꼭 그렇지는 않다는 정도에서 그치기로 했다. 장천1호분에 그려진 여래도와 보살도 같은 것들은 전형적인 불교회화의 제재라는 점에서 아무나 쉽게 그리기는 어려웠으리라는 생각이 들자, 대발고를 이 그림을 맡은 인물로 묘사하기가 망설여졌기 때문이다.

화사 대수가 이끌던 공방의 맏이 해우로가 장천1호분 벽화를 맡았을 가능성도 열어두어야 했다. 해우로가 호자스님의 선방禪房에 자주 드나들며 서역 그림을 배운 이야기를 별도로 메모해두었다는 사실도 새삼 기억났다.

■ **상** 사마르칸드 아프라시압 궁전지 벽화의 소그드 왕국을 방문한 외국 사절 모사도 | **하** 조우관을 쓴 고구려 사신들(오른쪽에서 첫 번째와 두 번째 인물)

사흘 내내 낮밤으로 사무실을 지키면서 메모를 글로 옮기는 데 몰두했다. 수위 아저씨들은 하루에 두 차례씩 잠시 식사하러 건물 밖을 나가는 것 외에는 종일 사무실에 틀어박혀 있는 나를 볼 때마다 측은한 눈길을 보냈다. 무슨 급하고 중요한 일이 있기에 명절 연휴를 사무실에서 보낼까 하는 표정이었다. 소설식의 글을 써본 적이 없던 까닭인지 메모를 문장으로 바꾸는 것은 내겐 너무 벅찬 일이었다. 게다가 그 내용을 자연스럽게 이어가는 것은 더 힘들었다. 서로 이어지는 맛도 매우 약했다. '언젠가 다시 좀 더 그럴듯하게 다듬을 날이 있겠지', '이건 초고야!' 이런 말들로 스스로를 위로하고 다독이면서 1991년의 마지막 날을 박물관 안 사무실에서 보냈다. 동지섣달 그믐날 밤을 새지 않으면 눈썹이 희어진다는 옛말도 있지 않은가, 하는 말로 위안을 삼기도 했다. 그러다 문득 이런 식으로 머리를 쥐어뜯으면서 날밤을 새면 오히려 머리에 새치만 더 많아지는 것은 아닌가 하는 괜한 걱정이 뇌리를 스쳐 지나갔다.

1

벽화 그리기를
둘러싼 줄다리기

차디찬 무덤에 광활한 하늘세계를 담다

| 화사 대수 | 내 혼이 이제 지친 것 같다. 손끝도 내 마음을 아는지 가끔 보이지 않게 흔들린다. 해우로와 아들 발고도 그것을 눈치챈 모양이다. 얼핏 안타깝고 아쉬운 표정으로 조심스럽게 내 손끝을 쳐다본다. 아무래도 한보 어르신네 일만 마무리되면 더 이상은 그릴 힘이 남아 있지 않을 것 같다. 내가 평생 살아 있다고 믿던 그림 속의 사람들이 언젠가부터 숨 쉬기 어려워하는 것 같기도 하고, 벽 속의 그림인 채로 그냥 남아 있는 듯이 보이기도 한다. 내 혼이 그새 닳아버렸는가? 그래서 내 그림 실력이 줄었는가? 이제 슬슬 발고에게 내 붓을 물려줄 때가 된 것인가? 이번 일에 들어가면서 내가 이전과 확연히 달라지고 있음을 실감한다.

그나저나 언제부턴가 서역에서 불어온 뜨거운 바람, 초원을 건너온

더운 공기가 이 땅을 덮으려 한다. 정말 언짢다. 거무튀튀한 얼굴에 검고 깊은 눈, 상투도 없고 흉하기 이를 데 없는 민머리, 가랑이도 소매도 없이 둘둘 말아 걸친 옷! 생김새와 차림새만큼이나 낯선 서역 사람들 여럿이 이 땅에 오더니 저 세상이 여러 개 있다고 말한다. 저 세상이 아닌 세상도 수없이 많다는 이상한 말을 하고 다닌다. 이 세상의 사람이 다른 세상에서 이상한 괴물이나 신선으로 나기도 하고, 다시 이 세상에서 사람이나 짐승으로 난다고도 한다. 도무지 이해하기도 어렵고 말도 안 되는 이상한 얘기다.

그럼에도 그들의 말을 들으려는 사람들이 있다. 내 제자 가운데도 그런 녀석이 몇 있다. 서슬 푸른 내 기세 때문인지 내색은 하지 않지만 나 몰래 그들의 말에 고개를 끄덕이며 그들이 믿는다는 괴이한 모습의 신을 예배하러 간다. 대왕님은 무슨 생각으로 저들을 받아들였을까? 알다가도 모를 일이다.

---

2 고구려 남자들은 머리를 머리 위 한가운데로 모아 방망이 모양으로 묶은 곧은 상투 위에 신분과 지위에 따라 구분되는 다양한 형태의 모자를 썼다. 고분벽화에는 건巾, 절풍折風, 조우관鳥羽冠, 책幘, 나관羅冠 등 여러 종류의 남성용 모자가 보인다. '건'은 수건과 같은 천으로 머리를 싸고 뒤에서 묶는 방식의 초보적인 모자를 가리키는데, 남자의 건은 검은색, 여자의 건은 흰색으로 구분된다. '절풍'은 정수리 부분이 위로 뾰족한 세모꼴이다. 절풍의 좌우에 새 깃털을 한 개씩 꽂거나, 정수리 부분에 여러 개를 한꺼번에 꽂은 것을 '조우관'이라고 한다. 신분이나 지위에 따라 꽂는 깃의 수가 달라지며, 나아가 금이나 은으로 만든 깃을 꽂는 경우도 있었다. '책'은 주로 문관이나 무관의 의례용 모자로 사용되었다. 앞부분이 모자 테보다 한 단 높고, 앞부분보다 더 높은 뒷부분이 두 가닥으로 갈라지면서 앞으로 구부러진 형태와 뒤 운두가 뾰족하게 솟은 두 종류가 있었다. 뒤 운두가 솟은 책은 주로 무사들이 썼다. '책'에 쓰인 천이나, 천의 색깔로 신분의 차이를 나타냈다. '나관'은 신분과 지위가 높은 사람들이 쓰던 모자로 뒤 운두가 솟은 책 모양의 내관과 발이 성긴 '나羅'는 비단으로 짠 외관으로 이루어졌다. 고구려에서는 왕은 백색, 대신은 청색, 그다음은 붉은색 비단으로 짠 나관을 썼다.

■ 파키스탄 간다라에서 출토된 보살상
_파리 기메미술관

그들이 가지고 온 것에서 탁한 냄새는 나지 않는다고 하지만 도무지 내 마음에는 들지 않는다. 그 실체를 알 수 없지 않은가? 아무리 좋게 생각해도 저들은 이 나라의 아름다운 전통에 훼방을 놓으려는 자들이다. 주몽님 나라의 사람들은 이 세상 너머 하늘 저편에 있는 주몽님 나라로 돌아가야 한다. 다들 저들에게 기웃거리지만 내게는 어림도 없는 일이다. 나는 조상 대대로 믿고 행한 바를 따를 것이다. 나도 이 무거운 몸을 땅에 눕힐 때가 되면 내가 그려왔던 그림들을 한 번 더 자세히 보고 그 세상으로 가리라! 저들의 이상한 말과 저들이 믿는 신, 저들이 가져온 이상한 상像과 그림 따위를 나는 받아들일 수 없다. 어찌 감히 우리 주몽님을 버리라는 사람들의 말을 따른단 말인가.

✺

때가 다 되어가는 것 같다. 한보 어른도 곧 조상들에게로 돌아가겠지. 이제 천장과 안벽 가운데만 남았다. 천장 밑그림도 거의 완성되었다. 한바탕 허리앓이를 해야겠군! 마지막에 그려 넣기로 한 안벽의 한보

186

어른 자리는 어떻게 그려야 할까? 지난번 한보 어른이 자리에 눕기 전에 그린 초상대로 그려야겠다. 좀 더 신성이 깃들게 그려야 할 텐데, 잘 될지 모르겠다. 요즘에는 신상神像을 그릴 때도 예전처럼 신이 나지 않는다. 나이가 든 탓일까, 마음이 흐려진 까닭일까? 아니면 다른 원인이 있는 걸까? 그나저나 한보 어른 댁 안마님은 어떻게 그릴지 갈피를 잡을 수 없다. 한보 어른과 달리 마님은 서역 사람들이 말하는 그 이상한 신을 믿는다는데, 한보 어른과 같이 그려 넣어야 하는지. 한보 어른도 이에 대해서는 말씀이 없으시다.

　무덤칸의 천장에는 우리 가문의 전통대로 해와 달을 넣고, 북두칠성과 남두육성, 갖가지 별과 구름을 넣은 고구려의 우주, 주몽님의 하늘로 꾸며야지! 별의 화신化神들도 넣고 상서로운 기운도 표현하고, 아버님 때부터 천장 아래쪽에 넣기 시작한 사신도 그려야겠다. 한보 어른도 중요시하는 데다 세상 사람들도 사신의 영력에 대해 전보다 더 깊은 믿

187

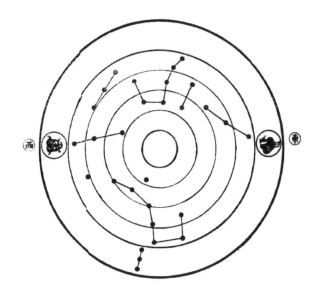

■ 각저총 천장고임 벽화의 해와 달, 별자리

음을 보이니 청룡, 백호, 주작, 현무를 좀 더 크게 나타내는 것이 좋겠다. 한낱 화사의 신분인 내 무덤을 이런 우주 수호신들로 장식할 수는 없을 테니, 혼신을 다해 한보 어르신 무덤에 이 신성한 장식들을 그리면 내가 죽더라도 내 영혼만은 평안함을 누리리라. 그것이면 충분하다.

해와 달, 별들은 밑그림에 맞추어 규구規矩(컴퍼스와 곱자)로 원을 두르고 선을 그으면 되지만 사신은 늘 밑그림과 실제 작품이 달라지곤 한다. 미리 대바늘로 찔러두고 밑선을 그어놓아도 정작 무덤 안에서 자리 잡고 붓을 들면 선을 따라 붓이 가지 않는 때가 많다. 마음도 때에 따라 다르고, 이상한 기운이 나를 사로잡기도 해서 그림이 일정치가 않다. 이번에는 하늘님과 주몽님, 유화님께 좀 더 정성들여 기도하고 천장 그리기에 들어가야겠다. 더구나 처음으로 아버님 때보다 사신을 더 크게 그리기로 했으니, 마음을 단단히 먹어야겠다.

| **대발고** | 한보 어르신 댁 일을 맡은 뒤로 아버지는 자주 며칠씩 침식을 잊고 하늘님께 기도하신다. 아버지의 기력이 예전과 달라 무척 걱정스럽다. 형형하게 내쏘던 눈빛도 이전보다 많이 흐려진 듯하다. 희미한 빛에 의지하여 몇 날 며칠 그치지 않고 일에 매달리고 계시니 아버지 연세로는 힘에 부치는 게 당연하다. 부씨네 석공들도 무덤 안을 드나드는 나와 아버지를 보면서 안타까운 눈빛을 보내곤 한다. 이런저런 이유로 모든 사람들의 눈길이 아버지의 손끝, 발끝, 안색에 쏠린다.

이제 나도 머지않아 해우로 형님과 함께 두려움과 기대를 한몸에 받

---

3 고구려 벽화고분 무덤칸 천장은 보통 하늘세계를 나타내는 해, 달, 별자리, 하늘세계의 온갖 생명체로 장식된다. 해, 달, 별자리는 방위에 맞추어 배치된다. 동에는 해, 서에는 달, 남에는 남두육성, 북에는 북두칠성을 넣으며 이외에 동 쌍삼성雙三星, 서 쌍삼성을 더하는 것이 기본이다. 무덤칸 천장고임 1층에 사신의 방위별 수호신인 청룡, 백호, 주작, 현무를 그려 넣기도 한다.

4 고분벽화를 그릴 때는 무덤칸 벽과 천장에 백회를 발라 면을 고르게 만든 다음 벽면에 모본을 대고 먹바늘을 찌르는 식으로 밑그림을 선으로 나타낸 다음 그 위에 채색을 했다. 벽화 작업에 들어가면 여러 가지 빛깔의 광석을 갈아 만든 광물성 안료를 투명성이 높고 점액성이 낮은 해초를 달여 만든 태교나 동물성 아교에 개어 사용하였다. 벽화가 오래 남아 있게 하고자 식물성 안료보다는 광물성 안료를 선호했으며 송연松煙, 석청石淸, 석록石綠, 석황石黃, 자황雌黃, 백록白綠, 주사朱砂, 자토紫土, 금金, 연분鉛粉 등이 주로 쓰였다. 무덤칸 안을 화려하면서도 부드럽고 차분한 분위기로 만들기 위해 채색에는 갈색 계통이 바탕을 이루었다. 이외 흑색, 황색, 자색, 청색, 녹색 등도 자주 사용되었다. 갈색은 사악한 기운을 물리치고 생명을 되살리는 힘을 지닌 존재나 그 힘 자체를 뜻한다.

는 이 일에 앞장서고 매달려야 한다. 정작 걱정되는 것은 언젠가부터 대가 댁 어르신들이 몸을 누이는 저 어둡고 습기 찬 방의 벽과 천장에 다른 그림들을 그려달라는 사람들이 하나 둘 늘어난다는 것이다. 절간처럼 연꽃으로 가득한 세계의 한가운데서 돌아가신 주인마님들이 쉴 수 있게 해달라고 요구한다는데, 얼핏 이해도 잘 안 되고 마음으로 받아들여지지도 않는다. 혹 우리 그림방에 그런 청을 해오는 사람이 있으면 아버지는 뭐라 하실까? 단번에 퇴짜를 놓으시겠지.

오늘도 한보 어르신네 집사 노인이 잠시 집에 들러 아버지께서 무엇을 하고 계시는지 묻고 우리 가문의 사당 근처를 기웃거리다 돌아갔다. 아버지께 무슨 말씀이라도 건네고 싶은 눈치였지만 이내 만나기를 단념한 듯 고개를 주억거리며 혼잣말을 하더니 발길을 돌렸다.

나는 아버지가 그렸던 그림들을 하나하나 펼쳐 보면서 먼저 눈으로 같은 그림을 그려본다. 여전히 내게 잘 와닿지 않는 그림들도 있다. 그럴 때는 마음이 편치 않다. 가끔 이런 생각도 든다. '저들이 이 세상을 떠나 다른 세상으로 간다는데, 그곳은 얼마나 멀리 있을까? 그 먼 곳도 이곳처럼 집과 마을이 있고 사람이 살며 소와 말이 거리를 오갈까?' 내가 이런 생각을 한다는 사실을 아버지가 아시면 속으로 놀라실 것이다. 아마 아무 말씀도 않고 그저 물끄러미 나를 바라보기만 하시겠지.

🌸

돌아가신 분이 누을 집은 내가 사는 곳과 달리 어슴푸레하다. 게다가

차고 서늘하다. 그러나 방 안으로 들어선 뒤 그림에 눈이 익숙해질 때면, 방 안 곳곳으로부터 아늑한 울림이 나온다. 조용하면서도 온화한 느낌이 가슴에 와닿는다.

아버지는 이제 또 한 세계를 만드신다. 하지만 왠지 표정은 밝지 않다. 아버지와 함께 일하는 형님들의 얼굴 역시 밝지는 않다. 긴장된 분위기다. 무덤 안에서 그림을 그리는 동안 아버지와 해우로 형님, 나 외에는 아무도 그 안에 들어갈 수 없다. 아버지는 이 어두운 집의 문이 혹 다시 열리더라도 누구도 들어올 엄두를 내지 못하도록 사납고 기괴한 얼굴의 괴수를 문 앞 좌우 널길 벽에 그려놓으셨다. 세상에서는 볼 수

■ 무용총 널방 벽화의 사냥 모습

없는 무서운 얼굴의 괴수가 온몸의 털을 곤두세운 채 눈을 부릅뜨고 크고 날카로운 이를 드러내면서 으르렁거린다. 그 소리가 벽을 울리고 허공에 메아리친다. '아무도 이 집에 들어올 수 없어. 감히 들어오려 하면 목줄부터 뜯어버리겠다!'라고 소리치는 듯하다. 괴수가 목구멍 깊은 곳에서부터 기괴한 소리를 울려낸다. 사냥터에서 만난 범에게서도 들을 수 없는, 온몸에 소름이 돋게 하는 소리가 내 귀에 울린다.

　그러나 무덤 안쪽 방에 그려진 돌아가신 분의 쉼터, 그 분의 집은 평화롭다. 집을 돌보는 이들의 얼굴도 따뜻하다. 그 유명한 봄날의 국중대회國中大會, 낙랑언덕에서 시작되는 거창한 사냥대회가 눈앞에 펼쳐진다.[5] 한보 어른은 젊을 때 그 사냥대회에서 보여준 빼어난 활솜씨로 임금님 앞에 처음으로 나가셨다고 한다. 한나절 만에 커다란 범 한 마리와 흰 사슴 한 마리를 잡으셨다니 우리 같으면 꿈도 못 꿀 일이다.

무덤 입구의 괴수 말고는 이미 내 눈에 익은 그림이다. 화려한 무용복을 입은 남녀 춤꾼들이 비파와 피리, 거문고, 북소리에 맞추어 몸을 놀린다. 무릎을 굽혔다가 펴는가 하면 어깨를 들썩거리며 팔을 젖힌다. 소매가 펄럭이고 새처럼 펼쳤다가 접어올리는 어깨와 팔의 동작이 자연스럽고 부드럽다. 학이 날아오르고 해오라기가 날개를 접으며 내려앉는다. 거문고 줄을 뜯는 소리가 새들의 날갯짓 소리를 대신한다. 피리의 음률은 듣는 이로 하여금 학을 타고 선경을 오르내리게 하고, 완함(고구

---

5 고구려에서 사냥은 여러 의미를 지닌 행사였다. 왕이 직접 참가하는 대규모의 정기적 사냥은 국가적 제의에 쓰일 제물을 마련하기 위한 행사로 치러졌다. 또한 일종의 군사훈련의 성격도 있었다. 고구려는 해마다 3월 3일 낙랑언덕에서 왕과 5부의 군사가 모두 참여하는 대규모 사냥을 실시하고 그 수확물로 천지天地에 제사를 지냈다. 유명한 바보 온달이 평강공주의 도움으로 갈고 닦은 기량을 선보이며 왕의 사위로 인정받은 자리도 이 '낙랑회렵樂浪會獵'이었다. 사냥을 먹거리 마련의 수단으로 삼기도 한 고구려인은 창을 위주로 한 도보사냥, 활에 의존하는 기마사냥, 매를 이용하는 매사냥 등 다양한 방법을 통해 호랑이, 멧돼지, 사슴, 고라니, 꿩 등을 잡았다. 대규모 몰이사냥을 실시할 때는 사냥개뿐 아니라 다수의 몰이꾼도 동원했다.

6 고구려에는 다양한 형식의 춤이 있었다. 춤은 일반적으로 사람의 수에 따라 홀로 추는 춤, 둘이 추는 춤, 여럿이 추는 춤으로 나뉘며, 춤추는 사람이 도구를 쓰는지의 여부에 따라서도 다시 나뉜다. 또한 협연 형태에 따라 남녀합창에 맞추어 추는 춤, 거문고 등의 악기 연주에 맞추어 추는 춤으로 구분할 수 있다. 고분벽화에는 이와 같은 여러 형식의 춤이 모두 나타난다. 춤을 추는 사람은 얼굴에 화장을 하고 소매가 긴 저고리와 폭이 넓은 바지로 이루어진 무용복을 입었으며, 긴 옷소매가 나풀거리도록 팔을 휘젓고 무릎을 살짝 굽혔다 펴며 춤을 추었다.

려의 현악기로 비파와 비슷한 모양)의 울림은 천상의 개울물이 옥자갈을 굴리면서 내는 소리처럼 귓속을 파고든다.

한쪽에서는 재주꾼들의 놀이가 펼쳐지고, 큰 나무 옆 공터에서는 씨름꾼들의 기합소리가 우렁차다. 거리에는 사람이 끄는 수레, 말과 소가 끄는 수레들이 오가고, 꽹과리와 북으로 흥을 돋우는 악대 행렬이 큰 거리 저쪽에서 다가온다. 마을에서 한참 떨어진 산기슭 큰 숲 언저리에서는 몰이꾼들이 짐승을 몰고 사냥꾼들은 고함을 친다. 궁수들이 말달리며 활시위를 당기고 화살이 날아가며 공기를 가른다. 놀라 달아나는 짐승들의 비명이 왁자한 소음이 되어 간간이 들려온다.

■ 무용총 널방 벽화의 가무 모사도

돌방의 안쪽 벽 한가운데는 큰 장막이 그려졌다. 그 안에는 한보 어르신네 저택의 바깥채처럼 보이는 커다란 기와집이 묘사되었다. 한눈에도 누군지 알 수 있는 어르신네 식솔들이 집의 안팎 여기저기에서 모습을 드러내고 있다. 그러나 아직 한보 어르신과 안마님의 모습은 보이지 않는다. 기와집 한가운데 그려진 평상 위의 빈자리는 아버지가 마지막으로 손댈 부분이다.

벽 위 천장 쪽도 여전히 비어 있는 상태이다. 아버지는 이곳에 무엇을 그려 넣을지를 말하지 않으셨다. 천장 쪽 그림은 늘 다르다. 작업에 들어가기 전까지 밑그림도 보여주지 않으신다. 아버지는 천장을 어떤 그림으로 채울지에 대해 늘 고민하시는 것 같다. 이 부분을 준비할 때는 말없이 고요히 명상에 잠겨 있거나 산천과 하늘에 기도하는 자세로 몇 시간씩 무릎을 꿇고 앉아 계신다. 때로는 엎드리기도 하고 하늘을 쳐다보기도 한다. 이럴 때는 아버지께 그림을 배우는 형님들도 침묵하며 스승의 기도와 준비가 끝나기를 마냥 기다릴 뿐이다.

---

7 재주(곡예)는 귀족과 백성 모두가 즐기던 놀이였다. 말타기, 손 놀리기, 발 놀리기, 칼 부리기 등으로 구성되며 보통 악기 연주에 맞춰 펼쳐졌다. 갖가지 묘기를 보여주는 말타기 재주, 여러 개의 막대기와 공을 엇바꾸어 던져올리는 손재주, 높은 나무다리에 올라가 춤추는 발재주, 두 사람이 짝을 이룬 칼부림재주 장면은 고분벽화를 통해서도 확인할 수 있다.

8 고구려의 귀족 저택은 사랑채와 안채로 이루어졌으며 부엌, 고깃간, 방앗간, 다락창고, 외양간, 마구간과 같이 살림살이와 관련된 부속 건물들은 대부분 안채 좌우에 배치되었다. 안채의 넓은 뜰 한편에는 정원과 연못이 마련되는 것이 일반적이었으며 지붕은 기와로 덮었다. 일반 백성들은 지붕이 짚이나 너와로 덮인 한 칸이나 두 칸짜리 일자형 건물에 살았다. 귀족의 저택에서는 평상이나 좌상이 주로 사용되었으나 일반 백성의 가옥에는 방바닥에 외고래나 두 고래를 놓고 구들장을 올린 뒤 진흙을 발라 말린 난방용 온돌이 사용되었다.

■ 안악3호분 앞방 벽화의 안채살림 모습

　오늘도 호자스님이 한보 어르신네를 다녀갔다고 한다. 그가 어르신 댁에 드나든 지는 벌써 10년도 넘는다고 한다. 머리를 밀어 아기처럼 보이는 호자스님은 옷도 서역식 그대로 입고 다닌다. 큰 천으로 몸을 둘둘 감는 식이어서 보기에는 대단히 불편해 보이지만 정작 스님은 아무런 불편을 느끼지 않는 듯하다.

　할아버지 때 나라에서 스님들을 잘 받들라고 하고 절도 여럿 지어 서역 사람들이 머물 수 있도록 했다고 한다. 중국에서 큰 난리가 날 때마다 피난민들을 거느린 스님들이 우리나라에 들어왔다. 스님들은 아는 것도 많고 아픈 사람도 잘 낫게 한다. 여러 나라 말도 할 줄 알고 여러

나라 글자로 글도 쓸 수 있다고 하지만 아직 그런 모습을 직접 보지는 못했다. 호자스님이 우리말을 유창하게 하는 것을 보면 소문이 사실인가 보다.

호자스님은 마을 사람들에게도 인기가 있다. 더구나 나라에서도 받들어 모시는 분이다. 임금님도 종종 스님을 불러 대화를 나눈다고 한다. 아버지께 그림을 배우는 형님들 가운데 몰래 스님이 머무는 절에 가는 사람도 있다. 해우로 형님도 그중 하나인데, 아버지도 눈치채셨지만 아무 말씀이 없으시다. 아버지가 형님들이 절에 가는 것을 싫어하는 것은 확실하다. 서역 사람들의 신을 믿지 않을 뿐더러 그들이 고구려인의 마음을 어지럽힌다고 생각하신다. 형님들이 절을 장식한 그림들에 대해 스님에게 묻고 때로는 그 그림을 흉내 내어 그린다는 이야기도 있다. 아

---

9 고구려인은 남녀에 관계없이 저고리와 바지를 기본 차림으로 삼았다. 저고리는 아랫단이 엉덩이에 이르는 긴 것으로 옷깃을 왼쪽으로 여미는 '왼쪽 여밈左衽'이 일반적이었다. 왼쪽 여밈은 활을 즐겨 쓰는 수렵 유목민족의 관습이다. 저고리 소매의 너비는 신분에 따라 달라, 귀족이 입은 저고리의 소매가 평민의 것보다 넓었다. 저고리의 깃과 섶, 도련, 소매 끝에는 의복 바탕과는 다른 '선襈'이라 불리는 긴 띠를 대어 실용과 장식의 효과를 냈다. 바지는 통의 너비로 신분의 높고 낮음을 가릴 수 있었다. 신분이 높은 사람은 '대구고大口袴'라 하여 통이 넓은 바지를, 낮은 사람은 '궁고窮袴'라 불린 통이 좁은 바지를 입었다. 그러나 귀족 집안의 시종과 같이 여건상 가능하거나, 무용수처럼 직업상 필요할 경우에는 통 넓은 바지를 입어도 문제가 되지 않았다. 고구려인은 저고리와 바지 위에 두루마기를 덧입기도 하였다. 두루마기는 추위를 막기 위해 개발된 옷이어서 길이가 발목에 이를 정도로 길었다. 후에 두루마기는 의례용으로 쓰임새가 바뀌어 귀족층이 즐겨 입는 덧옷이 되었다. 고구려 전기의 수도였던 국내성 지역에서는 비교적 밝고 단순한 색상의 바탕천에 점무늬, 마름모무늬, 꽃무늬 가운데 한 가지를 간결하게 반복하여 장식한 옷이 선호되었다. 반면, 후기의 수도인 평양 지역에서는 보다 다양하고 화려한 색상의 바탕천에 구름무늬, 물결무늬, 넝쿨무늬, 각종 기하무늬 등을 두세 가지씩 섞은 복잡하고 화려하게 장식한 옷이 유행했다. 이것은 고유색이 강했던 국내성 지역과 중국 등 외래문화의 수용과 소화에 적극적이었던 평양 지역의 문화적인 차이에서 비롯된 현상이다.

■ 남포 쌍영총 널방 벽화의 공양 행렬 모사도

버지가 이것까지 아신다면 아마 형님들을 그림방에서 내쫓으실 것이 틀림없다. 아버지도 언젠가 절 장식 그림에 대해 들으셨던 것 같다. 싫어하시는 내색이 역력했다.

아버지는 스님이 한보 어르신네에 자주 출입하는 것도 마땅찮게 여기신다. 안마님도 여러 차례 스님을 불렀다고 한다. 가끔 이 스님이 어린 스님들 몇을 데리고 어르신네에 들어가서 공양행사라는 것을 한다는데 한보 어르신은 안채에서 이런 행사가 열려도 짐짓 모르는 체하신단다. 어쨌든 집안 잘되라고 하는 일인데 굳이 마다할 것까지는 없지 않느냐는 생각이신 듯하다.

| **고차호자** | 한보 어르신네를 드나든 지도 햇수로 벌써 13년째이다. 한

보 어르신은 자신이 세상을 뜰 날도 얼마 남지 않았다고 말하면서도 아직 확신이 없는 모양이다. 죽음 뒤의 세상을 여전히 이곳과 같은 곳으로 믿는지 생명이 떠난 육신을 위한 집을 정성 들여 짓고 그 안에 이 세상 삶에서 기억할 만한 것들, 이 세상에서 이루지 못했으나 저 세상에서는 꼭 이루어지길 바라는 모습들로 벽과 천장을 가득 채웠다고 한다. 그것이 이곳 왕실 사람들과 귀족들의 믿음이요 관습이었다.

이곳 사람들은 순박하다. 비록 내가 그들과 생김새와 말도 다르지만 나를 외면하지도, 몰래 괴롭히지도 않는다. 오히려 저들은 나와 마주치는 것을 좋아한다. 아이나 어른이나 호기심이 많다. 내가 어디에서 왔는지, 무엇 때문에 이곳에 머무르는지, 내가 가져온 것들이 어떤 것인지에 대해 알고 싶어한다. 내가 말하는 것, 내가 믿는 신에 대해서도 관심이 깊다.

사막을 건너고 초원을 지나면서 나는 동방 끝에 있다는 이 나라와 이곳 사람들에 대해 들었던 것들을 곰곰이 되새기곤 했다. 동방의 강자로 불리며 서역에까지 힘이 미치는 중원의 강자들과 자웅을 겨루는 나라, 초원의 말발굽도 넘나들기 어려운 크고 단단한 성들로 둘러싸인 나라 고구려. 이곳 사람들은 활도 잘 쏘고 아름다운 옷도 잘 짓는다고 했다.

---

10 고구려인은 활쏘기에 능하여 시조의 이름이 '활 잘 쏘는 사람', 즉 주몽朱蒙이다. 특히 활채가 심하게 굽은 짧고 강한 활인 '맥궁貊弓'이 유명했다. 짧은 활은 말을 타고 달리면서 사용하는 데 적합하여 길이가 보통 사람 키의 절반쯤 되는 짧은 활을 즐겨 썼다. 활촉은 용도에 따라 여러 가지를 썼다. 도끼날형 활촉은 타격을 높이기 위해 만든 넙적촉의 일종이다. 특수한 화살로는 활촉 뒷부분에 구멍 뚫린 둥근 기구를 매달아 화살이 시위를 떠나 날면서 소리가 나게 만든 소리화살인 명적鳴鏑이 있는데, 고분벽화의 사냥 그림 중에도 보인다.

■ 무용총 널방 벽화의 손님맞이 모사도

산이 좋고 물이 좋아 장수하는 사람들이 많고 불사不死의 세계로 들어가는 사람들도 있다고 했다. 이 땅에는 좋은 약초가 많이 나고, 산과 들, 강과 호수에는 신비한 짐승들이 많이 산다고 했다. 이곳에 오고 싶었고, 이곳 사람들을 만나보고 싶었다.

마침내 한보 어른이 마음을 바꿀 조짐이 보인다. 기다리고 기다리던 일이다. 죽어 조상신의 세계로 돌아가거나 선경에 가서 불사의 삶을 누릴 수 있다는 믿음이 흔들리고 있음이 분명하다. 사실 이곳 사람들이 말하는 선경은 불교 33천의 천계 가운데 한 곳의 정경을 묘사한 것처럼 보인다. 물론 선경을 주관한다는 불사의 신선들이야 출신 지역들이 다양하고 이름도 동방식이어서 불교의 천인들과는 구별될 수밖에 없다. 하지만 사실 선계나 천계나 거기서 거기이다. 궁극적으로는 온갖 생명들이 벗어나야만 할 윤회하는 여섯 가지 세계, 육도의 하나에 불과하다. 이곳 사람들은 그런 선경으로 삶터를 옮겨야 한다고 생각한다.

한보 어른은 내 생명의 은인이기도 하다. 그런 만큼 그가 천계에서 환생하고, 그다음 삶에서는 정토왕생을 이룰 수 있도록 그를 설득하는 데 온 힘을 쏟아야 한다. 어차피 나의 동방전법 여행에서 제대로 인연을 맺은 이가 한보 어른인데, 그가 내 전법 열매의 하나가 되는 것도 필연이 아니겠는가? 이 절에 머물게 된 뒤 아침저녁으로 예불하며 그를 위해 염불한 지 벌써 몇 해인지…. 강산이 변하고도 남을 만한 세월이 흘렀다.

한보 어른이 북부여수사로 북방 초원길을 오가는 온갖 무리들을 지키는 자리에 있지 않았다면 나는 이 나라에 이르지도 못했을 것이다. 아마 나보다 앞서 동방전법 여행을 떠났던 위지난타나 석호자釋胡子 일행처럼 초원 부족들에게 붙잡혀 노예로 팔리거나 가진 것을 약탈당한 뒤 죽임을 당했겠지. 나와 아내, 두 아이도 한보 어른이 이끌던 기마대를 만나지 못했다면 또다시 팔려가 일생을 노예로 마쳤을지도 모를 일이다. 자신은 여래를 믿지 않으면서도 서역인인 나를 이곳까지 올 수 있게 해주었으니 얼마나 관대하고 배려가 깊은 분인가? 그동안 쌓은 선업이 많아 이제 마음만 여래에게로 향하면 온전한 깨달음의 세계로 첫걸음

을 내딛게 될 텐데…. 한보 어른에게 은혜를 갚는 길은 내가 열심히 불
공을 드려 그가 천계에서 극락왕생을 이루도록 하는 일이리라.

마침내 불교가 사람들의 마음에 깃들다

| 대형 한보 | 열린 창 사이로 별이 보인다. 밤이 깊을수록 더 빛난다. 나
는 어디에서 왔는가? 저 별들 속에 내 처음 몸이 있는가? 이제 나는 이

땅을 떠나야 한다. 과연 저 너머, 어두운 죽음의 시간 너머에 또 다른 세계가 있는가? 나는 혼란스럽다. 정말 저 너머에 있다는 세계로 갈 수 있는가? 몸져누운 내 곁을 지키던 아들 한덕은 가끔 말없이 물끄러미 천장을 보다가는 고개를 내려 근심스런 표정으로 내 기색을 살핀다. 그러고는 방을 나가 주위 사람들을 챙기고 시종들에게 이런저런 일을 시킨다. 내가 떠나는 길을 준비하랴, 눈빛으로나마 애비와 마지막 인사를 나누랴, 제 마음을 추스리랴 심신이 번거롭겠구나.

바깥채에서는 나와 밥상머리를 함께하던 이들이 웃고 떠들다가도 가끔씩 긴장된 표정으로 이쪽을 바라본다. 그들은 어쩌면 내가 저 세상으로 떠났다는 소식을 기다리는지도 모른다. 저들이야말로 내가 가서 머무를 곳을 선경으로 믿는 이들이다. 저들은 입신양명하지 못하면 선경에 가 있을 내게 기대며 살아가리라. 내가 이 세상에서 오른 자리를 부러워하고 내 모습과 힘이 선경에서의 내 자리를 미리 알려주는 것이라고 믿는다.

그러나 과연 그것이 맞는지 확신이 없다. 눈꺼풀조차 무거운 이 순간,

---

11 고구려인의 주식은 조와 콩을 비롯하여 밀, 보리, 수수, 기장 등 곡물류였다. 조나 보리, 수수 등의 곡물은 가루를 내어 시루에 쪄 먹기도 했다. 실제 고구려의 유적에서는 시루가 빈번히 출토되고 있다. 안악3호분 벽화에는 시녀로 보이는 여자들이 곡식이 담긴 시루를 부뚜막에 올린 솥 위에 얹고는 아궁이에 불을 지피고 국자로 시루 속을 저으며 조리에 열중하는 모습이 보인다. 육식의 대상으로는 소, 돼지, 닭, 개 등 사육하는 가축뿐 아니라 사냥을 통해 얻는 멧돼지, 노루, 꿩과 같은 짐승들도 있었다. 오늘날 불고기의 전신으로 여겨지는 맥적貊炙은 고구려의 고기요리 가운데 하나였다. 귀족 집안에서는 하녀가 부엌에서 조리가 끝나면 음식을 그릇에 담아 소반에 받쳐들고 안채나 사랑채로 가 상차림을 했다. 주인과 손님의 상은 따로 차렸으며, 상마다 음식을 따로 놓았다.

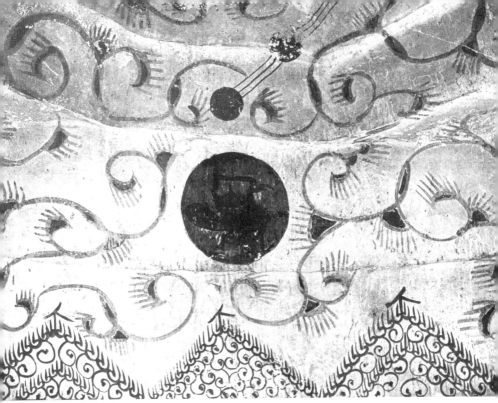

나는 오히려 모든 것이 의심스럽기만 하다. 화사 대수 노인을 불러 물어 볼까? 고집스러운 눈빛의 그 노인은 무언가 알 듯도 한데…. 산 자의 집에서건, 죽은 자의 집에서건 내키지 않으면 천금을 준대도 붓끝 한 번 휘두르지 않는다는 그 노인. 이제 더는 말할 힘도 없지만 그에게는 눈빛 한 번만 주어도 답이 나올 것 같다. 저 세상에 내가 살 곳이 제대로 마련되어 있는지, 정말 저 세상이 온전히 있는지, 저 세상이 내가 지금까지 믿었던 그런 곳인지….

북부여 서쪽 대초원 지대로 출정할 때가 엊그제 일처럼 생생하다. 이름도 모르는 온갖 족속들이 사는 광활한 초원의 땅. 거대한 뱀처럼 꿈틀거리며 흐르는 강과 흰 눈을 머리에 이고 있는 산들, 끝을 알 수 없이 펼쳐진 태고의 숲. 그곳에서 지평선 너머까지 볼 수 있다는 족속들이 말과 하나가 되어 바람처럼 달려오며 활을 내지르는 바람에 잠시도 방심할 수 없는 행군이었다.

초원 전체를 지배한다고 호언하던 대칸大汗(유목민족의 황제에 대한 칭호)의 통행증도 우리 고구려와의 국경지대에서는 소용없을 때가 많았다. 100여 호를 넘지 못하는 무리가 산과 숲, 초원과 호수 언저리 이곳저곳에 흩어져 산양과 말을 기르며 사는데, 이들은 대칸이 누군지도 모르고 관심도 없었다. 대칸의 군대가 온다는 소식이 들리면 큰 숲으로 들어가 숨었고, 고구려 대왕의 기마대가 움직인다는 소리가 들리면 큰 산 계곡 깊숙한 곳으로 들어가버렸다. 난리의 소식, 전쟁의 소리가 그칠 때까지 숨어 살면 되었으니까.

내가 호자스님 일행을 만난 것은 북부여수사를 맡은 뒤 아마 세 번

---

12 고구려는 압록강 중류와 혼하渾河 유역을 중심으로 성장했다. 국력이 절정에 달한 5세기에는 영역이 서로는 요하遼河를 넘어서고, 북으로는 동류 송화강松花江을 건너며, 동으로는 연해주 남부, 남으로는 한반도 중부의 남단까지 이르렀다. 더욱이 동북아 패권국가로서의 영향력도 대단하여 북아시아 삼림지대의 여러 종족 및 내륙아시아 유목지대의 여러 세력, 한반도 남부의 신라, 백제, 가야, 바다 건너 일본열도에까지 미쳤다.

째 출정 무렵으로 기억된다. 그때 거란족과 선비족이 맞붙어 큰 전쟁이 벌어지고 두 세력 사이에서 새우등 터지는 꼴이 된 여러 족속의 피난민들이 우리 국경을 넘어오려 애썼다. 임금님은 두 이리가 다투다가 한쪽이 피투성이가 되면 이긴 놈을 먼저 붙잡고 진 놈은 나중에 잡으라고 하셨다.

두 이리의 싸움이 막바지에 이를 즈음 나는 정예 기마대를 거느리고 부여성을 떠났다. 싸움이 시작된 지 나흘째 해질녘, 초원 한가운데를 흐르는 넓은 개울 근처에서 한 무리의 유목부족과 마주쳐 작은 전투를 벌였다. 굳이 창칼을 쓸 생각은 없었는데, 그들이 먼저 활시위를 당기며 덤벼드는 바람에 할 수 없이 기마대 일부를 내어 그들을 위협해 숲으로 몰아넣었다. 그중 몇이 쓰러지자 나머지 사람들은 산양과 말, 노비들을 내버려둔 채 모두 숲 속 깊이 들어가 숨어버렸다. 남아서 벌벌 떠는 노비들 가운데 몰골이 초췌한 서역 사람 몇이 눈에 띄었다. 국내성에서 마주쳤던 서역 스님들처럼 머리를 밀고 누더기 천 쪼가리를 몸에 두른 차림이다. 그들 가운데 고차호자가 있었고 그가 제일 나이가 많았다.

※

나는 여전히 호자스님이 말하는 큰 자유가 뭔지 알 수 없다. 스님은 내가 선업을 많이 쌓았으니 이제 마음만 열면 된다고 하는데, 무슨 말인지 알듯 하면서도 완벽히 내것으로 소화하지는 못했다. 비록 여래는 믿지 않지만 나야말로 늘 열린 마음으로 사람을 대하고 재물을 베풀었

■ 상 덕흥리 벽화분 앞방 벽화의 기마 행렬_김광섭 | **하** 무용총 널방 벽화의 무덤 주인 모사도

거늘 다시 무엇을 더 열라는 말인가. 더욱이 저 세상으로 떠날 채비를 마치고 유언까지 남긴 지금 무엇을 더 구할 것인가. 사실 더 바랄 것도 없다.

내 무덤은 화사 대수의 그림으로 이미 멋지게 장식되었겠지. 조상신이 된 내 모습도 그리고 내가 가서 살게 된다는 주몽님의 우주, 불사의 선경도 잘 묘사해놓았으리라. 자꾸 마음이 흔들리지만 우리 집안 어른들이 대대로 돌아간 그 땅으로 나도 들어갈 것이다. 튼튼하고 끈질긴 내 애마 한거루를 타고 저 먼 북방의 큰 산, 조상들의 세계로 이제 떠나야겠다. 노쇠한 기운이 역력한 한거루지만 새털처럼 가벼워진 이 늙은 몸을 싣고 북방 만리 길을 가기는 그리 어렵지 않을 것이다. 초원지대에서도 명마 중의 명마로 이름을 날렸던 놈이니 한달음에 나를 조상들의 고향 땅으로 데려가리라.

아무리 생각해도 한번 가서 영원한 삶을 누리는 것이 더 나을 듯싶다. 솔직히 호자스님이 말하는 돌고 도는 삶은 내키지 않는다. '정토淨土'라는 땅에 이르려면 모든 인연의 끈이 풀려야 한다는 이야기도 꺼려진다. 얼마나 외롭겠는가! 완전한 자유라지만 서로 얽혀 있는 삶이 오히려 자연스럽고 편한 것 아닌가. 모두가 따로라면 서로 챙겨줄 것도 없고 함께 할 것도 없으니 그야말로 일엽편주에 몸을 싣고 망망대해 한가운데 있는 것과 무엇이 다르겠는가. 이제 먼 길을 떠나야 하는데, 호자스님의 얘기 때문에 괜히 머릿속이 복잡해졌다.

그런데 스님 말대로 북방 저 먼 곳에 거대한 쇠부리성도 없고, 조상님들도 안 계시면 어떡하나? 내가 눈감은 뒤 한거루가 나를 불사의 선경

■ 평양 삼석구역 개마총 널방 천장고임 벽화의 인물 행렬 모사도

이 아니라 이도 저도 아닌 낯선 세상에 내려놓으면 정말 곤란한데…. 스님이 말하는 윤회의 육도 가운데 축생畜生에 떨어져 이웃 연보네 송아지로 태어나면 그야말로 난감한 일이다. 송아지건 강아지건 말을 할 수 없을 것 아닌가. 나는 짖는 소리를 내지만 연보나 그 아들이 못 알아들으면 그 사태를 어찌하나. 괜히 답답하다고 큰 소리를 내면 돌아오는 것은 몽둥이찜질뿐일 텐데…. 갑자기 정신이 맑아지고 눈과 입에도 힘이 돌아온다. 저 세상으로 갈 시간인데, 시간을 더 끌고 싶지 않다. 이미 살 만큼 살지 않았는가.

| 대사자 한덕 |　세상 뜨실 때가 되어 갑자기 화사 대수를 찾으시다니, 아버님의 의중을 모르겠다. 무덤 장식 때문에 한창 바쁠 노인을 찾아오라 하시고. 조금 전만 해도 숨만 조금씩 헐떡이시더니 어디서 그런 기운이

나셨을까? 차라리 이참에 자리 털고 일어나셔서 예전처럼 낮고 강한 쇳
소리로 이런저런 지시도 하시고, 손주들에게 북부여수사 시절의 초원
출정 이야기도 해주시면 좋으련만…. 백수百壽를 누리면서 자손들의 입
신양명을 모두 보시면 얼마나 좋을고.

혹시 마음을 바꾸시는 것은 아닌가. 아침녘 호자스님이 다니러 오셨
을 때도 별 말씀 없이 조용히 염불 소리만 들으셨는데, 그새 마음이 달
라지셨는가? 어머님의 108배 백일공양이 효과를 보는 모양이다. 어머
님은 지금도 내불당에서 염불공양을 하고 계신데, 여래의 자비력이 아
버님께 미치는 것은 아닌가? 아버님의 고집도 드디어 꺾이시는 것이 아
닐까? 그러면 우리 집안으로서는 큰 경사요, 축복이다. 임금님도 아버님
의 고집을 어쩌지 못하셨는데, 호자스님과 어머님의 10년 불공이 드디
어 열매를 맺는 셈이니….

자기 고집이 확실한 화사 대수는 분명 아버님이 누우실 무덤 안을 고
구려의 전통적인 믿음대로 이미 장식해놓았을 것이다. 그가 이전에 보
여준 밑그림대로라면 무덤칸의 벽과 천장은 잔치와 가무, 사냥과 씨름,
사신과 별자리들로 모두 장식했을 텐데, 이제 아버님의 마음이 바뀐다
고 무덤 속 그림을 새로 그려 넣을 수는 없지 않겠는가. 게다가 화사 대
수는 아버님도 어쩌할 수 없는 고집쟁이 영감이 아닌가. 나라 최고의 화
사이나 원치 않는 일은 절대 안 하는 것으로 유명한 노인이다. 나라의
어떤 귀족도 저 영감 마음에 들지 않으면 백금 덩어리로도 그림 한 점
얻지 못한다는 것은 누구나 아는 사실이다.

어쨌든 사람을 보냈으니 곧 기별이 오겠지. 아버님이 무엇 때문에 화

■ 중국 요녕성 환인 미창구 장군묘의 내부 투시 모형 _심양 요녕성박물관

사 영감을 불렀는지 자못 궁금해진다. 혹시 몰라서 호자스님에게도 기
별을 보냈는데 오실지는 잘 모르겠다. 대수는 불심이 없는 사람이다. 서
역에서 온 것이라면 아예 돌아보지도 않는다. 혹 아버님이 무덤 안에 불
심을 그려달라고 하면 어떤 대답이 나올까? 아니 아버님 성격에 함부
로 무리한 부탁은 하지 않으실 것이다. 당신의 저 세상 삶을 그려준 화
사 영감과 마지막 인사나 나눌 생각인지도 모른다. 화사 영감도 삶이 얼
마 남지 않은 것 같다. 곧 다시 만날 기약을 하려는지도 모를 일이다. 위
아래 크게 가리지 않는 아버님 성격으로 보아 저 세상에서도 기개 있는
환쟁이 영감과 가끔 얼굴을 마주치고 싶어할 수도 있다. 멀리서 기척이

있는 것을 보니, 화사가 오기는 온 모양이다.

| **화사 대수** | 기운을 다시 차리셨는가? 커다란 비단 방석으로 등을 받쳤지만 앉으신 자세도 반듯하고 눈빛도 형형한 것을 보니 마음이 한결 놓인다. 저 먼 북방 큰 산으로 곧 떠날 것처럼 보였는데, 어찌 일어나 앉아 나를 부르셨는가? 마침 저 어른의 얼굴을 그리려던 참이었는데, 오늘 일을 마치려던 계획은 미뤄야 할 듯싶다. 내가 일하는 도중에 한보 어른이 나를 부른 일은 한 번도 없었다. 내가 그림에 열중해 있을 때는 절대 방해하지 않으셨는데 어쩐 일인가. 영감님의 얼굴을 그리지 말라는 말씀을 하시려나? 아마 지금쯤 내가 초상을 보며 마무리에 들어갔으리라 짐작하셨을 것이다. 그림은 몰라도 일의 진행은 아실 테니까.

바깥에서 서역의 향내가 나는 걸 보니 호자스님도 부르신 모양이다. 이 냄새는 호자스님에게서만 나는 독특한 향이다. 향나무의 재에 서역 염료와 치자가루를 함께 섞어 태울 때 나는 듯한 향이 저 스님이 지나간 곳마다 떠다니곤 했다. 그 냄새를 여기서 다시 맡게 되니 마음이 언짢아진다. 바깥에 머물러 있는 것으로 보아 한보 어른이 아니라 한덕 어른이 부르신 모양이다.

한데 한보 어른은 왜 뜸을 들이실까? 입을 열지 않은 채 나를 바라보기만 하신다. 예전의 한보 어른 같지 않다. 끝내 말씀을 하지 않으시니 그 뜻을 나 스스로 알아차려야 한다는 의미인가? 한보 어른의 눈빛이 나를 힘들게 한다. 그새 마음이 달라지신 게 분명하다. 더 이상 선경을 꿈꾸지 않을 뿐 아니라 한거루를 탈 생각도 없으신 것이다. 우리 조상

■ 남포 강서대묘 천장고임 벽화의 선인 _김광섭

들의 세계로 떠날 채비를 거두고 계시다. 왜 그러시는 걸까? 도대체 어쩌자는 것일까? 내 짐작대로 끝내 한보 어른도 호자스님이 말하는 이상한 세계를 받아들이신 모양이다. 그럼, 주몽님의 우주는 어떻게 되는 것인가? 고구려의 큰 하늘 안으로 돌아가지 않고 어디로 가시겠다는 말인가? 저 북방 큰 산 너머 우리 조상신들의 세상이 없다고 믿으시는 것인가? 한보 어른마저 주몽님의 세계도 정토 안에 있다는 허황된 말을 믿으시는 게 틀림없다. 이거, 참 큰일이로군. 이제 저 어른의 얼굴도 그릴수 없게 되었구나. 한보 어른 같은 높은 분마저 마음을 바꾸어 조상신으로서 성스러운 나라를 지키고 후손들의 내일을 보살펴주기를 포기하다니! 세상이 다 저 코쟁이 스님이 말하는 그 이상한 세계에 빠져들고 있다. 있을 수 없는 일이 일어나고 말았구나.

| 고자호차 | 나무아미타불 나무관세음보살. 대자대비 석가여래시여. 고구려의 대형 한보를 여래삼매如來三昧에 들어서게 하시니 감사합니다. 그가 사는 동안 많은 선업으로 중생을 기쁘게 하고 만민을 편안케 하였는데, 이제 대자대비 여래에 귀의하고 정토왕생을 소망하며 세상을 뜨게 하시니 감사합니다. 아무쪼록 윤회의 굴레에 남지 않게 하시고 정토로의 길을 걷게 하시기를 간절히 바랍니다. 여래의 대력大力을 더하셔서 조속히 인연의 사슬을 끊고, 윤회의 수레바퀴에서 벗어나게 하소서. 연화장세계蓮華藏世界(연꽃 속에 들어있는 세계, 이상적인 불국토)로 들게 하시고 연화화생蓮花化生으로 자유자의 삶을 누리게 도우소서.[13] 나무석가여래 나무미륵보살.

결국 10년 넘도록 쌓은 예불공양이 열매를 맺었다. 한보 어른은 새 삶의 방향을 정하고 편안히 이생을 마쳤다. 하늘세계의 생명이 되었고 오래지 않아 정토왕생하는 자유자가 되리라. 대사자 한덕이 한보의 이름을 불당에 넣었고, 그가 왕생하기까지 공양이 이어지게 하겠다고 서원誓願하였다. 이제야 나는 자유로워졌다. 한보 어른 때문에 오랜 기간 국내성을 떠나지 못하고 이곳 이불란사伊弗蘭寺에 머물렀는데, 마침내 공양을 마치고 떠날 수 있게 되었다. 이제 남쪽에 있는 '황

---

13 불교에서는 정토에 왕생할 때 부모의 몸을 빌리지 않고 연꽃에서 태어난다고 한다. 부모와 자식 사이의 인연이 사라지고 완전히 자유로운 존재가 되는 까닭이다. 이를 연꽃화생이라고 한다. 남포의 성총이나 집안의 삼실총, 장천1호분 벽화에는 연꽃에서 사람이 태어나는 모습이 묘사되었다. 특히 장천1호분 벽화에는 남자아이와 여자아이가 함께 연꽃에서 태어나는 모습이 그려져 있어 눈길을 끈다. 정토에서는 누구와도 관련을 맺지 않은 채 홀로 연꽃에서 태어나야 하지만 장천1호분의 주인공 부부는 정토에서도 함께 태어나 부부로 살기를 소망했던 것으로 보인다.

금의 나라 신라'로 내려가 전법에 매진할 것이다. 내 많은 선학과 동학들이 신라에 들어갔다가 순교했다. 이제 나도 그들이 갔던 길을 걸어 그 나라에 들어가리라. 기어이 그 나라에 불법을 펴리라.

화사 대수는 여전히 고집스런 눈빛과 퉁명스런 표정을 바꾸지 않고 있지만 이전 같은 무례함이나 거부감은 보이지 않는다. 아마 대수도 오래지 않아 자신의 제자들처럼 부처님께 귀의할지도 모른다. 그의 마음 안에 혼란이 있고

■ 경상남도 의령 출토 연가7년명 금동여래입상

두려움이 있으며, 그 마음이 새로운 길에 대해 묻고 있음을 그의 흔들리는 눈빛만으로도 알 수 있다. 그들이 의지했던 불사의 선경에 대한 믿음이 이제 서서히 사라져가리라. 한보 어른과의 마지막 만남에서 무언의 대화를 나누며 대수가 큰 충격을 받았음이 틀림없다. 허전한 기색과 기운 빠진 걸음으로 한보 어른 방을 나오던 그의 모습이 지금도 눈에 선하다. 화사 대수 역시 조만간 걸음을 돌이키겠지. 여래에게로 올 것이다.

| 대발고 | 아버지가 더 이상 붓을 들지 않으신다. 한보 어르신이 돌아가셔서 장례 준비가 한창인데 무덤 안의 초상을 마무리하려는 기미조차 없

다. 한보 어른 댁에 가셨을 때 무슨 일이 있으셨는가? 집안 식구 외에 고인
이 마지막으로 만난 사람은 아버지뿐이라고 한다. 어떤 대화를 나누셨기
에 무덤의 마무리 작업에 들어가지 않으실까? 상주인 한덕 어른도 아버지
를 채근하지 않고 짐짓 이 사태를 모른 체하신다. 뭔가 낌새가 이상하다.
다들 부지런히 장례 절차를 밟으면서도 무덤 그림에 대해서는 말이 없다.

  해우로 형님은 상주 댁에서 때를 기다리는 것 같다고 한다. 아버님이
결국 움직일 거라고 믿고 있다는 것이다. 그러나 지금으로서는 아버지가
그림 마무리를 위해 언제 무덤 안으로 들어가실지 알 수 없다. 이전 경험
으로 보아 저런 침묵에 들어가시면 그 끝이 언제일지 종잡기 어렵다. 짧
게 끝나기도 하고 아주 오래 가기도 한다. 지금의 모습으로 보면 침묵이
아주 길어질 수도 있다. 빈장殯葬이 끝나 시신 매장에 들어갈 때까지 아

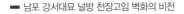
■ 남포 강서대묘 널방 천장고임 벽화의 비천

■ 집안 삼실총 제1실 천장고임 벽화의 하늘세계

버지가 붓을 들지 않는다면 곤란한 일이 벌어지지 않을까 염려된다. 그렇지만 나도 해우로 형님도 아버지의 침묵이 끝날 때를 기다리는 수밖에 달리 도리가 없다.

---

14 고구려 사람들은 결혼하면서 장례에 쓰일 부부의 수의를 마련했다. 함께 잘 살다가 같이 저 세상
    으로 떠나자는 백년해로의 뜻을 담은 풍습이다. 또한 사람이 죽으면 집안에 빈소를 만들고 3년이
    지나기를 기다렸다. 이를 빈장이라고 한다. 3년 뒤에는 날을 잡아 장사를 지냈다. 부모와 남편의
    상일 때는 3년 동안 상복을 입었고 형제 사이면 세 달 동안 입었다. 장례가 끝나면 죽은 이가 살았
    을 때 쓰던 의복, 노리개, 수레 등을 무덤 곁에 두어 장례에 참석했던 이들이 가져가게 했다. 처음
    상을 치를 때는 눈물을 흘리며 곡을 했으나 빈장이 끝나고 장례를 치를 때는 풍악을 울리며 춤추
    고 노래하여 죽은 이를 떠나보냈다.

집안 삼실총 제1실 널방 천장고임 벽화의 주작

그건 그렇고 아버지가 새로 건네주신 무덤 천장의 밑그림 공부가 생각보다 어려워 고군분투 중이다. 지난 무덤의 그림과 달라진 부분도 적지 않은 데다 필선의 흐름도 예사롭지 않아 쉽게 눈에 익지 않는다. 우선 눈에 익어야 밑선을 따라 그리기라도 할 텐데, 골똘히 들여다보아도 눈에 깊숙이 담기지 않으니 어찌해야 할지 모르겠다. 한참 들여다보고 눈을 감으면 어둠 속에서 옛 그림이 떠오를 뿐이다. 이상하게도 내 눈에는 새 그림의 짜임새가 어지러워 보이고 별과 구름, 사신이 서로 어우러지지 못한 채 어색하게 자리 잡은 듯 느껴진다. 청룡, 백호는 크게 포효하며 창공을 박차고 내려오는 형상이지만 이 신수들에게 주어진 공간이 너무 어중간하다. 좀 좁다는 느낌도 든다. 사신은 하늘도 아니고 땅도 아닌 어중간한 공간에 머물러 있고 별들의 자리는 더 좁아졌다. 별들은 제자리에 붙박여 있고, 사신은 힘차게 꿈틀거린다. 이런 구성이라면

무덤 천장은 웅장하지도 않고 강한 기운으로 차 있지도 않은 애매한 공간이 될 수도 있다. 아버님은 이런 느낌을 받지 않으셨는가?

온갖 잡스런 느낌과 생각들을 버리고 천장의 새 그림에서 사신만을 눈여겨보기로 했다. 청룡과 백호, 주작과 현무를 차례로 들여다보다가 눈을 감아본다. 그림을 보며 눈길로 먼저 그리고 눈을 감은 뒤에는 머릿속의 손으로 선의 흐름을 좇아가본다. 일필휘지를 시도해보기도 하고, 아버님 그림의 한 선 한 선을 따와보기도 한다. 불새처럼 타오르는 '주朱'로 봉황을 채색하다가, 생명의 소리로 가득한 뱀과 거북의 용틀임을 현무 형상에 덧붙여 어우러지게 만들어보기도 한다. 창공 전체를 사신의 우주로 바꾸어보다가 별들의 자리를 벗어난 청룡과 백호를 지상의 산줄기에 옮겨 강과 계곡을 타고 지나게도 해본다.

문득 무덤 돌방의 벽과 천장 전체를 사신의 세계로 바꾸어 한보 어르신이 누운 곳이 우주의 중심이 되게 하면 어떨까 하는 생각이 머릿속을 스친다. 아니다. 고구려에는 천하를 다스리는 나라님이 계신데, 이 무슨 불경스런 생각인가. 헛된 생각이다. 사신에 대해 이제 막 주워듣고 그림 공부를 시작한, 한낱 화공에 불과한 내가, 이 무슨 망령된 생각인가. 한보 어르신은 귀족의 한 사람일 뿐이다. 주몽님의 은덕으로 주몽님 나라의 백성으로 살면서 주어진 재주에 감사하고 화공 일에 충실하는 것이 내가 할 일이다. 다른 생각에 빠져서는 안 된다. 귀족의 무덤을 사신의 우주로 바꾸어서는 곤란하다. 어지럽고 잡스러운 생각은 털어버리고 다시 그림 읽기에 몰두하자. 사신만이라도 밑그림 따기를 할 수 있게 한눈에 가득 담아봐야겠다.

시간이 너무 흘렀다. 아버님의 침묵은 여전히 끝나지 않았다. 그림방의 형님들도 이제는 불안해서 어쩔 줄 모른다. 해우로 형님도 마땅한 다른 방안이 없는지 끙끙 앓는 표정만 지을 뿐이다. 평소에 동생들의 어깨를 토닥이며 걱정근심 툴툴 털어내고 일하자고 격려하던 그의 시원스런 표정이나 자세도 자취를 감추었다. 호자스님이 국내성을 떠난 뒤로는 절에 가는 것도 시들해졌는지 그림 연습을 하지 않을 때는 그림방 근처를 어슬렁거리며 다른 형님들과 잠시 이야기를 나누다가 땅이 꺼져라 한숨만 쉴 뿐이다. 이불란사에 머물던 다른 서역 스님들도 호자스님이 남쪽으로 내려간 뒤 오래지 않아 평양의 다른 절들로 자리를 옮겼다. 절에는 이제 고구려인 스님들만 남았다고 한다.

천장 밑그림 따기는 눈에도 익었고 손끝에도 감이 잡힐 정도가 되었다. 사신에 대한 공부도 많이 늘었다. 한덕 어른의 말로는 사신은 본래 하늘의 별님이었다고 한다. 별님의 힘이 모여 청룡과 백호를 이루고 주작과 현무가 되었다고 한다. 사신이 우주의 한 부분이라는 아버지의 말씀은 여기서 나왔나 보다. 할아버지와 아버지는 주몽님의 우주를 빛내는 저 힘들이 이 세상에도 선한 영향을 끼쳤다고 했다. 앞으로도 그러리라는 믿음으로 무덤 속 하늘에 성스런 힘의 모습을 그린다고도 했다. 내가 눈을 감으면 머릿속에 사신이 힘 있게 꿈틀거린 것도 이런 까닭인가?

한덕 어른과 큰 마님은 내게 한보 어르신 무덤 안을 새로 장식해달라고 하신다. 아버님은 다시 붓을 들지 않을 것 같으니 화사의 일을 이어받으라는 것이다. 한보 어르신이 돌아가신 뒤, 한덕 어른 댁도 국내성의 다른 몇몇 큰 귀족 댁처럼 절간 비슷하게 되었다. 내불당이 커졌고, 이제는 그 안에서 지내는 스님의 독경 소리가 담장 바깥으로 울려나온다. 조만간 칠보공양七寶供養(금, 은, 청옥, 수정, 진주, 마노, 호박 등 일곱 가지 보물을 여래에게 바쳐 공덕을 쌓는 행위)이라는 이름의 큰 불사佛事도 열린다고 한다. 누대累代의 전통이라며 하늘의 믿음을 고집하던 한보 어른 댁도 마침내 서역 종교에서 내미는 여래의 믿음으로 돌아서고 만 것이다.

아버지께는 한덕 어르신이 부탁하신 말씀에 어떻게 답해야 할지 여쭈어보지도 않았다. 때로 무언가에 사로잡힌 듯도 하고 때로 그릇을 다 비운 듯도 한 아버지의 침잠을 방해하고 싶지 않았다. 화사인 아버지가

221

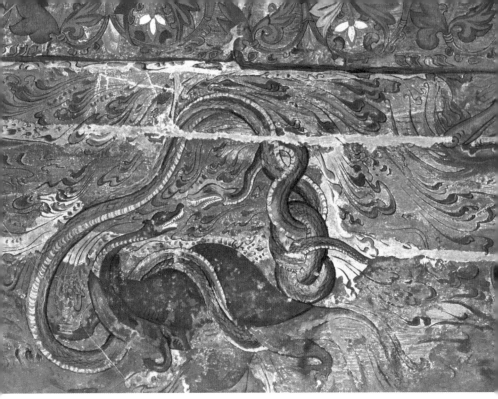

■ 사신총 널방 벽화의 현무 모사도

계시고 해우로 형님도 있는데, 내가 그 일을 맡는다는 것은 꿈에도 생각
해보지 않았다. 아버지께서 별실에서 나와 가끔 화구와 안료 그릇들을
만져보기는 하시지만 붓을 잡으려는 뜻에서 하는 행동은 아닌 듯하다.
요즘에는 별실에 머무르시는 시간도 길어졌다. 이전에는 어쩌다 한 번
씩 별실에 들어가셨는데, 이번에는 그것도 하지 않으시니 왠지 느낌이
불안하다. 별실은 조상 때부터 무덤 밑그림을 모아두는 곳이어서 화사
붓을 잡는 어른만 들어가 머물 수 있다. 아버지는 당신의 밑그림들도 어
느 사이엔가 별실로 모두 옮겨놓으셨다. 별실 자물통 열쇠는 아버님 손

에서 떠난 적이 없다.

│ **대사자 한덕** │ 꿈에 아버지가 나타나셨다. 생전처럼 눈빛이 형형하면서도 자애로운 표정이셨다. 아무 말씀도 않으셨지만 쉼터의 새 세상 모습이 어떻게 될지를 물으시는 듯했다. 아버님에게서 남녘으로 떠난 스님 호자의 모습이 겹쳐졌다. 아버님께 드리운 호자스님의 영향이 그렇게도 컸던가. 생전에는 전혀 내색을 않으셨는데…. 아버님은 그를 따뜻하게 대했지만 내가 보기에는 그 이상도 이하도 아니었다. 두 분 사이에 보이지 않는 교감이 많았던 것일까.

대발고는 아직 확답을 못하고 있다. 아마 아비인 대수의 뜻을 확인하지 못했기 때문이겠지. 화사로 나서기에 아직 이른 감도 있지만 이미 배울 만큼 배운 사람이다. 하긴 대수도 발고의 나이 때 화사로 대왕님의 부름을 받지 않았던가. 아버님의 무덤 장식을 잘 마무리하면 화사로 나설 자신감을 얻게 되어 오히려 그에게는 기회가 될지도 모른다. 우리 집 일을 잘 마무리하면 곧 국내성 일대에 소문이 날 테고 대왕께서도 그를 부르실 것이다.

아버님 무덤을 다시 어떻게 장식할지는 발고에게 모두 맡기겠다고 했다. 사실 화사 대수가 이미 장식을 마쳤는데, 그에게 다시 장식해달라고 하는 것은 예의가 아니다. 대수도 그것을 알면 크게 언짢아할 게 틀림없다. 조금씩 고치는 것도 아니고, 아버님의 뜻을 헤아려 온전히 새롭게 해달라고 말했으니 발고의 고민이 깊은 게 당연하다. 모본도 없고, 그렇다고 절간처럼 장식할 수도 없을 테니 나도 말 꺼내기가 여간 민망

223

■ 해인사 묘길상탑에 안치되어 있던 공양탑 _국립진주박물관

한 것이 아니었다. 게다가 대수나 대발고나 여래를 믿는 것도 아니니 막막할 것이다.

차라리 대수의 제자들 가운데 호자스님에게 그림을 배웠다는 만이 해우로에게 맡길까? 게다가 그는 그림방의 만이니까 그럴 자격도 충분하다. 소불리나 삼모루는 어떨까? 아니다. 화사 집안이 멀쩡히 존속해 있고 발고가 대수를 이을 것이 뻔한데 그 밑의 사람들이 큰 붓을 잡게 해서는 안 된다. 발고는 어릴 때부터 하늘에서 내려온 그림쟁이라고 소문난 아이가 아닌가.

어머니께서는 오늘도 아침부터 내불당에 들어가신 뒤로 지금까지 나오시지 않는다. 경을 읽거나 외우고 계시겠지. 어제 그제 몸종들은 연등 만들기에 바쁘더니, 오늘은 또 무얼 하는지 연못 주위가 소란스럽다. 이제 우리 집도 작은 절간이나 마찬가지가 되었다. 조만간 미륵존상彌勒尊像 봉안에 천불천탑千佛千塔 공양도 해야 할 터, 그 전에 아버님 무덤 장식이 마무리되었으면 좋으련만, 화사 대수 부자에게서는 아무 소식도 없다. 대발고를 불러 뜻을 한 번 더 물어볼까? 어머님이 전심공양에 들어간 지 이제 백일이 다 되어가니, 그때까지는 기다려봐야겠다. 그나저나 내가 부여성으로 되돌아가야 할 날이 얼마 남지 않았다. 이제는 그곳이 선대부터의 고향이나 마찬가지가 되었구나.

| 화사 대수 | 발고에게 큰 붓 '한얼'을 내주었다. 35년 전 내가 아버님께 받았던 우리 집안의 기운과 얼이 담긴 붓이다. 이 붓이 언제부터 집안의 가보가 되었는지는 나도 모른다. 아버님은 단지 할아버지께 받은 것이라고만 하셨다. 붓대에 큰 용과 범이 그려진 특별한 붓이다. 끝이 많이 닳아서 내가 받았을 때는 이미 글과 그림에 쓰기는 어려운 상태였다. 아버지는 그림 한구석에 보이지 않도록 집안의 기호를 넣을 때만 사용하라고 하셨다. 붓과 함께 아버님께 받은 작은 두루마리는 다시 붓을 받을 만한 사람에게 넘길 때 홀로 펼쳐보라고 하셨다.

어제저녁 두루마리를 펼치고 내 이름 곁에 발고의 이름을 적어넣었다. 두루마리에 내 이름이 적혀 있으리라고는 예상하지 못했다. 아마 아버님도 내게 한얼을 주기 전날 두루마리를 펼치고 할아버지 이름 곁에 쓰여 있는 아버님의 이름을 처음 보았을 것이다. 이제 발고에게 붓과 두루마리를 주었으니 화사의 일은 발고의 업이 되었다. 허전하면서도 홀가분하다. 사신으로 가득한 하늘과 땅, 해와 달, 별의 정령들이 우주를

채우고 조상신과 일체가 된 세계를 한번 그려보고 싶었지만 이제는 이
것조차 발고의 몫이다. 내가 꿈꾸던 세계를 형상화할지의 여부도 발고
에게 달렸다. 이제부터 그 붓은 발고가 쓸 테니까.

국내성을 떠나야겠다. 아버님으로부터 한얼을 받은 뒤 한 차례 가보
았던 백산白山에 올랐다가 산줄기를 따라 남쪽으로 내려가려 한다. 나를
붙잡을 아내도 조상신들께 돌아간 지 이미 10년이 되었으니 이곳에 더
남을 이유도 없다. 발고는 나를 잡으려 하겠지만 내가 있으면 자기만
의 그림을 그리기 어려울 것이다. 그림쟁이가 제 그림이 없으면 베끼
는 것조차 제대로 못하기 마련이다. 내가 없어야 발고도 제 그림에 힘
을 쓸 수 있으리라. 제 힘으로 서지 못하면 대왕에게 화사로 명받기도
어렵지 않겠는가.

사람들 말로는 백산의 남쪽 줄기는 신라를 지나 가야까지 이른다고
한다. 중간중간에 화사도 그려내기 어려운 절경이 있고 기인과 명장들

도 숨어 있다고 하니 죽는 날까지 그 길을 밟아 내려가보는 것도 해볼 만한 일이 아니겠는가. 그리지 못하면 눈에라도 담고, 형용하지 못하면 감탄이라도 하면 되리라. 어차피 우리네 그림쟁이들이야 저 세상에서도 새 직함은 얻지 못할 것이고, 또 그림을 그려야 할 것 아닌가. 그리지 못할 절경이라도 눈에 담고 떠나면 언젠가 그릴 방법을 찾을 수 있겠지. 대고는 내가 떠나도 크게 흔들리지 않을 것이다. 내가 떠나리라는 것을 이미 짐작하고 있을지도 모른다.

| 대발고 | 한덕 어른 댁에 들렀다가 곧바로 한보 어르신 무덤에 갔다. 안팎이 깨끗이 청소되어 있었고 입구 나무문에는 걸쇠가 걸려 있었다. 어르신의 널을 넣기 전에 돌방 안의 장식을 마무리지어야 한다. 한덕 어른은 꿈속에서 뵌 부친의 뜻이라며 무덤 안의 그림을 새로 그려달라고 간곡히 부탁하셨다. 하늘의 입구에서 기다리고 계시니 이제 문을 열고 들어설 부처의 세계를 방에 담아야 한다는 것이다. 그러나 무엇을 어떻게 담을지는 당신도 모르다고 하니 참으로 난감한 노릇이다.

무덤 속에는 아버지의 체취가 여전히 남아 있었다. 무덤 밖에서 기다리던 그림방 형님들이 안으로 들어와서 그림을 보고는 감탄하며 환한 표정을 짓다가 곧 얼굴빛이 어두워진 채 가라앉은 목소리로 서로 말을 건넨다. 화사 어른의 마지막 작품인데, 아들과 제자들이 이것을 어찌 회로 덮어버리겠느냐는 것이다. 나 역시 동감이다. 그러나 어찌하랴. 한보 어르신의 널을 넣을 때는 다 되어가는데, 어르신의 초상도 완성되지 않았고 상주 쪽에서는 새로 그림을 그려달라고 하니 이럴 수도 없고 저

럴 수도 없다. 아버지는 한얼을 내게 건네고는 집을 떠나셨다. 풍문에 백산 길로 들어섰다고 하는데, 백산에 머무르실지 그곳에서 다시 다른 곳을 향해 가실지는 아무도 모른다. 화사 자리까지 내려놓고 떠나셨으니 집에 돌아오시지는 않을 것 같다. 이제 모든 결정은 내가 해야 한다. 형님들도 내 결정을 기다릴 뿐이다.

집에 돌아와 저녁상을 물린 뒤 다시 그림방에 들어갔다. 형님들은 모두 마실을 갔는지 보이지 않는다. 화구들이 큰 상 뒤편에 잘 정리되어 있고, 안료통들도 선반 아래에 가지런히 놓여 있다. 호자스님이 해우로 형님에게 선물로 주었다는 서역 종교 그림, 불화 모본이 안벽 가득 걸려 있다. 모본에는 호자스님과 비슷한 형상의 스님들에 둘러싸인 보살들과 여래의 모습이 잘 익은 필치로 선묘線描되어 있다. 아버님이 그림방을 내게 물려주고 떠나신 뒤 형님들을 따라 처음 이불란사에 갔을 때

━ 백두산 근처의 숲

■ 신장 위구르자치구 키질석굴 207굴 벽화의 비천_베를린 동아시아미술관

보았던 불전佛殿 뒤편의 불화는 저 모본을 바탕으로 그려졌음이 틀림없다. 형님들 말로는 호자스님이 직접 여래와 보살에 대해 설명하시고 바깥 둘레의 스님들은 아라한阿羅漢(출가한 자로 깨달음이 최고의 경지에 이른 사람)이라 불린다고 알려주셨다고 한다.

아버님이 백산으로 떠나기 전까지는 해우로 형님도 이 모본을 내게 보여주지 않았다. 아마 혼자 몰래 펼쳐보고 그림을 눈에 익혔겠지. 형님이 처음 이 모본을 펼치며 다른 형님들과 함께 내게 이 그림을 설명해주려 할 때, 나는 문득 큰 붓대로 등짝을 세게 맞아 눈이 번쩍 뜨이는 것 같은 느낌을 받았다. 여래와 보살, 아라한으로 불리는 사람들의 형상

229

이 꿈틀거리며 내 눈 속으로 깊이 들어오는 것이 마치 아버지가 그렸던 사신을 처음 볼 때와 같았다. 아니 그보다 더했다. 이목구비가 뚜렷하다 못해 울퉁불퉁한 얼굴의 이 사람들이 내 앞으로 다가와 말을 걸려는 것 같았다.

오늘 따라 이 그림이 내 눈에 이전보다 강하게 들어온다. 아무도 없는 그림방에서 벽에 걸린 모본을 보니 처음 보았을 때와는 또 다른 느낌이다. 그림 속의 인물들 하나하나가 커 보이고 이국적이어서 여전히 낯설지만 대단히 매력적이다. 선묘인데도 그림 속에는 내 눈길을 끄는 무엇인가가 있다. 해우로 형님 말로 이 모본은 호자스님이 직접 그린 것이라고 한다. 대화를 나누지는 못했지만 호자스님은 국내성 절간의 다른 서역 스님과도 구별되는 특별한 느낌을 주는 분이었다. 어쩌다 그 분의 자애롭고 커다란 눈과 마주할 때면 문득 그 너머의 어떤 편안한 세계가 엿보이곤 했다. 그러나 이제는 만날 수도 대화할 수도 없다. 백산 줄기를 따라 남녘에 있는 나라로 간다고 했다니 나로서는 가볼 기회도 없는 땅에 계실 것이다. 그곳에서 또 여래니 보살이니 하며 그가 믿는 정토라는 세상에 대해 말하고 계시겠지.

✳

해우로 형님과 불화 모본에 관한 이야기를 나누었다. 형님은 아버님 제자 가운데 맏이인 데다 주변의 흐름도 잘 읽는 편이어서 지난 10여 년 동안 그림방과 우리 집안의 대소사를 모두 챙겼다. 국내성 귀족들의

■ 아프가니스탄 핫다에서 출토된 스투파 장식 여래상 _파리 기메미술관

볼 일도 아버님 대신 형님이 맡아서 처리할 때도 많았다. 아버님은 한보 어르신 댁에서 부르는 경우가 아니면 형님을 대신 보내셨다. 아버님은 말수도 적고 그림 일과 관련하여 귀족들의 비위를 맞추며 대화하는 것을 제일 싫어하셨다.

내 기억으로 해우로 형님이 틈나는 대로 호자스님을 만나러 간 것은 3년 전쯤부터였던 것 같다. 아마 그때부터 호자스님에게 서역의 그림에 대한 이야기를 듣고 서역 그림들도 열심히 보았으리라. 절에 다녀온 날에는 밤늦게까지 그림방에 남아 있었고, 아버지께서 어디 다녀오실 때면 홀로 며칠씩 그림방에 붙어 있기도 했다. 돌이켜보면 아버지께서 허락하실 리 만무한 서역 그림 기법을 익히려 애썼던 것 같다. 가끔 형님은 호자스님에게서 얻은 듯한 안료를 그림방의 다른 안료와 섞어 우리 눈에는 낯선 색을 만들어냈다. 그러고는 그것을 다른 형님 한두 분에게

■ 평양 진파리4호분 널방 천장고임 벽화의 하늘세계 _ 김광섭

보여주기도 했다.

　아버님은 형님이 서역 그림을 공부한다는 사실을 어렴풋이 눈치채고 계셨지만 별다른 말씀은 하지 않으셨다. 아마 마땅찮았지만 그냥 그대로 두신 것이 아닌가 하는 생각이 든다. 그림방의 맏이라서 그러셨을까? 아니면 저는 제 갈 길이 있으리라는 생각에서 그러셨을까? 그림 공부에 그리 엄격하셨던 아버지가 해우로 형님이 몰래 서역 그림을 배우는 것을 막지 않은 이유를 지금도 알 수 없다. 혹 그때 이미 화사직을 내게 물려주실 생각이셨는지도 모른다. 그렇게 되면 형님은 그림방을 떠나야 하는데, 형님이 자신의 길을 개척할 수 있도록 짐짓 서역 그림공부

를 모른 체하셨을 수도 있다.

다른 형님들도 해우로 형님을 따라 한두 번 절에 갔다 왔다고 했으나 서역 그림에 빠지지는 않은 듯했다. 아마 흥미를 보이기는 했지만 새로 그런 그림을 배울 마음은 없었던 것 같다. 나도 저잣거리에 나가는 길에 아버지 몰래 절간에 들어간 적이 있었다. 절간 건물의 기둥과 들보를 장식한 알록달록한 색상이 별로 마음에 들지 않았다. 하지만 대문간 안쪽에 그려진 특정한 형태의 덧칠이나 고사리꼴 선들은 눈에 들어왔다. 거기에는 사람과 사물을 튀어나온 듯이 보이게 하는 묘한 매력이 있었다. 그뿐이었다. 더 이상 안으로 들어가지는 않았다. 그때 안채 건물에 들어갔더라면 아마도 호자스님이 해우로 형님에게 준 것 같은 여래나 보살 그림을 볼 수 있었겠지!

지난 3년 동안 해우로 형님은 불화 모본의 기법도 이미 하나하나 익히고 있었던 것 같다. 홀로 그렸다는 서역 그림 하나를 내게 보여주었는데, 그 속에 제법 형님 나름의 그림체가 담겨 있는 듯했다. 형님은 호자스님에게서 인물뿐 아니라 옷이나 무늬, 여러 가지 기물, 동식물이나 산수풍경을 다루고 조합하는 법에 대해서도 자세히 묻고 배우면서 연습했다고 한다. 형님은 여래나 보살을 그릴 때는 그 눈빛과 표정 너머에 있는 것까지 표현할 수 있어야 하지만 아직 거기까지 이르지는 못했다며 쑥스러운 표정을 짓는다. 그러고는 "나에게 그런 재능이 있는지 하늘님에게 물어도 답이 없으니 나도 잘 모르겠다. 하지만 너는 될 거야. 한번 해보는 것도 좋겠어"라고 말한다. 호자스님이 발고에게 한번 그려보게 하라는 말을 남기고 절을 떠났다는 것이다.

문득 호자스님의 서역 그림 모본 속 여래와 보살의 머리 뒤를 장식한 겹고리무늬들이 내 눈에 크게 들어온다. 여래와 보살과 아라한도, 곱슬머리와 화려한 장식의 관, 아름다운 구슬들도, 자비로운 눈빛과 부드러운 얼굴빛도 모두 해와 별, 보름달처럼 둥근 고리들 안으로 녹아들듯 사라지고 어느 순간 아름다운 색으로 채워진 고리 띠만 내 눈에 남는다. 색도 없는 모본인데 고리들에 색이 들어가다니, 내 눈이 갑자기 어떻게 된 것이 아닌가. 순간 당혹감이 들면서 내 눈은 다시 모본으로 향한다.

환문총 벽화,
다시 그려지다

불교의 큰 뜻을 담은 벽화가 영원히 묻히다

| **해우로** | 눈이 그치지 않는다. 올 겨울도 어김없이 내 키를 훌쩍 넘는 큰 눈이 왔다. 온 세상이 눈바다가 되었다. 달포 정도는 국내성 가는 길이 만만치 않을 것 같다. 국내성 북쪽을 동서로 가로지르는 백산 줄기의 거대한 숲도 온통 흰빛이리라. 어제 신라의 서라벌까지 다녀왔다는 장사치 재모에게서 호자스님의 소식을 들었다. 호자스님은 결국 국경마을 한벌마루에서 정토행을 하셨다고 한다. 마을과 그 인근의 신라 백성들은 큰 굴 안에서 좌정한 채 돌아가신 스님의 몸에 회를 바르고 그 위에 금을 입힌 뒤 신으로 모시기로 했단다. 스님은 살아계실 때도 여래와 같았는데, 결국 돌아가신 뒤에도 영험한 신이 되셨구나. 마을 사람들이 신으로 모시든 여래로 모시든 스님은 괘념치 않으실 것이다.

스님은 내 삶에 빛을 주시고 더 나아가 허망한 욕심의 우물에서 나오게 하셨다. 고구려의 화사로 크게 이름을 떨치기를 바라면서도 그림쟁이로서의 재능을 타고나지 못했다는 사실 앞에 절망하던 나를 헛된 집착에서 벗어나게 하셨다. 대수 어른의 문하에 들어간 지 오래지 않아 나는 그림방의 맏이가 되었다. 나이가 차고 다른 일자리를 얻은 형들이 잇달아 그림방을 떠났던 까닭이다.

형님들 가운데는 나는 새도 떨어뜨린다는 큰 귀족 연씨 댁 문객門客으로 들어간 이도 있고 남쪽 평양으로 내려가 새 그림방을 연 이도 있다. 금모벌 형님은 서쪽 지경의 큰 도시 요동성으로 갔다. 그곳에서 이름을 떨치고 있는 한인漢人 화공 장고유와 맞먹는 그림방을 일으키겠다며 내게도 "너도 큰 뜻을 품고 열심히 화업을 닦아!"라고 말씀하셨다. 국경을 넘어 화북華北 서쪽 끝 화염산 근방에 있다는 거대한 석불사로 가보겠다는 형님도 있었다.

대발고는 한덕 어른의 바람대로 무덤 속 그림을 다시 그렸다. 홀로 들어갔다 나오기를 여러 차례 하였지만 무엇을 어떻게 하고 있는지는 내게 말하지 않았다. 물론 말 없는 가운데 교감하는 것이 있었기에 나 역시 그에게 무엇을 그리고 있는지 묻지 않았다. 우리네 그림쟁이들의 관습대로 화업을 잇게 될 발고의 마음을 편안케 하고자 더 이상 무덤 속 그림에 관여하지 않았다. 발고는 그림방 막내로 들어온 지 두 해째인 새불리를 무덤 안으로 데리고 들어갔다. 새불리는 붙임성 좋고 활달할 뿐만 아니라 눈치도 있어 입을 닫아야 할 때를 아는지라 발고를 돕기에 알맞았다. 발고의 성격으로 보아 아마 무덤 안에서는 둘 사이에 거의 말

이 오가지 않았으리라.

한보 어르신의 무덤 문이 닫힌 뒤, 나와 여러 동생들은 그림방을 나왔다. 발고는 내가 떠나면 의지할 데가 없다며 남아달라고 눈물까지 비치며 말했지만 이것은 우리 그림쟁이 세계의 관습이기도 하니 어쩌랴. 나로서도 방법이 없는 일이다. 평소처럼 짐짓 발고의 어깨를 두드리면서 껄껄 웃고 시원스런 걸음으로 그림방 문간을 뒤로 했다. 나는 국내성으로 잠시 들어왔다가 압록수를 건너 매포의 대실사大室寺로 왔고 두 동생은 수도 평양으로 갔다. 중실모루는 금모벌 형님처럼 서쪽으로 떠났다. 요동성으로 갈 생각이라고 하였다. 대왕의 부름을 받고 화사가 된 발고 곁에는 막내 새불리만 남았다. 새 화사 발고는 내 스승을 뛰어넘는 작품을 선보이며 한 시대를 풍미할 것이다. 어릴 때부터 곁에서 지켜보았지만 그는 타고난 재능을 지녔다.

새로 주지가 된 대실사 혜가스님은 큰 귀족 우씨 집안의 발원發願을 받아들여 본전本殿 좌우에 금당 두 채를 더 짓기로 하고 새 금당의 장엄

237

을 내게 맡기겠다고 하셨다. 재주가 모자라 맡을 수 없다며 뜻을 거두어 달라고 여러 차례 스님께 말씀드렸다. 그러나 스님은 여래에 대한 믿음으로 되지 않는 일은 없으니 재주 없음을 걱정하지 말라고 말씀하셨다. 결국 반강제로 일을 떠맡게 된 나는 식음을 전폐하고 여래 앞에서 열흘 동안 기도만 했다. 모름지기 적어도 3년은 걸릴 새 금당의 건축과 장엄이라 아예 터 닦기 전부터 절에 들어와 살기로 했다. 작은 호자로 불리는 혜가스님에게서 깨달음의 진리에 대해 더 듣고 깨우침을 얻는다면 새 금당의 장엄은 내 손을 빌리지 않더라도 저절로 이루어지지 않을까 하는 생각이 들었다. 절 장식은 절 사람이 되어야 제대로 할 수 있으리라 여기자 마음이 편해졌다. 어느 순간 나도 출가할지도 모르겠다는 생각이 드니 어쩐 일일까. 밖에는 눈이 그칠 줄 모르고 내린다. 눈으로 온 세상이 하얗다.

| 새불리 | 드디어 한보 어르신 무덤 문이 닫혔다. 정말 힘든 시간이었다. 어르신의 시신을 모신 널을 무덤 안에 넣기 사흘 전에야 간신히 대받고 스승의 새 그림이 마무리되었다. 텅 빈 무덤 속은 말 그대로 적적하기 이를 데 없었다. 내가 제일 싫어하는 분위기이다. 천장 뚜껑돌을 닫기 전에는 무덤이라기보다는 엄마의 품처럼 아늑한 맛이 있어서 그나마 좋았는데, 천장을 덮고 무덤방 위에 흙까지 올리자 느낌이 달라졌다. 무덤 안에 등잔불을 몇 개 켜놓고 손에는 관솔불 막대를 쥐고 스승 가까이 붙어 있는 동안에도 문득문득 차가운 기운이 옷깃 사이로 스며들었다. 작은 소리로 "에잇, 이 악한 기운아! 물러가라!"고 여러 번 외쳤

■ **좌** 각저총 널길에서 본 널방 | **우** 평양 내리 서북총 널길 폐쇄부

지만 아무 소용이 없었다. 스승은 내 흉한 기분, 빨리 무덤에서 나가고 싶은 초조한 마음을 아는지 모르는지 한동안 무덤 안에 돌장승처럼 가만히 서 있었다.

그때부터 한보 어르신 무덤 안팎을 가장 자주 드나든 사람이 나일 것이다. 그림방의 막내로 잔심부름할 것도 많았지만 말로만 듣던 무덤 그림 그리기를 하나부터 열까지 살펴보고 배울 수 있는 좋은 기회라고 생각하니 그저 어르신과 형님들이 시키는 일만 할 수도 없었다. 온갖 핑계를 대고 틈만 나면 그림방과 무덤 사이를 오갔다. 그림방에서 무덤까지 거리가 꽤 먼데도 오갈 때마다 달음질쳤던 까닭에 발이 부르터 밤마다 남몰래 낑낑거렸다.

한보 어르신 무덤 건축은 석사 부걸 어른의 공방에서 열심히 그린 바

239

탕그림에 맞추어 차분히 준비되었다. 터 잡기와 터 닦기가 어떤 절차를 밟아 이루어졌는지는 볼 기회가 없었다. 무덤 터에 돌을 올리기 시작했을 때 가봤더니 이미 주변이 넓고 깨끗하게 다듬어져 있어 좋은 기회를 놓쳤구나 하는 아쉬움이 남았다.

다행히 돌벽을 올리기에 앞서 바닥 다지기 하는 것을 보았다. 집을 세울 때보다 더 정성을 들이는 것 같았다. 부씨 공방 막내인 친구 다마루에게 물어보니 바닥 아래에는 숯과 모래, 자갈을 층층이 깔았다고 했다. 제일 위층은 회와 모래, 고운 흙을 섞어 다진 뒤 그 위에 물을 뿌려 단단하게 만들고 배수排水를 위해 가운데는 약간 높였다고 설명했다. 역시 다마루는 눈썰미도 있고 설명도 잘하는 녀석이다.

무덤 터 주변 한쪽 모퉁이에는 일꾼들이 지게에 지고 온 듯한 크고 작은 강돌들이 크기에 따라 몇 무더기로 나뉘어 쌓여 있었다. 고운 흙도 몇 더미 있었다. 다른 한쪽에는 산에서 캐온 반듯하게 네모진 돌들도 놓

■ 무용총 앞방 벽화의 인물

여 있었다. 작은 바위 크기의 돌덩어리들은 옮기기에도 무척 힘들었겠다는 생각이 들자 나도 모르게 '쯔쯔쯧' 하고 혀를 찼다. 머리는 반백半白이지만 걸음걸이에서조차 단단함이 풍기는 부걸 어른은 늘 가까이 서서 일의 진행을 찬찬히 지켜보고 있었다. 한창 젊을 적에 나라의 석사로 임명되었던 어른은 볕이 따가워지면 작은 그늘막 안 평상 위에 올라가 반듯한 자세로 올방자를 틀고 앉아 있기도 했다. 저런 자세는 귀족 어른이나 하는 것인데?

그날 보니 부걸 어른이나 다른 일꾼들의 얼굴은 약간 굳어 있는 듯했다. 하기는 돌집을 짓는 일이든 그 안에 그림을 그리는 일이든 귀족 집안의 일은 제대로 하지 않으면 뒤탈이 크니, 다시 손볼 일이 없도록 완벽하게 끝내야만 한다. 그런 얘기는 그림방 형님들이 내게 누누이 강조하는 것이기도 하다. "새불리야! 절대 덤비지 말고 꼼꼼히 해야 해. 무슨 일이든 마찬가지야. 마음에 꼭 새겨두거라!"

무덤 건축의 새 역사를 쓴 석공들의 이야기

| 석사 부걸 | 한보 어르신의 쉼터 짓기에는 다른 때보다 공력을 배로 들였다. 어르신은 내가 직접 그린 돌집 밑그림을 보시더니 크기를 줄이라고 하셨다. 어쩔 수 없이 한씨 가문의 다른 무덤보다 작게 지었지만 그렇기에 정성을 더 기울이기로 마음먹었고 또 그렇게 했다. 그분은 이 나라에서 가장 존경받아야 할 분이고 나 또한 그분께 받은 은혜가 크고 깊다!

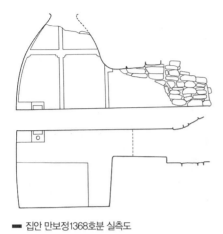

■ 집안 만보정1368호분 실측도

여전히 돌방의 천장 쌓기가 고민거리였다. 이번에도 그냥 익숙한 평행 쌓기를 할까 생각했다. 그러나 아무래도 한보 어른의 인품과 덕망에 걸맞게 천장이 하늘처럼 깊고 넓게 보이는 둥근 천장고임이 낫겠다 싶었다. 이런 천장 쌓기는 아마도 국내성에서는 우리가 최초로 사용한 방법일 것이다.

젊은 시절 요동에서 들어온 석공 자대청으로부터 들었던 경험담을 마음에 두었다가 공방 뒤뜰에서 여러 차례 연습하며 터득한 기법이다. 올바른 계산법과 기법을 깨치려 무진 애를 썼던 기억이 지금도 생생하다. 아직 석사가 되기도 전인 한보 어르신 선친 때 스승이 허락하신 이 공법으로 국내성의 한 귀족 집안의 무덤 천장을 쌓아본 것이 처음이었던 것 같다. 몇 차례 경험이 더 쌓인 터라 같은 고임이지만 좀 더 나은 방식으로 잘 쌓을 수 있을 듯했다. 다 마무리된 지금은 마음이 편하고 뿌듯하다.

늘 그래왔지만 내 맏제자 여휼은 아무리 생각해도 믿을 만한 인물이다. 내가 오래전부터 허리를 자유롭게 쓰지 못하는 탓에 이태 전부터는 직접 천장 쌓기에 나서지 않고 있다. 게다가 올 들어서는 밑그림 그리기도 힘에 부친다. 하여 여휼에게 이 일들을 모두 맡겼더니 과연 그는 기대를 저버리지 않았다. 내가 만든 옛 그림으로 미리 공부하게 하고 천장 쌓기에도 여러 차례 나를 따라나섰지만 홀로 일하게 한 것은 이번이 처음이다. 그럼에도 여휼은 초보에게는 까다로울 법한 둥근 천장고임 밑그림 그리기를 이틀밤 만에 끝마쳤다. 아침에 눈도 붙이지 않고 치수까지 넣은 밑그림을 내게 가져왔기에 보았더니 선이 맵고 뚜렷하여 한 치의 오차도 보이지 않았다. 젊은 시절 내가 그렸던 그림보다 나으면 나았지 조금도 못하지 않았다. 속으로 감탄을 거듭했지만 내색하지는 않고 미소를 띠며 고개만 끄덕거렸다. 여휼은 사람들을 적절히 부려가며 돌 고르기와 다듬기, 천장 쌓기까지의 모든 공정을 맡아 작정한 기일 안에 끝마쳤다. 천장 쌓기를 마칠 때쯤 내 공방도 여휼에게 맡길 때가 되었다는 생각이 들었다. 오늘 공방의 여러 제자들이 보는 앞에서 내 손때 묻은 공구함을 여휼에게 전해주었다.

| **여휼** | 스승께서는 아직 기력이 있으신데도 공방의 어른 자리를 내게 맡기셨다. 앞서 그 일가가 되는 마지막 절차로 스승의 외동딸 연생과의 혼례도 치렀다. 혼인으로 모든 일정을 마무리한 스승께서 부씨 가문 장인들의 혼이 깃든 공구함을 내게 건네셨다. 여전히 부족하기만 한 내가 국내성 제일 가는 부씨 공방의 11대 두목이 된 것이다. 스승으로부터 공구함을 건네받자 한보 어르신 무덤의 둥근 천장 쌓기를 맡았을 때처럼 가슴이 벅차 숨쉬기가 어려웠다. 눈시울도 뜨거워지고 말도 나오지 않았다.

홀로 둥근 천장 쌓기에 나서기는 그때가 처음이었다. 한순간도 방심

243

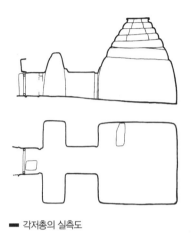
■ 각저총의 실측도

하지 않으려 애썼고 다행히 밑그림대로 잘 마무리되었다. 감히 내가 앞에 나서서 그런 큰일을 맡으리라고는 생각지도 않았다. 스승은 때가 되었다고 하시면서 둥근 천장 쌓기 작업을 처음부터 끝까지 나 혼자 맡아 끝내라고 하셨다. 그동안 많은 가르침을 받고 일터도 여러 곳을 따라다녔지만 막상 내가 책임지고, 그것도 가장 어렵다는 부씨 가문만의 기술인 둥근 천장 쌓기를 맡아 하려니 눈앞이 캄캄했다. 역시 스승 부걸 곁에 붙어 이런저런 소리를 들으며 일할 때가 좋았다는 생각이 들었다. 책임자가 되어 일터로 가니 이전과 다르기가 하늘과 땅 차이였다.

스승께 직접 천장을 쌓으라는 말씀을 듣고 곧바로 공방에 돌아와 국조國祖 주몽님께 제사 드리고 기도했다. 신모 유화님께도 치성을 드렸다. 잠깐 사이에 밤이 지나고 아침이 되었다. 다시 소반에 정한수 한 그릇을 올려놓고 하늘과 땅의 두 분 신명께 크게 절하고 기도한 뒤, 공방 곁에 있는 내 방에서 잠시 눈을 붙였다.

밑그림을 수치까지 넣어 마치는 데 꼬박 이틀이 걸렸다. 바탕 밑그림 그리기는 반나절 만에 끝났다. 그렇지만 천장 기울기와 사용될 돌의 무게에 따라 놓일 자리를 나누는 일, 돌의 무게가 모이는 지점에 흔들림이 없게 쐐기돌을 두는 자리를 셈하고 표시하는 일에 다시 하루 반이 걸렸다. 한 치의 어긋남도 없어야 하는 일이었기에 밑그림 일을 마치고 나니 갑자기 온몸에 기운이 하나도 남아 있지 않은 듯했다. 머리가 지끈거리고 눈도 빠지는 것 같았다. 물 한 모금을 마신 뒤 생각을 더듬어 보았더니, 이틀 내내 식음을 잊고 있었다. '아하, 이렇게 석사의 길을 걷게 되는구나!' 눈 붙이기 전에 마무리한 밑그림을 스승께 보여드렸다. 스승께서 "잘했구나!" 하시면서 보일 듯 말 듯 미소를 지으신다. 전에 없던 일이다.

스승께 배운 대로 벽과 천장의 바탕 흙 바르기는 약지 두 마디 두께가 되도록 두텁게 했다. 되도록 바닥이 고른 돌로 벽을 쌓고 잔돌로 틈서리를 메웠다. 그래도 여전히 눈에 거슬리는 부분이 있었다. 전체적으로 편안한 느낌을 주려면 회 다듬기에 더 손끝을 모을 필요가 있었다. 잘게 썬 짚을 넣어 잘 버무린 진흙으로 틈서리를 메웠다. 그런 다음 회를 섞은 흙으로 벽과 천장이 반듯해 보이도록 정성 들여 다듬었다. 역시 둥근 천장 다듬기는 만만치 않다!

처음 회옷 입히기를 할 때는 찰떡처럼 잘 붙으라고 공방의 비법대로 다마루가 진하게 고아낸 해초풀로 회를 비볐다. 첫 덧입히기의 회에는 백산 근처에서 얻은 횟돌을 구워 가루를 내고 여기에 옥저 땅 동해의 조개껍질 가루와 참나무 태운 재, 약간의 참숯가루를 함께 썼다. 회옷

■ 환문총 널방 천장의 모습

입히기를 마친 뒤에는 공방으로 돌아와 이틀에 걸쳐 회옷 덧입힐 준비를 했다.

　일하는 동안 아침저녁으로 유화님과 주몽님께 치성 드리기를 잊지 않았다. 몸과 마음을 깨끗이 하기 위해 음식도 가렸다. 덧입힐 회에 쓸 백회는 더욱 곱게 찧고 갈았다. 조개껍질도 새색시 볼에 묻힐 분을 갈듯이 곱게 갈았다. 다마루에게는 손칼과 다른 소소한 도구들을 깨끗이 씻어 손질해놓게 하였다. 그런 다음 사흘째 되는 날 새벽에 치성을 드리고 곧바로 회옷 덧입히기에 들어갔다. 처음부터 끝까지 내가 직접 나서서 다마루를 손발로 삼아 일하였다. 이틀걸이로 작업을 마치기까지는 잠깐씩 물만 마시고 침식을 그쳤다. 곁에서 잔심부름을 도맡아 한 다마루가 큰 도움이 되었다.

| **다마루** | 스승 곁에서 겪어보니 무덤 집짓기에서는 회옷 다듬기가 가장 어려운 일이었다. 스승도 다른 작업에 비해 회옷 덧입히기 준비에 정성을 기울였다. 여휼 선생님이 나를 따로 부르셔서 회옷 다듬기는 새색시 시집가는 날 마지막 분단장과 같은 것이니 손과 마음을 모아야 한다고 말씀하셨다. 연지, 곤지 찍기 전에 분단장이 제대로 되어야지 볼과 이마의 홍점도 잘 먹고 빛이 난다고 하셨다. 속으로 '그러면 회분 바르기라고 해야겠네. 나중에 새불리에게도 하나도 빠짐없이 말해줘야겠다'고 생각했다.

바탕 바르기와 덧입히기를 할 때는 회옷 반죽도 공구 준비도 모두 내게 맡기셨지만 이번에는 그렇지 않았다. 나는 몇 가지 잔심부름만 했다. 회분에는 옥저 큰 바다 조갯가루 백회를 썼다. 선생님은 회반죽에 회분과 깨끗한 물, 나는 이름도 모르는 풀을 쓰시는 듯했다. 물은 회분 바르기에 들어가는 날 새벽에 나를 데리고 마을 밖 15리 길 골짜기로 가셔서 신모 유화님 사당 앞 작은 샘에서 직접 떠오셨다. 풀은 언제 마련했는지 공방 별실에서 따로 내오셨다. 내가 쑤었던 우뭇가사리 풀도 아니고, 색돌가루 버무릴 때 섞어 쓰던 개가죽 풀도 아니었다. 스승이 내온 풀은 맑고 은은한 빛이 났다. 언젠가는 저 풀에 대해서 알게 되겠지 하면서도 못내 그 정체가 궁금했다. 스승에게 따로 물어보지는 않았다. 새불리 같으면 제 스승에게 묻고 또 물었겠지. 그만 물으라고 해도 또 물을 녀석이니까.

여휼 스승님은 평소대로 회분 바르기에는 큰 그릇이나 가구의 옻칠에 쓰는 넓고 편평한 붓을 쓰셨다. 선생님의 넓적붓은 백산담비 꼬리털

247

■ 집안 모두루총 널방 벽의 모습

로 만들어졌다고 한다. 부여 명마 꼬리털로 된 붓도 가지고 계시다. 나는 틈을 보아 붓마다 어떻게 다른지 자세히 살펴봤지만 아직 눈썰미가 부족한 나로서는 그게 그것처럼 보일 뿐이다. 무슨 짐승의 꼬리털인지 갈기털인지 알 길도 없고 가르쳐줄 이도 없다. 언젠가 스승께서 말씀해 주실 날이 있겠지.

노령 족제비털이건 졸본 고라니털이건 나도 한번 제대로 된 넓적붓을 가지고 회분 바르기를 해보고 싶다. 그러려면 스승님이 하시는 일을 하나도 놓치지 말고 눈으로 익히고 마음에도 새겨야겠지. 몇 해가 걸릴지 몰라도 때가 될 때까지 기다려야 한다. 전에 일했던 경험으로 보아 빨리 끝날 것 같았던 회분 바르기가 아침나절에 시작되어 해질녘까지 꼬박 하루나 걸렸다. 스승님도 그랬지만 나 역시 종일 무덤 안에 있어야 했다.

| **여휼** | 아내와 함께 스승이 건네준 밑그림들을 정리했다. 한참 그림 종이들을 하나씩 훑어보다가 바닥에 깔린 것 중에 둥근 천장과 비슷하나 쌓아올리며 결을 나누는 방식이 뚜렷이 다른 천장 쌓기 밑그림이 눈에 띄었다. 이 그림을 빛이 밝은 곳으로 옮겨와 자세히 들여다보았다. 다른 자작나무껍질 종이의 얼룩이나 빛바랜 정도와 견주어보니 부걸 어른이 나라에서 석사로 막 부름을 받을 즈음에 만든 것인 듯했다.

자척杼尺 표시로 보아 지난번 마무리한 둥근 천장 쌓기 무덤보다는 규모가 작은 것에 쓰인 것이 틀림없었다. 머리에 짚이는 것이 있어 방에 돌아와 더 찾아보니 같은 크기의 무덤을 잇달아 짓고 천장 쌓기를 한 듯 비슷한 밑그림이 한 장 더 있었다. 돌들을 층층이 안으로 물려 쌓되 네모진 벽에서 올라올 때 모서리를 슬그머니 죽여 층마다 둥근 팔각이

■ 각저총 널방 천장고임 벽화의 하늘세계

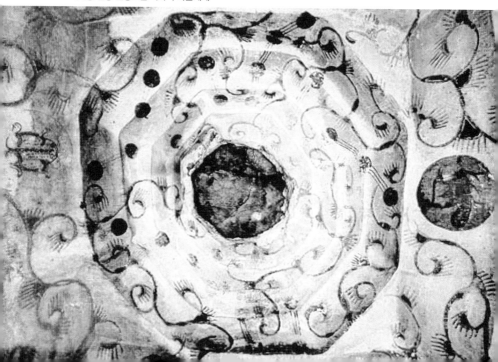

되도록 한 것이었다. 안으로 물려 쌓으면서 줄어드는 정도가 층마다 달랐다. 층마다 높이도 일정하게 줄어들도록 셈을 해놓았음을 각각의 층 치수만으로도 한눈에 읽어낼 수 있었다.

　벽과 천장고임 전부에 회를 입혔는지 뒤에 덧붙여진 또 다른 작은 밑그림 종이 두 장에 바닥과 벽을 마무리하는 데 쓰는 재료, 마무리 순서, 방식을 치수와 함께 세세하게 적은 글과 그림이 있었다. 스승이 젊을 적 만든 밑그림인 것이 확실했다. 치수 글이나 그림에는 선마다 힘이 실렸고 빠르게 흐르는 맛도 있다. 문득 내가 새로 그릴 밑그림에도 이런 기운과 기상이 실릴 수 있을까 하는 생각이 들었다. 역시 대가가 될 사람은 처음부터 다른가?

※

　모처럼 기장밥으로 저녁을 마친 뒤 잠시 눈을 붙인다는 것이 그만 깊은 잠에 빠지고 말았다. 깨어보니 아내도 곁에서 정신없이 자고 있다. 털가죽 겉옷을 하나 더 걸쳐 입고 공방으로 발걸음을 옮기다 하늘을 보니 아직 달은 남아 있지만 샛별도 또렷이 빛을 보낸다. 썰렁한 공방에 호롱불을 넣고 부걸 어른이 남긴 밑그림 종이들을 다시 펼쳐본다.

　눈에 힘을 주고 들여다보니 밑그림의 겹층 천장 무덤은 크기는 작아도 안이 넓도록 셈을 잡았음을 알아챘다. 이 그림 하나에도 젊을 적 부걸 어른의 넓은 마음과 큰 뜻이 옹골지게 담겨 있다는 생각이 들었다. 가만히 그림과 마주하고 있으니 내 가슴팍을 떠미는 듯한 강한 기운이

■ 집안 하해방31호분 널방의 천장고임

밑그림 속에서 뻗어나오는 것 같다.

　작은 밑그림들 뒤쪽에 살짝 덧댄 또 한 장의 그림에 두 무덤에 사용된 돌의 크기, 개수, 회와 숯, 조갯가루, 고운 흙과 거친 흙, 굵은 모래와 가는 모래의 양이 각각 셈되어 있었다. 이런 꼼꼼한 밑그림대로 지었다면 무덤 집은 무척 튼튼할 것이었다. 말 그대로 산이나 바위처럼 수백 년이 아니라 수천 년도 버틸지 모른다. 나도 그런 무덤 집을 지을 수 있을까? 누가 억지로 무너뜨리지만 않는다면 천 년에 천 년을 더해도 견뎌낼 그런 단단한 무덤을 남길 수 있을까? 어느새 해모수님이 동녘의 큰 메 위로 모습을 보여주신다. 주몽님도 저 해모수님과 함께 계셔 당신의 빛살로 고구려 사람들을 어루만지고 계신다. 아내 연생이 아침을 준비하는 듯 부스럭거리는 소리가 들린다.

'주몽신이시여, 제게도 부걸 어른만큼 좋은 눈, 바른 손, 억센 팔다리를 허락하소서. 우리 고구려 사람의 눈썰미와 손재주를 이 큰 대나벌과 큰 강 압록수와 요수 너머까지 널리 알릴 수 있게 하소서. 둥근 천장 무덤을 손끝으로 다듬어 올릴 수 있게 하시고 스승이 꿈꾸며 내게 이루라고 전하신 우리 고구려 사람만의 모줄임 천장도 이 두 손, 두 눈으로 맞추며 쌓을 수 있게 하소서.'

| **다마루** | 마침내 긴내고을 큰 어른께서 여휼 스승님께 당신의 무덤 집 짓기를 부탁하셨다고 한다. 긴내고을 주인 천씨네가 부씨 공방 새 두목 여휼님께 집안 어른의 저 세상 살 집을 지어달라고 하신 걸 보면 우리 스승이 이 근방에서 벌써 이름이 높아졌나 보다. 대씨 공방 새불리가 그곳 형님들에게 얻어 듣고 내게 해준 얘기로는 500년을 버텨왔다는 국내성의 대성大姓 귀족 집안에 드러내놓고 맞서지는 못하더라도 긴내고을 천씨 가문이 고구려 귀족 대가의 이름에 오르내리기 시작한 지도 얼추 10대에 이른다고 한다. 더욱이 그 집안의 장사치들은 아득한 서쪽 끝

━ 집안 장천고분군 원경

의 나라들부터 동해 큰 바다 건너 섬나라까지 손이 닿지 않는 곳이 없어 저들의 덕을 보지 않은 고구려인 찾기는 마구간 큰 섶 더미에서 바늘 찾기보다 어렵다고도 한다. 내가 생각해도 대단한 집안이다!

여휼 스승님은 긴내고을에 다녀온 그날 연생마님과 몇 마디 나누시더니 내게 짐을 꾸리라 하셨다. 그러고는 한숨 돌릴 틈도 없이 곧바로 공방을 나서며 내게 잰걸음으로 따라나오라 하셨다. 언제나처럼 어디로 가는지 무얼 하실지 말이 없으시니 나는 그냥 뒤를 부지런히 따를 뿐이었다. 가는 방향을 보니 긴내고을 쪽은 아닌 듯했다. 나는 새불리에게 기별도 못했다. 내일쯤 스승이 말미를 주면 대씨 공방으로 만나러 갈 참이었는데….

| **새불리** | 그림방에 다른 식구 없이 스승과 둘이서만 지내니 너무 심심하다. 그림이야 계속 배우지만 형님들에게 국내성 귀족들 이야기, 평양 대궐 사람들 이야기, 주몽대왕, 유화 신모 이야기 같은 것을 듣고 나면 심부름할 힘도 생기곤 했는데, 이제는 그럴 일이 없다. 발고 어른은 늘 나를 따뜻하게 대해주신다. 그래도 그림방 생활이 이전 같지는 않다. 그나마 어쩌다 마실 삼아 동녘마을 부씨 공방에 들르면 다마루라도 있어 놀기라도 했는데, 엊그제 가봤더니 다마루도 없고 여휼 어른도 없다. 연생마님과 마님을 돕는 아이 연이뿐이다.

소문에 긴내마을 큰 어른이 저 세상 살 집을 지을 때가 되었다 했다. 혹 부씨 공방이 그 일을 맡았을까? 예전에 형님들 말로는 천씨 집안에서는 지난 두 대에 걸쳐 멀리 평양에서 사람을 데려와 무덤 집을 지었

253

다고 했다. 이번에도 그럴 거라는 소문이 저잣거리를 돌았는데, 어찌 되었는지 모르겠다. 나날이 위세가 달라지는 천씨 집안이니 이제 와서 국내성 공방에 집안 어른의 무덤 집짓기를 맡기지는 않을 것이 확실하다. 다마루는 조심스레 아닐지도 모른다 했지만 그것은 주워들은 것도 없이 한 말인 듯싶다.

예전에 아저씨뻘인 해우로 큰 형님이 그림방 큰 칸에서 말하는 것을 듣기로는 내가 태어나기 훨씬 전에 국내성의 큰 공방들은 대부분 대왕과 큰 귀족 집안들을 따라 새 수도 평양으로 터를 옮겼고 우리 공방과 부걸 어른의 공방만 남쪽으로 내려가지 않았다고 했다. 게다가 원래 여러 공방들이 터를 잡았던 국내성 바깥으로 공방을 다시 옮겼다고 했다. 그런데 남으로 내려가지 않은 국내성 귀족들은 무덤 집 지을 때 슬그머니 평양으로 간 공방에 맡기고는 시치미를 떼기도 했다며 형님들이 분을 냈었다.

마당 구석에도 금이 쌓여 있다는 긴내마을 천씨 집안에서 과연 새 두목인 여휼 어른에게 무덤 집짓기를 맡길까? 연생마님은 다마루가 스승을 따라 백산 골짜기로 들어갔다 나올 참이라고 했는데 무슨 일인지 알 수가 없다. 그나저나 이렇게 되면 한 달 보름은 다마루 얼굴을 못 볼 텐데 어쩌지? 어깨를 늘어뜨린 채 땅바닥만 바라보며 발걸음을 돌리는데 문득 연생마님이 쑥보생이떡 한 덩이를 보자기에 싸 괴춤에 찔러준다. 정신을 한데 팔고 있던지라 깜짝 놀랐다. 마님이 소리 내어 웃으시며 다마루 없어도 또 놀러 오라고 하신다. 나는 눈길을 올려 마님을 쳐다보다가 냅다 부씨 공방 언덕배기를 달려 내려왔다.

언덕 아래에서 다시 숨을 고른 뒤 천천히 공방 가는 길로 들어섰다. 다마루가 그럴지도 모른다고 했지만, 천씨 집안에서 여휼 어른께 새 무덤 집 짓는 일을 맡긴다면 그 안에 그림 그리는 일은 발고 어른께 부탁하지 않을까? 평양성에는 화사도 여럿 있다지만 국내성에서 대왕께 화사직을 받은 이는 발고 어른밖에 없으니 일을 맡길 만도 하다. 암 그렇고 말고!

■ 수산리 벽화분 널방 벽화의 시종과 시녀

무덤집 그림을 맡기는 것은 나라님 소관이 아니지만 정말 좋은 그림을 무덤 집에 남겨 그 효험을 자손만대에 보고 싶으면 내 스승께 맡겨야 할 것이다. 그렇지 않으면 한씨 집안처럼 어디서 그런 좋은 징조를 다시 얻겠는가. 한씨 집안뿐 아니라 대씨 공방 무덤 집 그림으로 집안에 좋은 일이 생겼다는 귀족 가문이 어디 한둘인가. 해우로 큰 형님도, 금모벌 형님도 우리 공방이 요동에서 이름이 자자하다고 말했었다. 발고 어른은 아무 말도 안 했지만 말이다. 아무튼 그 일이 우리 그림방에 맡겨지면 다마루와 손발을 맞추며 또 몇 달은 즐겁게 일하며 보낼 텐데…. 그나저나 이놈이 제 스승을 따라 백산 쪽으로 갔다니 오늘은 이런 이야기조차 들어줄 사람이 없구나. 당분간 마실 나갈 데도 없으니 나도 스승처럼 서역 그림이나 보고 있어야겠다. 다마루가 빨리 돌아왔으면 좋겠다.

255

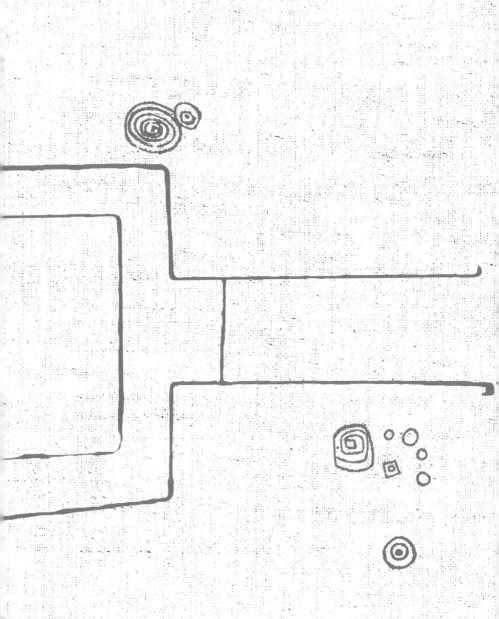

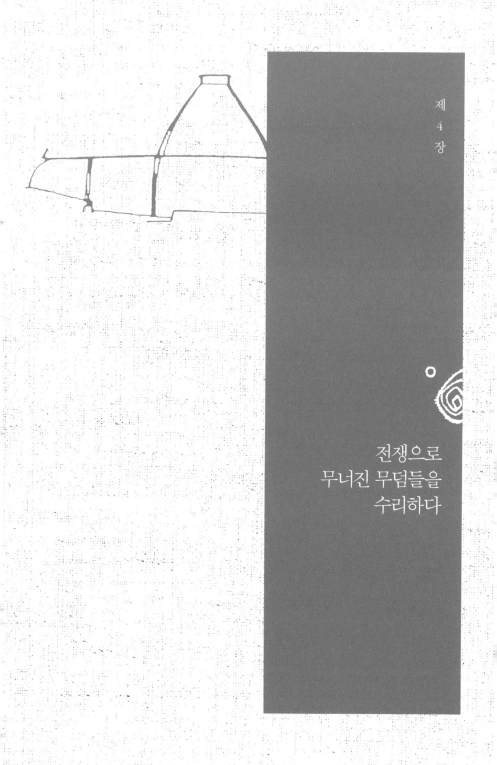

제
4
장

전쟁으로
무너진 무덤들을
수리하다

이윤호가
써내려간 잃어버린
역사의 고리

집안에 온 것도 벌써 세 번째이다. 이번에도 숙소는 집안 빈관으로 정했다. 여전히 작고 조용한 국경도시 분위기를 벗어나지 못한 집안에서 그나마 외국인이 머물기에 적합한 곳은 여기뿐이다. 이 빈관은 개혁 개방 전에는 중국 공산당 간부의 초대소로 쓰였다고 한다. 아마 일제 강점기에 아즈마 일행이 머물렀다는 빈관도 이곳일 것이다. 그래도 세 번이나 우리 일행을 맞게 되어서인지 빈관의 지배인은 우리를 무척 반가워했다.

실크로드 특별전을 준비하던 1991년 늦봄, 길림성 장춘에서 열린 아시아사학회 한국측 간사 일을 추가로 맡게 되면서 처음 중국에 왔다. 그러나 그때는 고구려의 옛 수도 국내성의 도시 집안에 와서도 한국의 쟁쟁한 학자들을 모시느라 무슨 유적이 보고 싶다느니 누구를 만나고 싶다느니 하는 말은 꺼내지도 못했다. 안내자들은 일정에 잡혀 있는 유적지를 방문하는 동안에도 가까이에서 자세히 살펴볼 시간은커녕 세부사진을 찍는 것도 통제했다. 국경도시 특유의 경계의식 때문인지 우리 일행의 개별 행동은 아예 처음부터 허락되지 않았다.

학예사 생활 6년째인 1993년 봄, 세 번째로 집안을 방문하게 되었다. 박물관 자체 프로그램으로 진행하는 집안 고구려 유적 현황 조사 2년차 사업 때문이었다. 일행이라고는 박물관 선배 이 형과 사진작가 박 형까지 셋뿐이어서 일정도 자유롭게 조정할 수 있었고 현지 학자들이나 전문가들과의 접촉도 용이했다. 우리 박물관과 길림성박물관의 공동사업으로 진행되고 있어 현지 관리들도 편의를 봐주는 편이었다. 선임인 이 형의 동의 아래 유적 현황을 조사하는 낮일이 끝난 저녁시간에는 조선족 가이드 김씨의 도움을 받아 내가 집안에서 만나 이야기를 듣고 싶은 사람들과 개별적인 만남을 갖기로 했다. 혹 다른 일이 생길지도 몰라 약속이 성사된 날에는 이 형이 동석해줄 것을 미리 부탁해놓았다.

✿

집안에 오자마자 가이드 김씨에게 만남을 주선해달라고 부탁했던 사람은 고태일의 메모에 등장하는 조선족 이윤호와 친구 만대복의 일가이거나 두 사람에 대해 아는 인물이었다. 이윤호는 문화혁명기에 중국의 고구려 유적을 조사한 인물이었으므로 그와 관련된 사람을 만날 수 있다면 그에 대한 다른 정보를 더 얻을 수 있으리라는 기대도 있었다. 김씨는 부지런히 두 사람을 아는 이를 수소문해보았지만 우리의 현지 일정이 끝나갈 즈음까지 아무도 찾지 못했다. 1960년대 중반 문화대혁명의 불길이 달아오를 때 이미 중년에 접어들었던 두 사람이 그때까지 생존해 있는지, 이후에 집안에서 살았는지도 모르는 상태에서 이들과 관련된 정보를 찾는다는 것은 쉽지 않은 일이었다. 더욱이 1960년대부터 중국 산동과 하북의 농민들이 새 농토를 얻으러 동북 지역으로 대거 이주하면서 집안의 인구도 크게 늘었다고 한다. 그러니 본래 이 지역에 살던 토박이라도 지난 수십 년 동안 이 땅 사람들의 출입에 대해 제대로 아는 사람을 찾기는 어려울 터였다.

2차 유적 조사를 끝내기 이틀 전이었다. 일과를 마치고 저녁식사도 끝낸 뒤 빈관 숙소에서 가져온 믹스커피로 이 형과 커피를 한잔하고 있는데, 전화벨이 울렸다. 김씨였다. 사람을 찾았다는 것이다. 빈관으로 같이 왔다는 말도 덧붙였다. 나와 사전 약속을 한 것도 아니고 장소와 시간을 정하지도 않은 채 무작정 사람을 데리고 온 것이다. 전화받는 도중 약간 어안이 벙벙한 표정으로 이 형을 쳐다보자 전화기 속 목소리가 하도 커서 통화내용을 다 듣게 된 이 형도 나와 같은 표정을 지었다. 어쨌거나 기다리고 있던 소식이요 만남인지라 이 형과 함께 곧바로 빈관 로비로 내려갔다.

김씨가 데려온 사람은 만대복의 큰아들이었다. 벌써 마흔 줄에 접어든 것처럼 보였으나 실제 나이는 20대 후반이었다. 세월을 되짚어보니 이윤호가 집안을 처음으로 방문한 뒤 얼마 안 가 만대복이 장가를 들어 아이를 낳았다면 지금의 만씨 나이쯤이리라는 짐작이 들었다. 만씨는 부친이 자신이 중학교를 마칠 무렵 결핵으로 갑자기 세상을 떴고 그 뒤부터 자신이 농사를 짓고 짐승을 잡아 집안의 생계를 책임졌다고 했다. 그는 조선족 아저씨 이윤호에 대해 비교적 뚜렷이 기억하고 있었다. 어린 만씨를 귀여워해주어서 자신도 따랐던 아버지 친구로 집안에 몇 차례 왔고 그때마다 자기 집에서 묵었다고 하였다. 만대복이 세상을 뜬 뒤에는 한 번 정도 더 집에 들렀고 그 뒤에는 아예 소식이 끊어졌다고도 했다. 이런저런 말을 나누던 중 만씨가 갑자기 아버지가 이윤호의 것이라며 남긴 보따리가 있는데 한번 보겠냐고 했다. 우리는 함께 만씨의 집으로 향했다.

🍁

만씨는 이윤호가 더 이상 이 세상 사람이 아닌 게 확실하다고 말했다. 그러면서 이 보따리를 버리려던 참이었다며 내게 안겨주더니 가져가라고 했다. 만씨가 건네준 이윤호의 보따리를 펼치니 안에는 얇은 책자 여러 권과 서류봉투 하나가 들어 있었다. 일제강점기에 만주국에서 발간된 듯한 길림 일대의 지방지 3권, 해방 후 조선족 자치주에서 출간된 한글본 역사책과 역사교본, 역사인물전기 각 1권, 비망록으로 보이는 노트 1권, 메모 뭉치를 담은 듯 보이는 작은 서류봉투 하나가 다였다. 내용물을 본 뒤 이 보따리를 받을지 말지 판단이 서지 않아 한참 머뭇거렸다. 가이드 김씨는 무엇이 문제냐는 표정이었고 같이 갔던 이 형도 괜찮지 않겠냐며 만씨가 진짜 보따리를 버리면 다음에 와도 볼 수 없을 것이라고 하였다. 혹시나 하며 가지고 갔던 작은 생필품 선물꾸러미를 만씨에게 건네고 그 집을 나왔다.

숙소에 돌아와 다시 한 번 보따리를 펼치고 내용물을 살펴보았다. 얼핏 보기에 책자들에는 별 내용이 없는 듯했다. 아무래도 눈길이 가는 것은 서류봉투의 내용물이어서 서둘러 봉투를 열어보았다. 예상대로 봉투 안에 든 것은 한 뭉치의 메모였다. 여러 크기의 누런 종이에 연필로 쓴 메모는 주로 고구려 유적에 대한 것으로 조사하던 시점의 상태에 대한 묘사가 주였다. 가끔 토기조각의 무늬나 기와편의 명문銘文에 대한 것도 있었는데, 당시 내가 알고 있던 내용에서 크게 벗어난 것은 눈에 띄지 않았다. 며칠째 낮 시간에 강행군을 한 탓인지 메모지들을 한 차례 훑어보고 별 다른 것을 찾아내지 못하자 갑작스레 피로가 몰려왔다.

마지막 날 일정을 예정보다 늦게 마무리하고 심양(중국 요녕성 선양)으로 향하는 차에 올랐다. 10시간 이상이 걸리는 길이라 차 안에서 배낭 안에 따로 넣어두었던 이윤호의 노트를 펼쳐보았다. 일지나 비망록일 거라는 짐작과 달리 고구려 멸망의 언저리를 소설 형식으로 정리한 글이었다. 글을 읽으면서 글쓰기 방식이 고태일과 많이 닮았다는 생각이 들었다. 그때까지 알아낸 바로는 두 사람이 직접 연락이나 서신을 주고 받은 적은 없었다. 서로 알 기회도 없었음이 거의 확실한데, 두 사람의 글은 마치 둘 사이에 어떤 교감이 있었던 것처럼 유사한 점이 많았다. 물론 내용이나 주제는 다르지만 왠지 느낌이 서로 닿았다. 무슨 이유에서일까? 나는 고개를 갸우뚱거리며 글을 계속 읽었다. 길이 좋지 않아 차가 심하게 흔들렸지만 중국에서는 여러 차례 겪은 일인 데다 하나에 정신이 팔리면 다른 것은 잊는 성격인지라 글 읽는 데는 아무런 문제가

263

되지 않았다.

⁎

이윤호 역시 고구려와 발해의 유적을 답사하고 이런저런 역사 기록들을 유적과 관련시켜보면서 역사적으로 실제 일어났던 사건을 고증하기가 매우 어렵다는 사실을 절감한 듯했다. 접근도 어렵고 이해도 잘되지 않는 역사적 실재를 되살리는 길을 찾고 찾다가 선택한 방법이 반半픽션이랄까, 일종의 다큐멘터리였던 셈이다. 이런 점에서 이윤호는 고태일보다 앞서 유적·유물을 통해 역사적 상상력을 엮어내는 방법으로 역사를 재현해보려 했다는 생각이 들었다. 비록 고태일이 이윤호의 노트 글을 보지는 못했을지라도 역사논문 대신 역사소설에 가까운 글로 역사적 실재와 만나려 했다는 점에서는 이윤호의 뒤를 따라간 것이나 마찬가지가 아닐까 싶었다.

집안에서 돌아온 지 두 달여 동안은 밀린 사무실 업무와 고구려 유적 2차 조사 보고서 준비로 바쁘게 보냈다. 이윤호의 보따리를 다시 펼칠 엄두는 아예 내지도 못했다. 다행히 그해 가을로 예정된 특별전의 전시팀에는 참여하지 않았으므로 여름에 접어들자 박물관 일 외에 조금씩 다른 일에 신경 쓸 수 있을 정도의 여유를 가질 수 있게 되었다. 다시 이윤호의 보따리를 열어 메모를 세세히 살펴보고 노트의 글도 또 한 번 읽어보았다. 연필로 쓰여 내용이 보이지 않게 된 부분도 있었다. 그렇지만 이윤호의 문장은 내 것은 말할 것도 없고 고태일의 글보다 훨씬 매

264

■ 집안 환도산성 원경 _ 최종택

끄럽게 흐른다는 느낌이 들었다. 아무래도 이윤호는 노트 글 이전에도
몇 차례 습작 소설 같은 것을 쓰지 않았을까 싶었다. 교사 시절에도 이
런 종류의 글을 여러 차례 썼을지도 모른다.

　'무덤지기 한마루 이야기'로 제목을 붙여도 될 듯한 이 글은 668년
가을, 평양성이 함락되어 고구려 멸망이 기정사실화될 무렵의 국내성
지역의 역사를 그리고 있었다. 화자는 한마루라는 국내성 안팎 무덤지
기의 대장이다. 당나라 대군의 공격을 받아 요동 지역 성들이 함락되고
평양성 안팎도 불바다가 되자 국내성 일대는 피난민으로 넘쳐나게 된
다. 고구려를 다시 세우려는 부흥군과 당나라군이 밀고 당기는 사이에

▬ 산 위에서 바라 본 집안 환도산성 남벽

국내성도 폐허가 되었다. 더 이상 국내성에서 버티며 살기 어렵다고 판단한 한마루는 한 무리의 고구려 사람들을 이끌고 압록강 상류 지역으로 피난을 떠난다.

피난민들은 몇 차례 더 터전을 북쪽으로 옮긴 뒤에야 마을을 이루고 안정을 찾는다. 그러나 마을 사람들은 이곳 젊은이들이 부흥군에 합류하고 당군이 마을까지 이르는 등 곡절을 겪다가 당군에 붙들려 강제로

266

국내성에 되돌아와 살게 된다. 요동과 한반도의 정세가 어지러워지면서 당군이 국내성 지역에 대한 통제를 포기하고 떠나자 한마루는 얼마 남지 않은 주변 사람들을 이끌고 국내성을 나온다. 그리고 마침내 옛 긴내고을(장천고을) 근처에 한내마을이라는 새 마을을 일군다.

세월이 흘러 난리의 기운이 가라앉자 한마루는 마을 청년들과 함께 옛 긴내고을의 훼손된 고구려 귀족 무덤들을 수리하기 시작한다. 장천 5호분으로 불리는 대형 돌무지무덤을 다시 손보고 벽화고분인 장천1호분과 장천2호분도 수리를 시도한다. 무덤을 수리하다가 장천1호분과 장천2호분의 무덤칸 안쪽까지 들어가보았던 한마루의 수양아들 한부리는 화려하고 아름다운 데다 기이하기까지 한 벽화에 마음을 빼앗긴다. 그는 무덤을 수리하는 동안 국내성 가까이로 내려와 염모벌의 모두루총과 환문총, 하해방31호분 안에도 들어가보게 된다. 한부리의 가슴속에서 귀족들의 무덤에 벽화를 그렸던 아버지 돌뫼의 기질과 의지가 씨앗을 틔우기 시작한다. 한마루는 한부리에게 고구려의 이두와 한자를 모두 가르친 뒤 넓은 세계로 나가 자기 길을 찾도록 마을 밖으로 내보낸다.

나는 글의 뒷부분을 읽으면서 뭔가 이상하다고 생각했다. 이윤호가 이 글을 쓰던 1960년대 중반에는 장천 고분군이 무덤별로 내부까지 조사되지 않은 상태였다. 내가 조사한 바로 당시에는 집안 일대 고구려 무덤의 소재가 파악되면서 무덤별로 번호만 매겨졌다. 이때는 통구평야의 비교적 큰 무덤들 몇 기만 내부 조사가 이루어졌다는 보고서도 읽었다. 더욱이 장천 고분군의 조사는 빨라야 1970년대 말에 이루어졌다. 그렇다면 이윤호는 1970년대에 이 글을 정리하여 만대복에게 맡겼다는 이야기인가? 집안에서 만난 만씨가 이윤호의 얼굴을 마지막으로 본 것은 1970년대 중반 정도이지만 그때의 이야기 내용으로 볼 때, 이윤호의 보따리는 만씨가 더 어릴 때 만대복에게 맡겨진 것이 틀림없다! 그렇다면 이윤호와 만대복은 중국 학자들의 공식적인 조사가 이루어지기 전에 장천1호분, 장천2호분의 안에 들어가본 셈이다. 혹 두 사람이 이들 벽화고분 안에서 유물을 포함한 다른 자료들도 보거나 가지고 나왔던 것은 아닐까? 여러 가지 상념이 머리를 스쳤다.

한마루 이야기를 한 번 더 읽고 난 뒤 나는 이 글을 사무실의 컴퓨터에 담아두기로 했다. 노트에 연필로 쓴 글이라 복사해도 제대로 읽기 어려운 이유도 있었지만, 혹 내가 이윤호의 글을 언젠가 세상에 알려야 할지도 모른다는 생각이 들었기 때문이다. 마침 이 형이 주말 당직 때 일이 생겼다면서 걱정을 내비치기에 바꾸어 서주기로 했다. 나도 그럴 일이 생기면 부탁할 수 있게 되었으니 서로 좋은 일이다. 그러지 않아도 주말에 사무실 컴퓨터를 쓸 참이었다.

월요일 아침까지 꼬박 이틀 동안 내내 컴퓨터 자판을 두드렸다. 타자병으로 군대생활을 보낸 덕분에 타자 속도는 수준급이다. 그러나 고태일의 글씨와 달리 이윤호의 것은 연필로 쓴 것인데도 행서처럼 조금 흘려쓴 탓인지 단어를 알아보기 어려운 부분도 있었다. 게다가 세월이 흐르면서 흑연이 날아가 글자가 사라진 부분도 있어 타이핑 중에 멈칫거리는 시간도 적지 않았다. 어쨌든 밤새 한마루 이야기를 모두 입력하고 박물관 앞 광장으로 나왔다. 나름 마음먹었던 큰일, 오랜 기간 숙

제처럼 여겨졌던 일 하나를 마쳤기 때문일까? 월요일 새벽 세종로의 공기가 여느 때보다 더 맑아졌다는 느낌이 들었다. 이번 겨울에는 고태일과 이윤호의 글에 내 글까지 더해 뭔가 작품 같은 것을 한번 만들어볼까!

1

무덤지기
한마루 이야기

당나라군의 국내성 장악과 강제 이주

평양성에서 사람들이 왔다. 도읍이 함락되었단다.[1] 당나라 군대가 성 안에 들어와 왕궁을 약탈하고 귀족들의 집에 들어가 금은 귀물과 비단, 문적文籍 등을 빼앗아갔다고 한다. 당나라군이 곳곳에 경비를 서고 해가 지면 아무도 다니지 못하게 했지만 밤마다 이곳저곳에서 큰불이 났고, 급기야는 왕궁도 불타버렸다는 것이다. 당나라군은 왈자들이 성안의 질서를 어지럽힌다며 몇몇을 붙잡아 문초하여 불을 질렀다는 사실을 자백받고 저자 네거리에서 목매달아 죽였다고 한다. 그렇지만 평양에서 온 을소의 말로는 정작 저잣거리에서는 당나라군 일부가 장수들의 허락을 받고 왕궁에 불을 질렀다는 소문이 돌았단다. 그렇다면 왈자들만 억울하게 죽임을 당한 셈이다.

을소네들이 오기 전부터 이곳 국내성도 분위기가 어수선했다. 대막리지 남생 나리가 성을 들어 당에 항복하는 바람에 당의 장수가 이끄는 군대 수백이 국내성에 들어와 막사를 짓고 머물렀다. 본래 국내성을 지키던 군사가 아닌 외지 출신 고구려군은 당나라군 앞에서 무기를 내려놓고 각기 자신이 살던 곳으로 돌아갔다. 하루아침에 고구려의 국내성은 당나라 땅이 되고, 우리 고구려 사람들은 당나라 사람이 되고 말았다.

을소네들은 국내성에 들어오자마자 붙잡혀 옥에 갇혔다가 달포 만에 풀려났다. 아마 윗사람들로부터 평양성에서 일어난 일이나 북으로 오면

---

1 6세기 중엽에서 7세기 중엽에 이르는 기간, 고구려는 백제의 부흥, 신라의 성장, 중국 남북조시대의 종결 및 통일세력의 등장 등 국제질서의 큰 변화와 마주하게 된다. 특히 통일을 이루어 자국 중심의 국제질서를 재정립하려는 수·당의 압박에 시달린다. 이와 같은 국제질서의 재조정기에 고구려는 귀족연립정치를 펼쳐 나가면서 지방분권화 상태에 들어간다. 이로 인해 사회 내부의 통합력은 느슨해지고, 신라를 비롯한 주변세력에 대한 영향력도 상실하게 된다. 이런 과정을 거치면서 고구려의 국력은 서서히 와해의 길을 걷는다. 당시의 국제정세는 동북아시아의 기존 질서가 해체되고 수·당을 중심으로 새롭게 재편되고 있었다. 그러나 고구려는 오히려 구질서의 복원에 관심을 보인다. 동아시아의 중심으로 자리 잡아가던 수·당이 동북아 지역질서에 개입하고 이에 고구려가 강경 대응을 하면서, 동북아시아는 격렬한 국제전에 휘말리게 된다. 수·당과 거듭 대립하고 충돌하면서 고구려의 내부 결속력은 지속적으로 약화된다. 급기야 백제를 무너뜨린 나당연합군의 협공이 시작되자, 주몽의 건국 선언 이래 700여 년의 역사를 자랑하던 고구려는 역사의 무대에서 사라진다.

2 665년 고구려의 권력자 연개소문이 죽자 큰아들 연남생(634~679)이 대막리지가 되었다. 그러나 그가 국내 순행에 나간 동안 두 동생 남건과 남산이 정변을 일으켜 형을 쫓아냈고 연남생은 국내성과 주변 수십 성을 들어 당에 항복했다. 당은 667년 가을 이적을 총사령관으로 하는 대군을 일으켜 고구려 정벌에 나섰고 신라군은 평양성을 목표로 남에서 북으로 진격했다. 668년 9월 당군이 평양성 밑에 이르렀다. 신라군의 전투부대와 군량부대도 평양성에 도착했다. 고립된 상태로 당군과 신라군을 맞은 평양성은 오래 버티지 못하고 함락되었다. 보장왕(재위 642~668)과 대신귀족들을 포함한 수만 명이 포로로 잡혀 당의 수도 장안으로 끌려갔다. 그러나 요동 방어성들의 고구려군과 당군 사이의 전투는 670년까지 계속되었다.

서 겪었던 일에 대해서는 아무 말도 말라는 지시를 받은 모양이었다. 그러나 이들이 아니더라도 이렁저렁 어디선가 흘러나온 이야기가 저잣거리를 돌다가 마침내 내 귀에도 들어왔다. 임금님과 높은 귀족들, 내로라 하던 부자들이 당나라군에 붙잡혀 당나라행 큰 배를 탄 이야기, 당나라군이 노략질을 일삼고 부녀자들을 겁탈했다는 이야기, 노예로 내다팔 요량으로 젊은 남녀들을 붙잡아 줄로 엮어 배에 태운 이야기, 평양과 압록수 사이의 폐허가 된 성과 마을들, 인적이 끊어지다시피 한 평양성 주변 이야기…. 그로 인해 성 안 분위기가 요 며칠 사이에 많이 무거워지고, 사람들의 낯빛도 어두워진 듯하다. 날도 꽤 추워져 인적도 드물어졌다.

평양 소식 외에도 하루가 멀다 하고 우리 고구려 사람들이 겪는 온갖 가슴아픈 이야기들이 저잣거리와 여염집 안팎을 오갔다. 억장이 무너지는 이야기도 많았다. 더 무서운 건 국내성을 향한 피난민 행렬이 끊이지 않고 늘어난다는 사실이다.[3] 이곳 국내성은 요수 동쪽, 압록수 이북 지역으로 이번 전쟁의 참화를 겪지 않은 몇 안 되는 큰 도시이다. 그뿐 아니라 집도 많고 인구도 많으며, 겨울에는 가장 따뜻한 곳이기도 하다. 그래서인지 압록수 하류 쪽 사람들만 아니라 멀리 요동벌 크고 작은 성

---

3 연남생이 국내성과 주변 수십 성을 들어 당에 항복한 까닭에 당과 고구려의 마지막 전쟁이 벌어진 뒤에도 국내성 일대는 전쟁의 참화를 입지 않았다. 당군은 요동 방어선의 최북단에 있던 부여성과 그 일대를 함락시킨 뒤 부여성에서 국내성에 이르는 교통로를 장악했다. 그로 인해 요동 방어선의 주요 성들로부터 후미를 공격당하지 않은 채 압록강을 건너 평양성을 향해 곧바로 진격할 수 있었다.

에 살던 사람들도 보따리들을 짊어지거나 머리에 인 채 앞서거니 뒤서거니 기를 쓰고 이곳 국내성을 찾아왔다.

대막리지 나리 처소에서는 피난 온 백성들을 모두 성 안에 들여야 한다는 얘기가 나왔다고 한다. 그러나 당의 장수는 땔감과 양식이 빠듯하니 성 밖에 사람을 두고 먹을거리만 조금씩 보내주라고 했다는 것이다. 원래 이 성을 다스리던 이는 남생 나리지만 지금은 당의 장수가 성주나 마찬가지였다. 그런 상황에서는 잘 곳도 마땅치 않고 먹을 것도 부족한 피난민들이 얼기설기 움막을 짓고 그 안에 들어가 웅크리며 버티다 결국 매서운 겨울바람을 이기지 못하고 굶어 죽거나 얼어 죽을 것이 뻔하다. 요동벌만큼은 아니어도 이곳 겨울 추위도 만만치 않다. 게다가 올해는 눈도 많이 내릴 것 같다.

━ 집안 삼실총 제1실 벽화의 공성

평양 길을 앞장섰던 남생 나리 일행이 국내성에 돌아온 지 얼마 되지 않아 당나라군의 호위를 받으며 성문을 빠져나갔다. 당의 장안으로 떠났다고도 하고 영주로 갔다고도 한다. 당나라 왕의 명을 받고 갔다고도 하고 좋지 않은 일로 붙잡혀 갔다고도 한다. 어쨌든 남생 나리가 고구려 땅에 남아 있지 못하게 하려는 의도인 듯하다. 더구나 국내성은 전쟁을 겪지도 않아 멀쩡한 데다 500년 동안 우리 대고구려의 큰 도읍이 아니던가.

이래저래 남생 나리마저 국내성을 비우자 점령군인 당나라 군인들의 억지도 심해지고 고구려인이 저들에게 대들다가 곤욕을 치르는 일도 빈번히 일어난다. 저잣거리에 왈자나 평범한 백성들이 목매달려 늘어진 채 이목을 끄는 일도 적지 않다. 민심이 자꾸 흉흉해진다. 한겨울에 접어들자 성 밖에서 버티던 피난민 가운데 얼어 죽고 굶어 죽는 이들의 숫자도 급격히 늘어나고 있다. 흉흉한 소식이 성 안팎을 넘나들자 당나라군은 성 밖에서 장을 열지 말고 성 안 사람들은 피난민들과 왕래하지 말라는 포고문을 내걸었다.

---

4 당군의 고구려 정벌에 동원되어 길잡이 역할을 했던 연남생은 고구려 멸망 후 당 고종으로부터 작위를 받고 평양성, 요동성, 신성으로 잇달아 옮겨 설치되었던 안동도호부에 머물다가 사망하였다. 보장왕은 요동도독 조선왕으로 봉해져 요동성, 신성의 안동도호부에 머물며 말갈과 함께 고구려의 부흥을 도모하는 군사를 일으키려다가 발각되어 장안으로 소환되었다. 681년 양주로 유배되었던 보장왕은 682년 사망하여 장안에서 장사되었다. 연남건, 연남산은 평양성 함락 뒤 당의 검주(현재의 사천성)로 유배되었다가 그해 사망하였다.

이것이 말도 안 되는 소리라는 것은 당나라군도 잘 알 것이다. 대도읍인 국내성 주변의 벌과 골짜기마다 온통 마을이고, 이제는 피난민 오두막들이 마을 사이에 또 마을을 이루었는데, 어찌 사람이 살아가는 곳에 장이 열리는 것을 막을 것인가. 저들도 이를 잘 알면서 윗사람 눈치를 보느라 이런 포고문을 내걸었으리라.

피난민들의 오두막은 대부분 무덤지기들의 마을이나 묘막墓幕 가까이에 세워졌다. 마을 근처는 오두막들이 들어서기에 터가 좁아 마을 사람들과 사소한 일로 다투게 되니 서로에게 좋을 게 없었다. 이런저런 이유로 양지바른 묘막비탈 아래에 터를 잡을 수밖에 없었던 것이리라. 처음에는 무덤지기들이 모시고 돌보아야 하는 대성 귀족들의 무덤에 가깝다며 오두막을 무너뜨리고 세간들을 내던지며 피난민들을 쫓아내기도 했다. 그렇지만 가만히 생각해보면 같은 고구려 사람들이요, 가족을 잃고 터를 빼앗긴 겨레붙이가 아닌가. 무덤지기들 사이에 연장자인 내가 나섰다. 묵은 밭이나 물 대기 어려워 갈다 만 개간지 같은 곳을 피난민에게 내주어 등이라도 비비게 해주는 것이 좋겠다고 했다. 모두 그러자고 고개를 주억거렸다.

그러나 이를 계기로 빈 땅에는 어딜 가나 움막 마을들이 만들어지게 되었다. 국내성 바깥에 세워진 이런 마을들이 어림잡아 100여 곳은 된다. 사람 수로 헤아리면 국내성 인구가 두 배는 늘어난 것 같다. 물론 이 사람들은 모두 국내성 호구장적戶口帳籍에 들어 있지 않다. 앞으로도 들어갈 리 없는 뜬 호구들이다. 나라가 망했으니 장차 호구장적은 또 누가 챙기리오. 당의 관리가 붙잡고 손보려고 해도 제대로 기장記帳되려면 적

■ 집안 만보정 고분군 전경

지 않은 시일이 걸리지 않겠는가.

봄이 되자 당나라군의 기찰譏察이 심해졌다. 남생 나리와 수하들이 당
으로 붙잡혀간 뒤 국내성 관리 가운데 관모가 벗겨진 사람이 한둘이 아
니다. 얼마 전에는 귀족들과 공장이들, 항오行伍에서 장수의 막하幕下로
발탁되었던 새끼 장수들, 국내성에서 내로라하던 부자들과 이들의 가
족으로 이루어진 큰 무리가 소 수레에 온갖 짐을 쟁여 싣고 국내성 성
문을 나섰다. 당나라군이 행렬의 앞뒤를 호위하였다. 소문에 따르면 이
들이 요수 서쪽의 큰 도읍 영주로 옮겨간다고 한다. 영주는 요동 사람들
사이에도 널리 알려진 당나라의 큰 도시로 온갖 물산이 드나든다는 곳

이다. 거란족이나 해족奚族, 말갈족의 큰 거리가 있고, 예전 우리 고구려가 수나라, 당나라와 전쟁할 때 잡혀갔던 고구려인들도 큰 무리를 이루어 도시 한쪽에 자리 잡고 산다고 한다. 그러니 그곳으로 옮겨간 국내성 사람들이 터 잡고 살기에 큰 어려움은 없을 것 같다. 그러나 조상의 무덤들이 있고 수백 년 인연 맺고 살아온 땅을 뒤로 한 채 천리 길 서쪽, 고구려 땅도 아닌 낯선 곳으로 강제 이주 당하는 셈이니 어찌 심란하지 않겠는가. 이제 우리 같은 평범한 사람들도 당나라로 끌려가는 것 아닌가 하는 생각이 들자 입맛이 가시고 잠도 달아났다.

각지에서 일어난 반란과 폐허가 된 마을

이제 국내성은 반쯤 폐허가 되었다. 설마설마하던 일이 이곳에서도 일어나고 만 것이다. 당의 장수가 몇 차례에 걸쳐 국내성의 세력가들, 장인들을 붙잡아 영주로 보내고 한밤중에 소란을 피웠다는 이유로 왈

---

5 평양성의 함락에도 불구하고 요동성, 안시성 등 요동지역의 방어성들은 당군과 계속 전투를 벌였다. 670년 4월 검모잠은 왕족 안승을 왕으로 세우고 고구려 부흥운동을 일으켰다. 내분으로 검모잠을 죽이고 신라에 투항한 안승은 보덕왕에 임명된 뒤 신라와 당 사이에 전쟁이 벌어지자 신라군을 지원하기도 했다. 고구려 유민들이 대거 당으로 강제 이주된 뒤인 676년 신라와 당 사이의 전쟁이 일단락되면서 고구려 부흥운동도 일단 막을 내린다. 이후 695년 5월 영주에서 이진충이 이끄는 거란족 반란이 일어나면서 고구려 유민들이 다시 움직이기 시작하여 걸걸중상, 대조영, 걸사비우가 이끄는 무리가 요하를 건너 요동으로 돌아오면서 제2의 부흥운동이 막을 올린다. 천문령 전투에서 당군을 크게 격파한 대조영은 백두산 동쪽 동모산 아래에서 '진震'의 건국을 선언하면서 후에 발해로 불리는 제2의 고구려를 세우는 데 성공한다.

자 수십 명을 저잣거리에서 목매단 뒤 마침내 일이 터져버렸다. 밤사이에 흑건 매듭에 누런 깃을 꽂은 젊은이들이 성내 동편 당나라군 무기고를 습격해 군사 10여 명의 목을 베고 무기를 탈취해간 사건이 발생한 것이다.

아침녘에 성내가 발칵 뒤집혔고 당의 장수가 머리에 흑건을 썼거나 모자에 누런 깃을 꽂은 고구려 사내들을 모두 잡아들이라는 명을 내렸다. 흑건은 고구려 사내들이 편하게 쓰는 상투 가림막 같은 것이고 누런 깃은 절풍折風(고깔 형태의 관모)을 쓰는 낮은 귀족들이 가장 좋아하는 장식이다. 그러니 이 명령은 고구려 남자들을 모조리 잡아들이라는 말이나 다름없었다. 그 바람에 이 거리 저 거리에서 볼 일을 보던 평범한 사내들 수백 명이 영문도 모른 채 붙잡혀 옥에 갇히고 문초를 받게 되었다.

그날 저녁에는 성의 서편 무기고가 털렸다. 다음 날 저잣거리에 몇 사람의 목이 날아갔다. 그날 밤, 일이 터지기 시작한 지 셋째 날 밤에 흑건 패들이 옛 궁성 안에 자리 잡고 있던 당나라군 본영을 습격하였다. 이 사건으로 당의 장수는 해를 입지 않았지만 국내성에 주둔 중인 당나라군의 반 이상이 죽거나 다쳤다. 처음 국내성에 들어온 당나라군이 수백에 불과했고 이들 중 반 정도가 남건 나리 일행을 장안으로 보내거나, 성안 세력가와 부자들을 영주로 옮길 때 호위군이 되어 성을 떠났다. 이런 까닭에 흑건패의 습격이 있을 즈음 성 안에 남아 있던 당나라군의 숫자는 얼마 되지 않았다. 당나라군은 성에 들어온 뒤 오래지 않아 백성들 가운데 농토 없이 머슴을 살거나 시장판에서 궂은일을 도와주고 숙식을 해결하는 떠돌이들 가운데서 힘깨나 쓰는 사내들을 병사로 뽑아 당나라 군복을 입혀 성 곳곳의 경비를 서게 하였다.

그러나 그렇게 당나라 군사가 된 고구려 사람들은 처음부터 신통치가 않았다. 낮에도 술에 취해 성벽 근처를 어슬렁거리며 이곳저곳 기웃거리기 일쑤였다. 말이 통하지 않는 당의 군관들과 다투다가 매 맞고 옥살이하는 경우도 다반사였다. 어떤 말썽꾼들은 당의 군관 몰래 사람들이 성 안팎을 드나들며 물건을 사고파는 일을 도와주고 구문口文을 받기도 하였다. 이들 가운데 어떤 자들은 처음 무기고가 털릴 때 당의 군복을 벗어던지고는 흑건패에 가담했다고 한다.

당군 본영이 습격당할 때 옛 궁성 곳곳에 불이 났다. 궁성 근처의 관청들과 귀족 저택들도 불길에 휩싸였다. 영주로 붙잡혀간 귀족들의 집은 당나라군이 모은 재물을 쌓아두거나 당의 군관들이 머무는 숙소로 쓰였는데, 아마 이런 곳들도 흑건패의 습격을 받았던 것 같다. 밤사이 많은 집들이 불타고 당나라군이든 고구려 사람이든 많은 이들이 죽거나 다쳤다. 아침이 되자 간신히 살아남은 당의 장수는 수하들을 시켜 아직 불길의 해를 입지 않은 궁성의 다른 건물들과 궁성 바깥 관청, 대저택들에도 불을 놓게 하고 국내성을 빠져나갔다. 당장唐將의 뒤를 따르는 당나라군은 채 100명도 되지 않았지만 모두가 기병인 데다 무기도 잘 갖추고 있어 고구려 평민들은 집 담장 뒤나 한길 아래에서 저들의 떠나는 모습을 쳐다볼 뿐 어떻게 할 엄두를 내지 못했다.

군대가 떠난 뒤 국내성은 이전에는 겪지 못한 큰 혼란에 빠졌다. 당군을 미처 따라가지 못했지만 그들의 지시를 충실히 따르고 백성 앞에서 위세를 부리던 고구려 관리들이 광기를 띠며 소동을 피우는 무뢰배들에게 붙잡혀 두들겨 맞고, 심지어 목숨을 잃는 일이 일어났다. 성 밖에 머무를 수밖에 없었던 피난민들도 당군이 떠났다는 소식을 듣고는 성 안으로 쏟아져 들어왔다. 성이 관리나 군인들의 통제를 받지 않게 된 것을 알자 저들 가운데 일부는 여전히 불길이 가시지 않은 궁성으로 들어가기도 하고 관청이나 귀족, 부호들의 저택에 몰려가 기물을 부수거나 재물과 곡식을 찾아내 바깥으로 실어날랐다. 아무도 이들을 말리지 못했다. 관리였던 자들은 보따리를 싸서 성 밖으로 달아나기에 바빴다. 평범한 백성들은 자기 집과 가족들을 지키기 위해 몇 사람씩 힘을 모아 무장하고 무뢰배들이 자기 동네에 접근하지 못하게 막느라 애썼다.

방화와 약탈은 열흘 만에 진정되었다. 흑건패가 앞에 나서 폭도들을 진정시키고 백성들 가운데 십장, 오십장, 백장을 뽑아 10호, 50호, 100호 단위로 경비를 서고 행정을 보게 하였다. 일찌감치 불길을 잡았던 남건 나리의 저택에 흑건패의 본부가 설치되어 국내성 일대의 치안을 맡게 되었다. 그러나 실제 흑건패의 힘은 국내성 안에서만 위세를 떨칠 뿐이었다. 국내성 바깥에서는 그나마 옛 국내성 마을에만 그것도 낮에나 흑건패의 힘이 미쳤다. 밤이 되면 그들의 말을 듣던 자들도 모두 성 안으로 들어갔으므로 국내성 바깥은 무법천지가 되었다. 곳곳에서 왈자들이 여러 패를 이루어 서로 영역 다툼을 벌였다.

피난민들은 자꾸 늘어났다. 압록수를 건너 북으로 오는 자도 많았는데, 하나같이 국내성으로 향했다. 성 안에는 새로 온 이들이 빌붙을 곳이 없었으므로 성 밖의 요동 피난민들의 움막 마을을 피해 터를 잡아야 했다. 벌이 넓지 않고 그나마 밭주인들이 두 눈 시퍼렇게 뜨고 지켜보고 있었으므로 새 피난민들은 묘막들을 밀어내고 국내성 대성 귀족들이 조상 대대로 묻혀온 옛 무덤떼 근처에 옹기종기 움막을 지어 새 마을을 이루었다.

전쟁에 나가지 않고 남아 있던 대성 귀족들의 일가붙이들이나 부호 가문의 사람들이 가을밭에 무 뽑히듯 영주로 옮겨지고, 전쟁에 나갔던 이들은 돌아오지 않았으니 이런 집안의 무덤지기 외에는 무덤떼를 지킬 자도 없었다. 귀신 붙을까 봐 무덤을 깔고 앉지는 않았지만 당장 거처할 땅뙈기조차 없는 피난민들로서는 무덤 곁이든 강둑이든 가릴 처지가 아니었다. 어느샌가 국내성 바깥은 무덤과 움막이 한 마을을 이룬 이상한 모습이 되고 말았다.

■ 일제강점기 집안 국내성 전경

당나라 군대가 돌아왔다. 쫓기다시피 성을 떠난 지 채 두 달이 되지 않아 당의 장수는 2천에 가까운 많은 군사를 거느리고 국내성으로 돌아왔다. 그간 국내성의 질서를 잡으려 안간힘을 쓰던 흑건패는 서둘러 성을 빠져나갔다. 두 달 전 100명 정도의 군사들이 주둔하고 있을 때는 야간 무기고 습격 등으로 그들을 위협하는 것이 가능했지만, 지금 2천이나 되는 군대를 당해낼 재간은 없었다. 아무리 고구려 백성들에게 무기를 쥐어주며 성을 지키는 전투에 내몬다 하더라도 결과는 뻔하리라 판단했음에 틀림없다. 결국 국내성은 다시 당나라의 손 안에 들어갔다.

당나라군은 민호들을 동원하여 국내성의 피난성인 환도산성丸都山城부터 헐게 하였다. 난공불락을 자랑하며 국초 이래 우리 고구려의 오랜 역사가 어려 있던 환도산성 입구 쪽 성벽 부분이 모조리 헐려나갔다. 성 안의 임시 궁성과 저택, 창고뿐만 아니라 전각에 별도로 보관되어 있던 온갖 기록들, 역대의 문서들이 불태워지거나 사라졌다. 성왕의 갑주甲冑와 보물들도 당나라 장수의 막사로 옮겨졌다. 산성 안이 삽시간에 시랑豺狼(승냥이와 이리를 아울러 이르는 말)이나 드나드는 적막한 세상이 되어버렸다.

성 안에 살며 성을 수리하고 관리하던 사람들은 국내성으로 옮겨 살게 하였다. 산성 밑의 대귀족 무덤들도 파헤쳐졌다. 동원된 민호들은 액厄을 당한다며 무덤 파헤치기를 두려워하고 거절하였다. 그중 몇몇은 붙잡혀 매질을 당한 뒤 옥에 갇혔고, 또 다른 사람들은 국내성 바깥에 세워진 거대한 생구 우리에 넣어졌다. 그래도 사람들이 '하늘이 벌을 내릴 것'이라고 두려워하면서 무덤 파기를 꺼리자 당나라군은 국내성 바깥의 피난민들 가운데 거란족과 해족 사람들을 찾아내 음식과 옷가지로 회유하며 이런 험한 일에 나서게 하였다.

　큰 무덤 근처 피난민의 오두막 마을들은 모조리 파괴되었다. 당군은 압록수 건너 넓은 벌에 방목장처럼 커다란 말뚝을 박은 우리를 여러 개 만들었다. 그러고는 그 안에 피난민들을 나누어 들어가게 하고 함부로 드나들 수 없게 입구마다 경비를 세웠다. 사람이 짐승처럼 우리 안에 갇혀 살게 된 것이다. 국내성 안의 민호들도 대거 성 바깥으로 내몰렸다. 쫓겨난 이들은 마을 사이사이에 임시 처소를 짓고 그곳에서 지내게 되었다. 조만간 이런 민호들 가운데 장정들은 모두 요동벌 너머로 데려간다는 소문도 돌았다. 곧 나 같은 사람들도 붙잡혀가리라는 생각이 들었다.

　이미 무덤지기를 다스리던 말단 관리직은 그만둔 지 오래지만 그래도 절풍에 깃 꽂고 살던 사람이니 국내성 생활은 이제 어렵겠다는 판단이 들었다. 한밤중에 가족과 이웃 몇 집을 아울러 남부여대男負女戴한 채로 이곳을 벗어나는 수밖에 별 도리가 없을 듯했다. 조상들의 무덤을 두고 이 땅을 떠나야 한다고 생각하니 마음이 착잡했다. 하지만 당군의 행패가 갈수록 극심해지고 나라를 되찾겠다고 일어선 사람들의 이야기도 들리는 상황이니 국내성도 조만간 전란에 휩쓸릴 것은 불보듯 뻔한 일

6　서대총을 비롯한 국내성의 왕릉급 대형 돌무지무덤들은 이때 파괴되고 도굴당했을 것이다. 대형 돌방무덤들은 널길이나 널방 천장부의 덮개돌만 깨거나 내려뜨리면 내부로 쉽게 들어갈 수 있었기 때문에 외형적으로는 큰 손상을 입히지 않고도 그 안의 물건들을 약탈할 수 있었다.

■ **상** 집안 환도산성 북벽 _최종택 | **하** 집안 환도산성 궁전지 _최종택

이다! 피비린내가 진동하기 전에 이곳을 떠나는 것이 상책이 아니겠는가. 봄기운이 푸른 이파리들에 자리를 내줄 무렵 나는 이웃들과 한 무리를 이루어 국내성을 떠났다.

압록수를 거슬러 오르는 쪽으로 길을 잡았다. 당군이 압록수 상류 쪽으로는 기찰을 나가지 않으니 뒤를 쫓길 일은 없었다. 백산까지는 못 가더라도 백산 계곡으로 이어지는 깊숙한 골짜기까지 들어갈 참이었다. 그곳에는 버려진 옛 마을들과 오랜 옛날 고구려가 시작될 때 조상들이 쌓았다는 성도 있다. 비록 많이 못쓰게 되었다고는 하지만 손보면 들어가 지낼 만한 성채城砦를 찾을 수 있을 것 같았다. 임강을 지나 인적이 끊어진 지 오래인 옛길의 흔적을 찾으며 작은 물길을 따라 골짝 깊숙한 곳, 그중 벌이 넓은 곳으로 찾아 들어갔다. 국내성을 떠난 지 꼬박 아흐레 만에 머물 만한 곳을 찾았다. 예전에 사람들이 마을을 이루었던 곳인 듯, 사람이 살던 흔적은 생생했지만 민호들이 마을을 떠난 지 여러 해가 족히 된 듯했다.

당과 전쟁이 시작되어 수십 년이 흐르는 동안 국내성 인근의 젊은이들은 모조리 군대에 끌려가 요동벌의 큰 성 수비에 내세워지고는 했다. 이곳 사람들은 아마 견디다 못해 솔가率家하여 백산 쪽으로 더 깊숙이 들어갔을 것이다. 나라 지키는 것도 중요하지만 일단은 목숨을 부지해야 했을 테니까. 게다가 요동벌 수비군으로 끌려간 사람치고 온전한 몸으로 돌아온 사람은 반도 되지 않았을 테니. 마을을 비우고 새 삶터를 찾아나선 사람들의 심정은 국내성을 떠나온 우리와 다를 바가 없다. 아마 백산 깊숙한 곳에 사는 사람들은 나라가 망했는지 모를 것이다.

결국은 모든 것이 전란에 휩쓸리고 말았다. 고구려를 되살리겠다고 일어선 부흥군 무리가 당군에 쫓겨 우리 마을까지 왔다. 일부는 압록수 건너로 피하고, 다른 갈래는 우리가 있는 백산 쪽으로 올라왔다는 것이다. 이제 당군이 강을 거슬러 백산 쪽으로 정탐꾼들을 보내는 한편 정예를 골라 골짝 길까지 뒤지게 할지도 모른다. 촌장으로서 마을의 안위를 위해 어떤 결정이든 내려야 했다.

50여 명에 불과한 부흥군도 군관 역할을 하던 몇을 제외하고는 대다수가 농투성이 출신인 데다 당군과의 전투에서 혼쭐이 나서인지 강 건너로 피한 부흥군 본대와 합류할 엄두를 내지 못했다. 그들은 고구려가 다시 서길 원하면서도 당군의 간섭만 받지 않는다면 산골 깊숙한 곳으로 들어가 다시 농사지으면서 예전처럼 살기를 바랐다. 백산 너머까지 당군이 밀고 들어오지는 않을 것이니 그리로 가자는 사람도 있었다. 말갈계가 많이 사는 그 땅은 오지 중의 오지여서 국내성이나 평양성 쪽과 왕래가 거의 없었다. 국명에 따라 백산 너머에 임지를 받거나 그곳으로 수자리에 나가게 되면 낙심하는 사람들이 적지 않을 정도였다. 하지만 지금 같은 전란에는 비록 나라는 망했지만 당나라 사람들이 백산 너머까지 차지하려 들지는 않을 것이라는 말이 내 귀에도 그럴듯하게 들렸다. 결국 부흥군의 군관들까지 설득하여 마을 전체가 백산 너머로 삶터를 옮기기로 하였다.

숲은 끝이 없었다. 길을 찾기도 내기도 어려웠다. 열흘 만에 숲길을 돌이켜 다시 압록수 건너편에서 거슬러 올라가는 길을 찾아보기로 하였다. 사방 천지가 곰과 호랑이, 시라소니와 이리의 소굴이어서 어른과 아이도 몇을 잃었다. 장정은 여럿이었지만 부족한 먹거리에 보탤 사냥감도 신통치 않아 강 건너 골짝에서 잠시 봇짐 내릴 곳을 찾아보기로 하였다. 골짝 깊숙한 곳에 마을이 있을 법도 했고, 가끔 풀섶에서 그리 오래되지 않은 사람의 흔적을 발견하기도 했다. 압록수 건너로 어렴풋이 보이던 고구려 사람들의 커다란 돌무지무덤들이 더 이상 보이지 않을 즈음 갑자기 강 폭이 좁아지고 깊이도 깊지 않은 곳이 눈에 띄기에 모두 강을 건넜다. 강 양편으로 펼쳐져 있는 벌의 끝자락에 해당하는 곳이어서 그 근처에서 민가 한 무리를 찾아낼 가능성은 여전히 남아 있었다.

결국 골짝 입구에서 그리 멀지 않은 곳에 자리 잡은 작은 마을을 찾아냈다. 그러나 마을은 버려진 지 벌써 10여 년은 흐른 듯했다. 이곳 사람들도 전란의 기운이 깊어가던 어느 시기에 어디론가 떠나버린 것이다. 역시 요동 수자리 때문인가? 아니면 역병이나 다른 원인으로 마을 사람들이 삶터를 버린 것일까? 그도 아니면 호환虎患 때문인가? 마을 뒤쪽에 무덤자리들이 여럿 있었지만 근래에 마련된 것은 없는 듯했다. 마을 앞으로 올망졸망한 밭들이 층을 이루어 펼쳐졌지만 버려진 지 오래여서 잡초만 무성했다. 밭을 다시 갈려면 땀깨나 쏟아야 할 듯싶었다.

부흥군 무리를 이루었던 젊은이 몇몇이 당분간 이곳에 머물자고 말했다. 다른 몇몇은 강을 다시 건너 백산 너머로 가는 길을 찾아보자고 했다. 마을 사람들은 골짝의 좀 더 깊은 곳으로 들어가보자고 했다. 서로 의견이 달라 말다툼도 일어났다. 안 되겠다 싶어 일단 달포라도 이곳에 터를 잡고 젊은이들을 몇 갈래로 나누어 주변을 살펴보게 하자며 사람들을 달랬다. 모두 짐을 내리게 하고 아직 온전한 몇몇 집을 수리하도록 했다. 부흥군 젊은이 일부는 마을 바깥을 정찰하러 내보내고, 나머지 사람들은 주변의 나무를 베어 마을회당 겸 거처로 쓸 긴 통나무집을 세우도록 했다.

여름의 초입이어서 농사짓기에 아직 늦은 것은 아니었다. 애써서 가꾸면 콩팥은 거둘 수 있고 좀 빠듯한 감은 있어도 기장과 수수도 얻을 수 있겠다 싶었다. 젊은이나 늙은이나, 남정네건 여인네건 가리지 않고 밭에서 자갈을 걷어내고, 숲에서 먹을 만한 것을 찾아 모으게 하였다. 둘레를 살피러 나갔던 젊은이들 말로 주변 100리 안에 사람의 기척을 찾기 어렵다고 했다. 당분간 당군이 들이닥칠 걱정은 하지 않아도 될 듯했다. 강 건너 백산 가는 길을 찾기는 만만치 않을 것 같다고 하니 외지로 나가지 않고 이 골짝 안에만 머문다면 적어도 몇 해 동안은 전란에 휩쓸리지 않고 살 수 있으리라는 생각이 들었다. 처음엔 백산을 넘어가 새로운 곳에서 살려 했는데, 이곳에 정착한다면 압록수 줄기를 거슬러 오르다 만 셈이 된다. 국내성으로부터 수백 리도 더 되는 곳이고 중간에 깊은 숲과 여러 골짝이 있어 세상과 쉽게 만날 수는 없으리라. 그렇지만 여기도 완전히 다른 세상은 아니니 얼마나 오래 이곳에 머물 수 있을지, 새로 뿌리를 내릴 수 있을지 알 수 없었다. 국내성에 드리운 그림자가 어느 순간 이곳까지 미칠 수도 있지 않을까? 촌장으로 마을의 이런저런 일을 살피면서도 문득문득 이런 생각이 머리를 스쳤다.

288

걱정이 씨가 된다고 하더니 마침내 우리 피난민들이 국내성과 다시 닿고 말았다. 좀 늦게 시작한 농사지만 이렁저렁 가을걷이를 바라볼 정도가 되었을 때 우리 겨레붙이 한 가족이 마을 젊은이를 따라 이곳으로 들어왔다. 국내성 동쪽 긴내마을에서 왔다고 했다. 좀 거리는 있지만 긴내도 큰 고을이어서 국내성 시절에 가끔 그곳에 갈 일이 있었다. 국내성이 다시 당군의 세상이 되자 고구려인들은 모조리 요서로 붙잡혀 가 노예로 팔릴 것이라는 소문에 우리처럼 마을을 등진 사람들이다. 여러 가족이 함께 압록수를 거슬러 임강 쪽으로 갔다가 안 되겠다 싶어 강을 건넜다고 했다. 한벌뫼 밑의 작은 마을을 찾아들까 했으나 내친 김에 골짝 안쪽 깊숙이 들어가자고 하여 결국 골짝 깊은 곳에

■ 일제강점기 추수 뒤 집안 통구평야 전경

서 새 마을을 이루었는데, 호환이 심하고 농사도 쉽지 않았다는 것이다. 이태 만에 사람만 여럿 잃었다고 한다. 게다가 전란이 쉬이 끝나지 않으려는지 군복을 입은 사람들이 아래 벌뫼 쪽에 나타났다는 소식을 듣고 곧바로 봇짐을 싸 더 북쪽으로 올라오다가 우리를 만난 것이다.

젊은이들 몇이 한벌뫼로 내려가 세상 돌아가는 소식을 알아보겠다고 나섰다. 내가 가장 걱정하던 일이다. 세상과 다시 닿으면 이곳 생활도 조만간 정리해야 하는데, 젊은이들은 그런 걱정은 아랑곳하지 않았다. 저들은 이런 산골 깊은 곳에서 밭농사와 사냥으로 근근이 먹고 살아가야 한다는 것이 진작부터 내키지 않았으리라. 이제 저들이 바깥세상과 닿아보겠다고 입을 열었으니 말려도 소용없는 일이다. 당군과의 싸움에서 크게 밀리고 다친 사람이 많았기 때문에 우리를 따라나섰을 뿐 결코 이곳에 정착할 사람들은 아니었다. 저들은 괭이로 땅을 파고 어깨로 큰 돌을 밀어내면서도 당나라 군대를 몰아내 주몽님의 나라 고구려를 다시 세워야 한다고, 그러려면 다시 세상으로 나가 한목숨 바치는 것도 마다하지 않겠다고 굳게 다짐했을 것이다. 젊은이들의 마음은 눈빛만 봐도 알 수 있다. 바깥사람들이 오지 않았어도 젊은이들 몇몇이 세상 물정을 보고 오겠노라고 입을 열 때가 곧 오리라 짐작하고 있었다.

마을 사람들과 논의 끝에 젊은이들을 두 패로 나누어 한패는 한벌뫼와 강 건너에 다녀오도록 하고 다른 한패는 골짝 안쪽 더 깊은 곳이 어떠한지 두루 살펴보도록 하였다. 열흘 말미를 주었더니 두 패 모두 제 날짜에 마을 모임에 나타났다. 골짝 안쪽으로 들어갔던 사람들은 작은 마을 하나를 더 찾았고, 사냥꾼 무리로부터 큰 재를 넘으면 푸른 바다로

■ 압록강변 골짜기로 이어진 길

가는 길을 만날 수 있다는 이야기도 들었다고 했다. 그곳 마을 사람들은 전란이 일어났다는 소식만 들었지 나라가 어떻게 되었는지는 제대로 알지 못하는 듯하다고 말했다. 한벌뫼 패는 강을 건너 임강 일대를 두루 다니며 세상물정을 살펴보았는데, 국내성의 당군은 요동으로 갔고 압록수 끝물 일대와 강 건너 요동벌 쪽에서 다시 큰 전란이 일고 있다는 소식을 가지고 왔다. 국내성에 들어왔던 당나라 군대가 요동으로 갔다는 이야기에 사람들이 수런거리기 시작했다. 그럼 국내성은 어떻게 되었다는 말인가. 모두 고개를 갸우뚱거렸다. 전란이 더 번질 것인가, 말 것인가. 전란 터가 멀리 옮겨졌다면 다시 국내성으로 돌아갈 것인가, 말 것인가.

부흥군 군관이었던 두 사람과 그들을 따르는 몇몇이 일단 국내성 쪽으로 들어갔다가 싸움에 나선 겨레붙이들과 서로 소식이 닿으면 큰 무리에 힘을 보태겠다며 마을을 떠났다. 마을 처자들과 사귀어 살림을 차리기로 약조한 젊은이 두엇과 이전 싸움에서 다쳐 몸이 성치 않은 두엇은 마을에 남았다. 그 바람에 마을이 반으로 줄고 말았다. 덩달아 마을 일에도 흥이 빠지고 김이 새는 듯했다.

다행히 그들을 보내며 얼마간의 양식을 챙겨주었음에도 가을걷이로 모아놓은 양식이 충분해 겨울 지낼 일은 크게 걱정하지 않아도 되었다. 전란이 우리 마을까지 닥치지 않기를 주몽님과 유화님께 빌어야겠다는 생각이 들어 조카뻘인 재모와 한벌에게 마을을 세우면서 제일 먼저 두 분 조상신의 사당을 다시 손보라고 일렀다.

❀

마침내 쫓겨온 부흥군의 뒤를 따라 당나라군이 마을에 들이닥쳤다. 별다른 어려움을 겪지 않고 겨울을 보낸 뒤라 모두 이 골짝을 새 고향으로 삼기로 작정하고 봄갈이, 씨뿌리기에 흥을 낼 무렵이었다. 부흥군 무리가 마을을 지나 안골 깊숙한 곳으로 들어간 지 채 사흘도 지나지 않아 당나라군 한 무리가 이들의 자취를 뒤쫓아온 것이다.

그들은 패를 갈라 한 패는 부흥군 뒤를 쫓고 다른 패는 우리에게 보따리를 싸게 했다. 그들의 말을 옮겨주는 우리 겨레붙이 한 사람이 우리가 부흥군의 뒤를 봐주는 것을 알고는 우리의 거처를 국내성으로 옮

292

기게 하려는 것이라고 설명했다. 한벌뫼 쪽 사람들도 지금 하나같이 삶터를 버리고 국내성으로 들어가게 되었다고 하였다. 한창 봄갈이를 하며 일군 터와 밭을 버리고 국내성으로 되돌아가야 하다니, 그곳에서 또 어떻게 살라는 말인가. 하지만 어떤 말로도 당의 군관을 설득할 수 없었다. 자칫하면 노예로 분류되어 요동벌 너머로 붙잡혀 갈 수도 있었다. 젊은이 몇은 당나라군 뒷바라지 양식지기가 되었고, 나를 포함하여 늙거나 어린 남녀는 국내성으로 들어갔다.

전란이 고구려 백성들을 떠돌이로 만들고 말았다. 안골 쪽에 새로 일굴 만한 밭도 적지 않고, 지난해 마을 사당과 창고, 커다란 회당도 지어놓았는데, 이 모든 것을 버리고 다시 떠나야 하다니 이 무슨 일이란 말인가! 마을 사람들의 얼굴에는 불안한 기색이 역력했다.

세간 일부를 얹은 수레를 밀고 끌며 다시 국내성으로 돌아왔다. 이제 국내성은 세 방향 성벽만 멀쩡했지 예전의 번성하던 대고구려의 큰 도읍이 아니었다. 우리 고구려의 긴 역사가 배어 있던 동방의 큰 도읍은 이제 높다란 성벽만 일부 남은 채 폐허가 되어 있었다. 초원에서 양치고 소치는 족속들과 큰 숲에 살며 사슴과 담비를 잡던 족속들 사이에 일생에 한 번은 가봐야 한다는 이야기가 돌 정도로 번성했던 큰 도읍의 모습은 온데간데없이 사라져버렸다. 그곳에 다다른 사람들은 을씨년스럽게 변한 국내성의 모습을 보고 오막살이조차 세울 엄두를 내지 못했다. 큰 전쟁을 겪으며 두 번, 세 번 성의 주인이 바뀌었으니 어느 성이라도 온전하기는 어려울 것이다.

돌아오면서 보니 성벽 바깥에 큰 진을 이루던 오두막들도 대부분 버려진 상태였다. 피난살이를 하던 고구려 사람들도 종족끼리 마을끼리 삼삼오오 모여 산지사방으로 흩어진 지 오래인 듯했다. 우리처럼 억지로 근처 산골짜기에서 붙잡혀 내려온 사람들만 다시 옛 마을들 곁을 일구고 있을 뿐이었다. 세상이 자꾸 뒤집어지니 이제 또 여기에서는 얼마나 지낼 수 있으려나 하는 걱정이 앞섰다. 새로 터를 일굴 마음도 쉬이 일어나지 않았다. 씨뿌리기도 때를 놓치고 말았으니 먹고살 일이 막막하기만 했다.

당나라군이 국내성에서 멀지 않은 산골짜기를 뒤져 그곳에 숨어 사는 고구려 백성들을 다시 붙잡으러 떠날 거라는 소식이 들렸다. 우리 무리에 남아 있던 젊은이 몇몇이 웅성거리더니 밤에 몰래 처자를 거느리고 마을을 떠났다. 내가 혹 당나라군에게 닦달을 받지 않을까 걱정이 되었는지 나에게 별다른 기별도 하지 않은 채 사라져버렸다. 이렁저렁 당나라군을 따돌리면서 새 땅을 찾기 위해 떠돌아다니기에는 역부족인 사람들만 내 주위에 남은 셈이었다. 나도 국내성에서 얼마나 더 버틸 수 있을지 자신이 없기에 오히려 무리 가운데 떠날 수 있는 자는 떠나기를 바랐다. 국내성에 남아 있더라도 당나라군이 우리에게 도움을 줄 것도 아니고 국내성이 다시 번성할 여지도 없으니 몇 번이나 이곳에서 더 겨울을 날지 알 수 없었다. 처음 국내를 떠날 때의 무리는 이제 거의 남아 있지 않았다. 함께 일구었던 마을도 사람들이 흩어지고 나니 산산조각난 것이나 마찬가지가 되었다. 다시 마을을 일구어보려는 마음도 생기지 않았다. 모두 오막살이 주변에서나마 작은 밭뙈기를 가는 시늉을 하며 그해 봄을 보냈다.

새로운 삶과 무덤 수리 작업의 시작

당나라군이 국내성으로 되돌아왔지만 빈손이나 다름없었다. 잡혀온 무리에는 젊은이가 아예 없었다. 나 같은 늙은이 몇과 부녀자들 대여섯, 딸린 아이들 열 정도가 다였다. 이제 국내성 수십 리 인근에는 텅 빈 마을밖에 없는 듯했다. 들리는 이야기로는 국내성 일대뿐 아니라 북쪽 큰 마을에 이르기까지 옛 고구려인 대다수가 큰 난리를 다시 겪거나 요수 서쪽 땅으로 끌려가게 될까 걱정이 되어 백산 동쪽 깊은 숲 속으로 떠났다고 한다. 아마도 산 너머 동쪽 바다 가까운 책성柵城 일대로 옮겨간 모양이었다. 그곳은 책성 근처 말고는 사람이 거의 살지 않는다. 아마 책성 남쪽의 옛 옥저 땅으로 간 사람도 적지 않을 것이다.

당나라군은 더는 피난민들을 붙잡으러 나가지 않았다. 나가봐야 헛

━ 일제강점기 통구평야 전경

■ 일제강점기 겨울의 태왕릉 주변

일이라는 것을 깨달은 것이다. 고구려 백성들을 붙잡으러 갔다온 지 달
포나 지났을까? 어느 날 아침 당나라군도 본국에서 무슨 기별을 받았는
지 국내성을 떠나버렸다. 일꾼으로 부려먹을 만한 사람조차 찾기 어려

---

7   672년 당군이 백수산 전투에서 고구려 부흥군의 기세를 크게 꺾자 흩어지고 남은 고구려인들
    은 신라 땅으로 갔다. 그러나 673년 12월 현재의 티베트에서 강대한 세력을 자랑하던 토번이
    당과 서역 사이의 교통로를 끊으려 하자 당은 주요 전력을 서쪽으로 돌렸다. 675년 2월의 매
    소성 전투, 676년 봄의 금강 하류 기벌포 앞바다에서의 대규모 해전에서 당군이 크게 패하자
    당은 대동강 이남지역의 신라 영유를 인정하고 요동에서의 전쟁을 마무리했다. 이후 698년 대
    조영이 발해를 건국하기까지 20여 년 동안 요동 및 압록강 일대의 옛 고구려 땅은 형식상 당의
    지배 아래 있었지만 실제 군사 및 행정적으로 관리되지 않는 힘의 공백지대로 남게 되었다.

운 지경이 되었으니, 저들이 국내성에 남아 있을 이유도 없으리라.

이제 국내성은 파헤쳐진 옛 무덤들 사이에 한겨울을 지낼 만한 여력도 없는 늙고 병든 사람들과 부녀자들만 남은 버려진 땅이 되었다. 남쪽과 서쪽에서 흘러드는 피난민도 없고 옛 도읍과 백성들을 차지하겠다고 달려드는 군사도 없는 텅 빈 땅에 불과했다. 남은 사람들조차 갈 길을 찾지 못한 곳이 되었으니 기가 막히고 억장이 무너질 노릇이었다.

당군이 떠난 지 사나흘이 지나서야 중늙은이 몇과 머리를 맞대고 살 궁리를 하기 시작했다. 이제 여름의 초입이니 마음을 가다듬고 입에 풀칠할 방도를 찾고 마른 몸 뉘일 곳을 다듬어야 하지 않겠는가. 국내성 안팎은 적막하여 을씨년스러운 데다 명색이 예전의 큰 도읍이라 혹 도적 무리나 약탈꾼들이 들이닥칠 염려도 있어 성 동쪽의 압록수 길을 따라 좀 더 깊숙한 곳으로 거처를 옮기자는 의견이 나왔다. 내 생각에도 예전의 긴내고을 가까이로 더 들어가는 것이 폐허로 변해버린 이 큰 도읍 근처에 붙어사는 것보다 나을 듯싶었다.

다시 무리를 이루어 얼마 안 되는 세간을 꾸려 국내성을 떠났다. 그날따라 날이 따뜻하고 볕이 좋아서 오히려 처량한 느낌이 더했다. 처음 난리를 피해 조상 대대로 살아온 국내성을 떠날 때는 제법 규모도 있고 살림살이 역시 적지 않았는데, 지금은 초라하기 그지없다. 게다가 젊은 이는 한 사람도 남아 있지 않다. 그나마 소년 티가 뚜렷해진 아이 서넛이 있어 나와 내 무리에 위안이 되었다. 소달구지를 끄는 검둥이와 얼룩이도 이전처럼 근육이 울룩불룩한 힘 센 소가 아니다. 몸이 마르니 순한 눈망울만 더 커 보인다.

■ 일제강점기 집안 광개토왕비의 모습

날은 화창한데 무너진 오막살이와 파헤쳐진 무덤들 사이를 떠나게 되어서인지, 어른들은 주름살 사이에 근심을 켜켜이 박아넣은 채 터벅터벅 걸었다. 반면 아이들은 깡충 뛰면서 종알거린다. 어른들의 한숨소리와 아이들의 노랫소리가 묘한 대비를 이룬다.

멀찌감치 성호태왕聖好太王의 비碑와 대왕의 큰 무덤이 보일 즈음 잠시 구름 한 조각이 해를 가린다. 대왕의 비와 무덤은 큰 난리를 겪으면서도 위용에 조금도 흔들림이 없구나. 당나라 군대가 두 번이나 국내성에 들어왔지만 성호태왕의 흔적은 손대지 못하였다. 당의 장수도 그 옛날 성왕의 위업을 기억하고 있었을까? 아무리 망한 나라지만 남은 백성들의 눈길도 의식되고 성왕의 혼령에 죄를 지었다가 동티를 입을까 마음에 부담도 되었으리라. 그렇지만 이제 백성은 흩어지고 도시는 버려졌으니 저 비와 무덤은 누가 손볼 것인가. 우리 성왕의 유적이 시랑의 놀이터가 될 날이 멀지 않았구나. 늑대와 이리도 고구려 땅에 살던 짐승인데, 무덤 밑에 굴을 파고 비석 모서리에 발톱을 갈지는 않으리라.

옛 긴내고을 가까운 곳에 다시 터를 잡은 지 이태 만에 제법 마을 같은 모습이 갖추어졌다. 강 건너 한가람(현재의 만포) 쪽에서 건너온 사람도 몇이 있어 일손을 얻어 골짜기 밭도 여러 떼기 더 갈 수 있었다. 그래 봤자 가구는 아직 스물이 채 되지 않는다. 그래도 겨울을 두 번이나 날 수 있었으니 이 얼마나 다행인가. 그 사이에 국내성 쪽에서는 아무도 오지 않았다. 그 일대는 폐허인 채로 아무도 들고 나지 않는 듯했다. 아이들도 제법 자라서 이제 힘을 쓸 수 있는 청년이 둘이요, 소년도 둘이다. 산자락의 볕이 잘 드는 곳에 마을 무덤 터를 마련해 첫 겨울을 넘기지 못하고 심한 고뿔로 잇달아 세상을 뜬 돌뫼 부부를 나란히 한 구덩이에 묻고 흙무지를 곱게 올렸다. 돌뫼 부부는 늦둥이 아들 한부리를 우리에게 남긴 채 앞서거니 뒤서거니 눈을 감았다.

첫 겨울을 보낸 뒤 마을 뒤쪽 앞이 휜히 트인 언덕배기에 이전처럼 부여신과 동명신을 모시는 사당을 세웠다. 첫 가을에는 마을에서 국내성으로 내려가는 길 옆 높은 산에 있는 수신굴燧神窟에 올라가 조상신에게 제사도 올렸다. 하늘신의 자손인 우리가 어쩌다가 천 년 사직을 잃고 이 지경이 되었는가? 이유도 알 수 없고 원인도 헤아려지지 않았지만 마을 사람들이 무리를 이뤄 수신에게 제사를 올리니 말할 수 없이 속이 시원하였다.

세 번째 겨울도 잘 보내고 봄을 맞았다. 언제 난리가 있었느냐 싶게 압록수 일대는 조용했다. 압록수 좌우 크고 작은 골짜기들 너머 세상에

■ 집안 칠성산211호묘

서는 아무 소식도 들려오지 않았다. 소식을 전해주는 이도 없고 소식을
알아보러 가는 이도 없다. 사실 내가 사는 마을 바깥세상이 어떻게 돌아
가는지 알고 싶지도 않다. 세금 거두러 오는 관리도 없고 기찰을 다니는
군인도 없으니 이곳은 나라 안도 아니요 바깥도 아니다. 고구려는 세상
에서 사라졌지만 그 후손은 제 땅에 그냥 남아 있는 꼴이다.

　세 번째 봄에 씨뿌리기가 끝나고 애벌 김매기는 아직 시작되지 않을
즈음 청년이 다 된 한부리를 데리고 옛 긴내고을에 들러보았다. 제법 번
성하던 고을이었으나 지난 난리통에 폐허가 된 채 버려진 조상들의 고
향 마을을 밟으니 감회가 남달랐다. 대대로 높은 덕망을 자랑하던 긴내
고을 큰 어른의 웅장한 기와집은 터만 남아 있었다. 십중팔구 그 집안

식솔들도 당군에게 붙잡혀 갔으리라. 버려진 지 이미 10여 년의 세월이 흐른 터라 집터조차 수풀더미에 덮여 있었다. 그나마 커다란 나무뿌리들이 아직 깊이 파고들지 않아 덩굴로 덮인 곳이 집터임을 알 수 있을 만큼의 흔적은 남아 있었다. 새삼 난리 한 번으로 세상이 이렇게 달라질 수도 있다는 생각에 허망함이 느껴졌다. 한부리는 신기한 듯 집터와 거리 사이를 오가며 이곳저곳을 두리번거렸다.

어찌 된 일인지 긴내고을 큰 어른 댁 조상들의 무덤 몇 기의 입구가 열려 있었다. 흙무지 꼭지 부분이 움푹한 곳도 있었다. 국내성에서 수십 리 떨어진 이곳까지 도적들이 들어왔단 말인가. 아니면 당군이 부흥군을 뒤쫓을 때 파헤쳐진 것인가. 나라가 망하니 이런 일을 겪지 않은 곳이 없구나. 혹 마을이 텅 빈 뒤에 부랑자들이 이곳을 지나다가 일을 벌였는지도 모른다. 하지만 이제는 이 무덤들을 수리하고 돌볼 이도 없어졌으니 안타깝기만 했다. 마음이 울적하여 무덤에 더 가까이 가볼 염念이 나지 않았다.

한나절 동안 긴내마을에 있다가 나의 터전인 한내마을로 돌아왔다. 짬이 나면 한 번 더 가보리라 마음먹었다. 그러나 가을이 다 지나도록 마을 바깥으로 아예 나가지도 못했다. 다시금 마을 일과 농사일에 바삐 몸을 놀리노라니 서너 달이 장마철 개울물 내려가듯이 흘러가버렸다.

✻

아무래도 긴내마을 큰 어른 댁 무덤들은 수리하는 것이 좋겠다는 생각이 들었다. 이제 살날도 얼마 남지 않았는데, 무덤지기들을 다스리던 사람으로서 무너진 조상들의 무덤을 눈앞에 두고 끼니때마다 밥과 국을 목구멍으로 넘기고 있으려니 마음이 편치 않았다. 마을 사람 몇몇에게 내 뜻을 말하자 백성 부려 먹고 저들끼리 싸우기 바쁘다가 나라를 잃어 부여신과 동명신의 명성을 땅에 떨어뜨린 사람들의 조상 무덤을 우리 농투성이들이 손볼 이유가 무엇이냐며 내게 눈을 흘기고 입술을 삐죽거렸다. 이제 등 따뜻하고 배부르니 별 생각을 다 한다는 투였다. 사실 그들의 말이 틀린 것도 아니었다. 그렇지만 나라 일에 애쓰던 옛 어른들의 무덤이 구멍 뚫린 채 버려져 있는데, 어찌 모른 체하고 편히 발 뻗고 잘 수 있단 말인가.

가을 추수를 끝내고 수신굴에 제사를 드린 뒤, 내 뜻은 잘 알지 못하나 나를 잘 따르는 마을의 젊은이 두엇과 긴내고을로 올라갔다. 아직 서리가 내리지는 않았지만 추워지기 전에 서둘러 일을 마쳐야 한다. 올 여름이 유난히 더웠던 것으로 보아 가을이 짧고 서리도 빨리 내릴 가능성이 높았다. 첫 서리가 내린 뒤에는 땔감도 마련하고 멧돼지나 노루도 덫을 놓아 몇 마리 잡는 등 부지런히 겨울나기 준비에 들어가야만 한다. 그새 긴내고을 수풀은 더 우거져 이곳에 와보지 않은 사람이라면 고을 터도 쉽게 찾지 못할 정도가 되었다.

고을 뒤편 산자락의 가장 높은 언덕배기에 제일 오래된 듯한 큰 무덤이 있고 그 아래로 작은 언덕마다 크고 작은 흙무지들이 어린 처녀의 덜 자란 가슴마냥 조그맣게 볼록 솟아 있다. 아마 제일 뒤의 언덕에 솟은 가장 큰 돌무지무덤이 긴내고을 사람들이 자랑거리로 삼던 성호태

■ 집안 장천5호분 전경

왕 시절의 큰 어른 무덤이리라. 그 어른은 성호태왕의 사자로 대초원
서쪽 끝에 있다는 서역까지 다녀와 국내성에서도 이름이 높았다고 한
다. 그 시절에 국내성의 왕족과 귀족들은 유행을 좇아 돌로 큰 집을 만
든 뒤 그 위에 흙무지를 쌓아올린 요동식 무덤을 지었다고 했다. 그러나
긴내고을 큰 어른은 자신을 위해서는 조상대부터 내려온 돌무지무덤
을 지어달라고 유언했다고 한다. 그런 까닭인지 큰 어른의 돌무지무덤
은 바닥에 정성들여 다듬은 길고 네모진 큰 돌로 밑단을 깔고 몇 차례

---

8 장천5호분은 대형 계단식 돌무지무덤이다. 규모와 내용은 정확히 알려지지 않았다.

■ 집안 장천1호분 앞방 천장고임 벽화의 쌍인연화화생

단을 지으면서 무지를 올렸다. 멀리서 보면 성호태왕릉의 새끼무덤처럼
보이기도 한다.

　도적들이 큰 어른의 돌무지무덤을 파헤칠 때 위에서부터 돌을 들어
올리긴 했으되 관을 둔 곳은 손대지 않았는지 돌 틈 사이로 관재 조각
이 보였다. 아마 널방에 놓여 있던 금은붙이나 장식물만 챙겨간 것 같
다. 도적질 중에 가장 험한 일이 무덤 파헤치는 것이라 했지만 그래도
무덤 주인의 관까지 깨는 일은 하지 않았으니 다행이었다. 어릴 때 무덤
을 깨다가 동티 입은 사람들 이야기를 들었는데, 그냥 자다가 가위 눌려
죽기도 하고 길 가다가 갑자기 날뛰는 말이나 소에 밟혀 죽어 비명횡사
하는 일이 많다고 하였다. 그래서인지 내가 무덤지기들을 다스리는 동
안에도 몇 번 무덤 도적질을 당했지만 관을 건드리거나 내간 일을 아뢰
는 사람은 없었다.

하지만 오랜 세월이 흐른 데다 무덤이 파헤쳐진 뒤 겨울에는 눈에 덮이고 여름에는 비바람에 드러나 있던 까닭에 남은 관재도 형체만 겨우 있는 상태였다. 썩은 관재 부스러기 사이로 큰 어른의 시신을 감쌌던 수의자락이 얼룩지고 검어진 상태로 한 조각 드러나 보였다. 남은 것은 그것뿐이었다. 큰 어른의 시신은 뼈도 남아 있지 않았다. 벌써 무덤을 지은 지 수백 년이 흘렀으니 수의 자락 한쪽이라도 남아 있는 것이 신기할 따름이었다. 워낙 크고 무거운 돌로 널방을 만들었기 때문에 큰 무덤 위아래 어느 곳도 나와 장정 한둘의 힘으로 손볼 수 있는 데는 없었다. 할 수 없이 수의 자락과 관재를 자갈돌로 덮은 뒤 무덤을 파헤칠 때 주변에 흩어진 자갈들을 주워모아 돌무지 위로 다시 올렸다. 이런 식으로 무덤 외관을 다듬는 데만 한나절이 걸렸다. 해질녘이 가까워져서야 무덤 앞에서 제사를 올려 혼령을 위로할 수 있었다.

그날 초라한 내 오두막에 돌아와 저녁상을 물린 후, 아내와 함께 혼례 때 마련해 이때까지 간직하고 있던 수의를 꺼내 펼쳐 보았다. 벌써 40년 넘는 세월이 흘렀지만 가슴 두근거리며 수의를 준비하던 때가 엊그제 일처럼 머릿속에 떠올랐다. 새삼 보니 곱디곱던 아내의 얼굴에도 어느새 주름이 가득하다. 혼례수의를 보니 신혼집을 마련해 호롱불을 켜고 서로를 쳐다보던 순간이 되살아났다. 아내도 그때가 생각났는지 빙그레 웃는다. 조상들도 겪어보지 못한 큰 난리를 겪고 나라 없는 백성이 되어 이리저리 쫓겨 다녔어도 다행히 우리 부부는 한쪽을 잃지 않았다. 한쪽이 먼저 세상을 뜨지도 않았다. 이 모든 것이 부여신과 동명신의 은혜가 아니겠는가.

주몽님이시여, 유화님이시여. 우리의 모든 조상신이시여. 오래지 않아 저희가 세상을 뜰 때는 혼례 때 신랑신부로 예복을 입었던 그때처럼 함께 뜨게 하소서. 이 수의도 둘이 한날 한시에 입게 하소서. 흙구덩이에 몸을 뉘게 되더라도 부부가 함께 이 혼례수의를 입고 누워 쉬게 하소서. 함께 힘을 모아 마련한 신혼집 호롱불 밑에서 서로를 쳐다보던 그 순간으로 돌아가게 하소서. 신들께서 주신 이 땅, 이 마을에서 남은 생을 마치고 이 수의를 입게 하소서!

※

긴내마을에서 가장 큰 흙무지 돌집무덤은 옆구리에 큰 구덩이가 나 있었다. 도적들이 무덤 입구를 열기 전에 먼저 무덤의 돌방 벽에 구멍을 내려 한 까닭이다. 하긴 무덤 입구는 길고 흙과 돌, 회로 단단히 막아놓는 것이 상례이니 도적들도 이를 잘 알고 있을 터였다. 그중 무덤 안 돌방의 생김새를 잘 읽어내는 놈이 있었는지 무덤의 입구 쪽에도 또 하나 구멍이 나 있었다. 돌과 회로 벽을 친 곳 바로 안쪽이다. 도적들이 드나든 뒤 흙무지가 무너져내리면서 옆구리 쪽 구멍은 움푹 들어간 구덩이처럼 매워졌겠지. 입구 쪽은 사람 머리 하나 들어갈 정도의 구멍이 남아 있었다. 그대로 구덩이만 메워버리려다가 무덤 입구 쪽이라도 손을 보기로 했다. 데리고 간 두 장정에게 구멍을 좀 더 넓게 열어보라고 하였다.

볕이 좋은 때인데도 구덩이의 흙을 좀 퍼내자 어두컴컴한 무덤 안에서 차가운 기운이 흘러나왔다. 한부리에게 구멍 안으로 내려가보라고 했다. 무덤 안쪽으로 몇 걸음 옮긴 그가 말하기를 널방 입구의 돌문 한 짝은 깨어진 채 바닥에 나뒹굴고 문과 벽에는 사람 형상이 그려져 있다고 했다. 그러고는 무덤 안쪽에서 파란 빛이 흘러나온다고 하면서 더 들어가야 하는지 물었다. 말꼬리가 자신 없게 내려가는 것으로 보아 들어가는 것이 내키지 않는 눈치였다. 아무래도 무덤 바깥만 손보는 것이 좋을 것 같아 그만 나오라고 일렀다. 흙무지 옆구리와 앞쪽의 두 구덩이에 새 흙을 갖다붓고 위를 다진 다음 잔솔가지들을 꺾어 덮었다. 준비해온 기장 뭉생이떡과 기장술로 무덤 주인의 혼령을 위로한 뒤 긴내마을 언덕길을 내려왔다.

무덤 안쪽을 들여다봤던 한부리는 마을로 돌아오는 내내 말이 없었다. 무덤 안에서 혼백이 씌운 것은 아니나 나름 마음에 걸리는 것이 있는 듯하다. 저의 아비, 어미가 세상을 뜬 뒤 내 아들로 들여 키운 지 벌써 여러 해이다. 내가 말하지 않아도 늘 때가 되면 제 부모의 무덤에 올라가 제사 드리기를 잊지 않는 아이이다. 저녁상을 물린 뒤 한부리가 무덤 안에서 본 그림에 대해 묻는다. 형용하는 것으로 보아 대갓집 문지기를 하던 사람들인 듯하다. 그 복색이 내가 젊을 적에 본 적이 있는 귀족 가문 사람들이 명절을 전후하여 입던 것과 비슷했다.

---

9 흙무지 둘레가 143미터인 장천2호분은 널길, 두 개의 곁방, 이음길, 널방으로 이루어진 외방무덤으로 무덤 칸 안에는 벽화가 있다. 북쪽 곁방 북벽에 25열, 23행, 575개의 '왕王'자 무늬가 표현되었다. 널방 입구 돌문의 안쪽과 바깥쪽 면에 각각 노란바탕 꽃점무늬 치마를 걸친 실물 크기 여인과 머리에 방형 책을 쓰고 풀빛 바탕에 꽃무늬 장식 바지를 입은 실물 크기 문지기가 묘사되었다.

누런 비단이나 명주에 작고 아름다운 꽃점무늬와 금강석무늬를 번갈아 들인 통 넓은 바지, 소매 넓은 저고리는 국내성이 번성하던 시절에도 아무나 입지 못하던 고급스런 옷이었다. 아마 대대로 긴내마을의 우두머리로 지내던 큰 어른 댁에서는 문지기도 그런 옷을 입었는지도 모른다. 긴내마을 큰 어르신네는 대대로 요수벌 너머, 큰 초원 서쪽에 살면서 낙타와 천마天馬를 타고 다닌다는 사람들과 크게 장사하였다고 한다. 그러니 집에서 부리는 사람들에게도 좋은 옷을 입히기가 그리 어려운 일은 아니었으리라.

이후로 긴내마을 큰 무덤들은 세 기를 더 손보았다. 이전 것들보다 크지 않은 두 기는 그리 험하게 도적들의 손을 타지는 않았다. 이런 까닭에 흙무지를 손보는 데 큰 힘이 들지 않았다. 아침에 산자락에 올라가 해가 하늘 한가운데 있을 때 일을 마쳤다. 그러나 나머지 하나는 그날 점심 참 뒤에 수리를 시작하였다가 마치지 못했다. 다음 날 하루를 꼬박 매달리고 나서야 마무리할 수 있었다. 혼령을 위로하는 제사는 셋째 날 다시 와서 드려야 했다.

다섯째 무덤은 두 번째 손본 것과 거의 같은 크기였다. 무덤 입구가 훤히 열려 있었고 도적질이 있은 뒤에도 사람들이 들고난 흔적이 역력하였다. 흙무지도 심하게 무너졌을 뿐 아니라 입구 쪽도 너무 어지러웠다. 두 젊은이와 함께 횃불을 켜들고 무덤방의 돌문 안쪽까지 들어갔다. 무덤 안은 텅 비어 있었다. 방의 이곳저곳이 불에 그을린 것으로 보아 사람들이 이 안에 들어와 얼마간 머물렀음이 틀림없다. 피난민들이었을까? 그럴 가능성은 거의 없다. 고구려 사람들이 조상들의 무덤 안에서

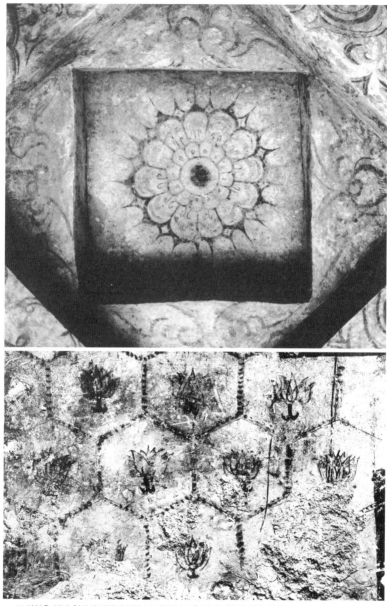

━ **상** 쌍영총 앞방 천장석 벽화의 연꽃 | **하** 천왕지신총 널방 벽화의 연꽃 장식

지냈다는 이야기는 들은 적이 없다. 그렇다고 당나라군일 리도 없다. 저들이 아무리 급한 일이 있었기로서니 무덤 안에서 지낼 이유가 없기 때문이다. 저들도 죽은 사람의 혼백에게 해 입을 일은 하지 않는다. 난리통에 고구려 왕족과 귀족의 무덤들을 파헤칠 때도 국내성으로 피난 온 거란족이나 해족들을 시켰지 직접 나서지는 않았다. 아마 무덤 안에라도 잠시 몸을 숨겨야 했던 사람들이 어쩔 수 없이 무덤 혼백에게 용서를 구하며 이곳에 들어와 있었으리라.

무덤 안은 마치 절간의 연화전蓮花殿 같았다.[10] 벽과 천장 가득 연꽃이 그려졌는데, 마치 지금은 불타버린 국내성 초문사肖門寺처럼 오래된 절에 들어와 있는 것 같은 느낌이 들었다. 회가 덩이째 떨어지고, 불길에 그을린 곳도 많았다. 그럼에도 연꽃무늬들은 어제 그린 것처럼 생생했다. 언뜻 연꽃 그림 위에 맺힌 이슬이 실재인 듯했다.

한부리는 연꽃무늬들을 보자 입을 다물지 못했다. 입구의 돌문은 두 짝 모두 자빠져 있었는데, 문짝 하나에 한 사람씩 예쁜 고구려 처자가 그려져 있었다. 처자는 두 번째 무덤에서 한부리가 보았다는 고급스런 꽃점무늬 옷을 걸쳤다. 무덤방 한쪽 구석 회벽 덩어리 사이에서 넝쿨무늬 장식 칠기漆器 조각 하나를 찾았지만 그대로 두었다.

결국 무덤 안의 자빠진 돌문은 다시 세우지 못했다. 바닥의 회벽 덩어리들은 벽 모서리에 모아두었다. 입구에 무너진 상태로 남아 있던 돌과

---

10 장천1호분도 앞방이 아닌 널방이 연화전처럼 연꽃으로 장식되었다. 지금 본문에서 언급하는 이 무덤과 같은 규모와 내용의 무덤은 장천 고분군에서 발견되지 않는다. 이 무덤의 모델은 장천1호분이다.

회, 흙으로 무덤 입구를 다시 막고 그 위에 흙을 덮었다. 둘째 날 일할 때는 한부리가 몸이 좋지 않아 데리고 나오지 않았다. 나와 돌개, 두 사람이 입구를 한 번 더 손보고 흙무지도 제 모습을 갖추게 하려니 시간이 많이 걸리고 힘도 들었다. 사람도 여럿 드나들었고 무덤 안도 텅 비었지만 혼백은 위로해야겠다는 생각이 들어, 셋째 날 아침 다시 긴내마을로 와 술과 밥으로 제사를 올렸다.

혼백 제사는 내가 국내성 살 적에 늘 하던 일이다. 그러나 이렇게 심하게 파헤쳐지고 사람들이 그 안에 얼마간 머물렀던 무덤 주인을 위로하는 제사는 처음이다. 아무쪼록 다른 조상신들과 함께 편안한 시간을 보내소서. 관례대로 축복과 저주의 주문呪文을 외고 세 번 절을 한 뒤 무덤 앞을 떠났다. 언덕배기를 내려오면서 긴내마을을 한 번 더 휘둘러보았다. 내가 이 마을에 다시 걸음할 일은 없을 것 같았다.

벽화의 발견과 움트는 새로운 희망

가을걷이를 넉넉히 끝내고 겨울채비도 단단히 했던 까닭에 네 번째 겨울도 무사히 보냈다. 그 사이 동년배 노인 둘이 조상신들에게로 갔다. 이들을 대신함인지 아기도 둘이 태어났다. 강 너머에서 한 가족이 새로 들어와 마을 호구도 하나 늘었다. 새로 마을 사람이 된 재모네 말로는 압록수 남쪽에도 당나라군이 보이지 않은 지 오래되었다고 한다. 풍문에 평양 쪽에는 신라 사람들이 들어와 밭을 일군다고 하는데 확실하지

311

는 않다고 했다. 그렇다면 나라는 망했지만 고구려 땅은 거의 비어 있는 것이나 다름없다는 말인가.

봄갈이가 끝난 뒤 수신굴에 제사 드리러 다녀오는 길에 염모벌에 들렀다가 그만 염모 어른 집안에서 지은 큰 무덤 몇이 눈에 걸리고 말았다. 뭐 눈에는 뭐만 보인다더니, 내 평생 일거리가 무덤지기들을 다스리고 어르신들의 무덤을 돌보는 것이었으니 그냥 지나칠 리가 있겠는가. 이전에는 봄가을 제사 뒤에 곧바로 한내마을로 돌아오곤 했는데, 이번에는 무슨 바람이 들었기에 염모벌까지 내려갔을까? 국내성 시절에 내가 다스리던 무덤지기 가운데 염모벌 무덤 지키는 자는 없었다. 물론 어떤 일로 이곳에 한 번 온 적은 있었다. 대형 염모 어른은 국내성에서도 알 만한 사람은 다 아는 성호태왕 시절의 큰 장수 모두루 어른의 조상 아닌가.

염모벌 농사로 한 해를 풍족하게 살던 장수마을은 이제 흔적도 찾아보기 힘들다. 임강가 큰길 곁으로 가장 번성한 마을을 이루고 있었지만 이번 난리를 겪으면서 가가호호 불타지 않은 집이 없었다고 한다. 사람들이 오가는 길목이었으니 국내성 다음 가는 규모로 난리를 겪을 수밖에 없었으리라. 마을이 되살아나지 못한 것으로 보아 국내성으로 피난 갔던 사람들도, 임강 쪽으로 달아났던 사람들도 제 마을로 돌아오지 못했음에 틀림없다. 긴내마을처럼 이곳 옛 어른들의 무덤들도 파헤쳐지고 버려졌을 터이니 사람살이의 덧없음을 실감하게 된다. 큰 어른을 모시던 사당도 흔적 없고 무덤 지키던 사람의 모습도 찾아볼 길이 없다.

한부리가 벌 한가운데 우뚝 솟은 염모 어르신네 모두루 장군 무덤에 한번 들러보자 하기에 마침 내 마음도 그러했던지라 압록수 곁 염모벌로 발길을 옮겼다. 역시 무덤 입구가 훤히 열려 있었다. 강바람을 받는 쪽 흙무지는 거의 바닥으로 흘러내려 무덤방의 돌문들이 다 드러났다. 겉보기에도 긴내마을 다섯째 무덤보다 더 몰골이 흉하다. 한부리가 슬그머니 무덤 안으로 들어가는 것을 보고도 나는 마음이 내키지 않아 밖에 머물러 있었다. 산자락 마을이 있던 곳으로 눈을 돌리니 그 뒤편으로도 무덤 몇 기가 어른거린다. 예전에 이곳에 걸음 했을 때도 눈에 띄던 것들이다.

큰길 곁에서 자세히 보니 풀밭이 우거진 사이로 장수마을의 옛길 흔적이 어렴풋이 나타난다. 10여 년 긴 세월에도 사람 살던 흔적이 조금은 남아 있는 셈이다. 걸음이 더뎠지만 아예 없는 길을 걷는 것보다는 낫다고 생각하며 산자락 큰 무덤 쪽으로 올라갔다. 역시 이 무덤들도 사람의 손길을 타고 말았구나! 벌 안의 큰 무덤처럼 입구에 구멍이 뻥 뚫려 있고 주위의 흙무지가 많이 흘러내렸다. 다행인 것은 산을 등진 데다 언덕 위도 아니어서 무덤의 머리맡 쪽은 흙무지도 온전한 편이었다.

한부리가 이 무덤들도 손보자고 했다. 다음 날 곡괭이와 삽, 마른 음식 두어 가지를 챙겨 다시 장수마을로 내려왔다. 내키지 않았지만 한부리가 모두루 장군 큰 무덤 안에 한번 들어가봐야겠다고 하기에 조심스럽게 어른의 방으로 들어갔다. 마음속으로 장군의 혼백이 노하지 않기를 빌고 또 빌었다. 놀랍게도 안벽에는 어른 키 높이에 미려한 솜씨로 붓글 묘지명이 가득 쓰여 있었다. 왕가 어른들의 비문 초벌 글쓰기 하듯이 자주색 바탕에 칸을 지르고 두루마리 문서 만들듯이 오른쪽에서 왼쪽으로 붓글이 쓰여 있다. 마침 무덤칸 위쪽 덮개돌 깨진 틈 사이로 스며든 빛이 묘지명 가운데를 비췄기에 횃불 없이도 눈에 들어오는 것이

■ 집안 모두루총 묵서묘지명 부분

몇 글자 있었다. '북부여염모 운운北夫餘冉牟 云云…' 말로만 듣던 염모
어른 가문의 묘지명이 아닌가.[11]

이틀 만에 염모 가문의 모두루 장군 무덤 손보기를 마쳤다. 내친 김에

314

산자락 무덤들 입구도 막고 흙무지도 다시 올리고 싶었다. 하지만 마을 일도 있고 집수리도 더 미룰 수 없어 첫 김매기가 끝난 뒤에 하기로 하고 산을 내려왔다.

장수마을에 다녀온 뒤 한부리가 글을 더 배우고 싶다고 하면서 틈틈이 마당 한편에서 그림 같은 것을 끼적거린다. 제 아비가 원래 그림쟁이였으나 나라도 없어졌고 인근에 큰 도읍도 없는데, 그림은 어디서 배울 것이며 배워도 어디에 쓸 것인가? 나는 그 모습을 그저 물끄러미 바라볼 뿐이었다. 글도 가르쳐야 할지 말지 판단이 서지 않았다. 아내는 한부리도 혹 좋은 세상이 오면 넓은 곳으로 나가 기회를 얻을지도 모르니 글을 가르치라고 한다. 나는 무지렁이 백성일 뿐인데 좋은 세상이 오더라도 입신을 꿈꾸며 큰 도읍으로 나가는 것이 저에게 좋을지 알 수 없다며 말끝을 흐렸다. 고구려가 다시 서기도 어렵고 한부리에게 남쪽 멀리 신라까지 내려가라고 권하기도 마땅치 않은지라 마음이 쉬이 정해지지 않았다. 이러지도 저러지도 못한 채 가을걷이가 끝나기까지 다시 장수마을로 내려가지 못했다.

✻

가을볕이 화창한 아침이었다. 한부리가 장수마을로 내려가자고 했다. 우리 집에 들른 돌개도 같이 가겠다고 했다. 가을제사를 마친 뒤 며칠 만에 셋이 다시 압록수 길을 따라 남쪽으로 내려갔다. 여전히 국내성 쪽으로는 사람 다닌 흔적이 보이지 않았다. 봄에 손본 모두루 장군 무덤은 멀리서 보아도 모양새가 멀쩡한 것이 보기에 좋았다. 여름 사이에 더 무성해진 풀숲 길을 헤치며 산자락 쪽으로 올라갔다. 돌개는 마을길로 올라서며 여기도 볕이 잘 들고 물도 가까워 마을을 이루면 살기에 좋은 곳인데 왜 사람이 들지 않느냐며 의아해했다.

산자락 큰 무덤 곁에 연장과 새참을 내려놓고 입구 쪽으로 고개를 돌리니 무덤 안에서 짐승의 냄새가 흘러나왔다. 쥐가 무리지어 사는지 어둑어둑한 안쪽에 쥐똥도 한 무더기 보였다. 돌개가 횃불을 무덤 안으로 들이밀더니 안에 박쥐들이 붙어 있다고 했다. 무덤 천장 쪽으로도 조금씩 빛이 스며들지만 희미하다고 했다. 흙무지 꼭대기에도 틈이 있으면 메워야 하기에 무덤 주인에게 복을 빌며 한부리에게 위로 올라가보라고 했다. 역시 흙무지가 일부 벗겨져 천장 돌짝이 드러나고 틈도 벌어져 있었다. 입구를 막아도 박쥐가 나갈 구멍은 있는 셈이다. 해가 산 너머로 내려갈 즈음까지 입구를 틀어막고 흙무지 아래쪽도 모두 덮었다. 흙무지 꼭대기도 박쥐가 나갈 틈만 남기고는 흙으로 잘 덮었다.

다음 날 산자락에 있는 가장 큰 무덤도 손보았다. 여름 한 철을 지나면서 무덤 주위의 풀이 더 무성해지고 흙무지는 온통 넝쿨 천지이다. 뻥 뚫린 입구마저 풀과 넝쿨로 켜켜이 덮여 있었다. 덕분에 박쥐가 드나들지는 않은 것 같았다. 서리 내릴 때가 얼마 남지 않아서인지 무덤 둘레에 뱀도 보이지 않았다. 여름철에 이런 돌집무덤이나 돌무지무덤 근처에 얼씬거리면 자칫 뱀에게 물리기 십상이다. 예전에 새로 무덤지기가 된 젊은이들에게 여름에 대가 댁 무덤 돌볼 때는 꼭 독사에 주의하라고 신신당부하곤 했다. 풀을 베어내고 넝쿨도 걷어올리니 쾡하게 구멍 뚫린 무덤의 입구가 눈에 들어왔다.

이번에는 한부리를 먼저 무덤 안에 들여보냈다. 그러나 한참이 지나
도 나오지 않았다. 돌개가 뒤따라 들어갔다 나오더니 혼이 빠진 표정으
로 한참 서서 숨을 돌린 다음 말하기를, 무덤 안은 텅 비었고 이상한 그
림이 벽과 천장에 가득하다고 했다. 무덤 주인의 혼백이 위로받기를 기
도하며 나도 무덤 안으로 들어갔다. 작은 횃불을 들고 안으로 들어가면
서 조심스럽게 좌우를 살폈다. 무덤칸의 문이 달렸던 자리 바로 안쪽에
좌우로 무덤지킴이 신수가 붉은 혀를 길게 빼고 아가리를 크게 벌린 채
소리 내어 으르렁거리는 모습으로 서 있다. 무덤지기를 하던 시절 무덤
안에 그림을 그리는 그림쟁이 영감의 밑그림에서도 한두 차례 보았던
그림이다. 그러나 무덤 안에 실제 그려진 것을 보기는 이번이 처음이다.
신수와 눈이 마주치는 순간 움찔했다. 한부리는 무덤 안의 그림을 다 보
았는지 이제 막 나오려 하고 있었다.

무덤 안으로 들어가면서 횃불을 앞으로 내미니 갑자기 천지가 부처
님의 광명으로 빛나는 듯했다. 귀하신 여래와 보살의 머리 뒤편에 드리
우는 광채 같은 것이 벽과 천장에 가득했다. 벽과 천장 아래의 자주색
기둥, 들보 장식이 아니었으면 여래정토에 들어선 것으로 착각할 뻔했
다. 무덤 안이 이렇게 장식되었다는 소리는 지금까지 들어본 적이 없다.
대대로 그림쟁이로 살았다는 돌뫼에게서도 연화정토 왕생을 기원하는
연꽃장식 무덤이 있다는 이야기는 들었어도 여래 광명으로 무덤을 장
식한 적이 있다는 소리는 듣지 못했다. 대체 이 무덤의 주인은 누구란
말인가. 염모 큰 어른 집안에서 덕이 높은 스님이 났다 해도 그런 분이

입적하면 절에서 다비茶毘를 하여 거둔 유골을 함에 넣어 모시지 이렇게 세속의 큰 무덤에 시신을 모시지는 않는다. 참으로 기이한 일이다.

내가 한참 얼이 빠져 있는데, 한부리가 그림 안에 또 그림이 있다고 했다. 이 무슨 또 해괴한 소리인가. 내가 의심스런 표정으로 한부리의 얼굴을 쳐다보자 손으로 벽 모서리 쪽을 가리키며 횃불을 가까이 들이댔다. 아니, 이것은 또 무슨 일인가. 겹둥근무늬로 나타낸 여래 광명 장식 너머에 사람 모습이 배어 있지 않은가. 더구나 춤추는 여인의 모습이 아닌가. 자세로 보건대 우리 고구려의 두루미 춤을 추는 바로 그 모습이다. 어허! 저절로 헛기침 같은 감탄사가 나왔다. 참으로 해득이 안 되는 일이다. 춤추는 여인들을 그렸다가 그 위에 다시 여래 광명을 넣었다는 이야기인가. 역시 돌뫼뿐 아니라 그 누구에게도 들어보지 못한 일이다.

✻

지난해처럼 겨울이 좀 이르게 왔다. 나라가 망한 뒤로 점점 더 겨울이 빨라지는 것 같기도 하다. 큰 눈이 한 번 내린 뒤부터 한부리에게 글을 가르치기 시작했다. 이래 봬도 내가 한때 나라의 녹을 먹은 사람이요, 날마다 수십 쪽의 간독簡牘을 써서 이리 보내고 저리 보내던 관리였던 사람이다. 한부리의 머리에 글을 넣어주기로 하자 갑자기 열댓 살 쯤 젊어진 듯 의욕이 솟았다. 비록 나라는 없어졌지만 신라의 이두도 우리 고구려에서 넘어갔다. 한부리에게 이두와 한자를 모두 가르치면 신라나 당에 가서 내게 배운 글솜씨를 써먹을 수 있게 될지 어찌 알겠는가.

318

겨울이라 꿩이나 토끼 잡으러 나갈 때 외에는 마을 밖을 나설 일도 없었다. 예전처럼 낮에는 새끼를 꼬고 멍석이나 가마니를 짜거나 광주리 따위를 만들었지만 아침저녁으로는 한부리를 가르쳤다. 글을 배우겠다는 마음이 굳게 선 한부리는 일체 한눈을 팔지 않았다. 같이 글을 배우기로 한 돌개는 사흘을 버티지 못하고 나가떨어졌다. 집에 글 마당을 펼친 지 사흘째 저녁이던가, 돌개는 가마니는 스물이라도 짜겠지만 글은 더 못 배우겠다며 방바닥에 대자로 나자빠졌다. 그러더니 한부리 대신 여물을 쑤어주겠다며 부엌으로 내려가버렸다. 예나 제나 글은 아무나 배울 수 없다더니 돌개가 꼭 그 짝이다.

한부리의 그림 솜씨는 역시 타고난 듯했다. 글 배우고 집안일하는 틈틈이 외양간 모퉁이에서 숯 조각으로 그림을 그렸다. 문외한인 내가 보기에도 보통 사람과는 차원이 달랐다. 제 아비 돌뫼의 재주가 그대로 이어진 것이 틀림없다. 큰 난리로 국내성이 온통 불타고 백성들이 산지사방으로 흩어지기 전까지 돌뫼는 국내성에서 손꼽히는 그림쟁이였다. 한창 때 돌뫼의 공방에는 그림 배우는 제자만 열이 넘었고, 공방 일을 돕는 하인까지 아우르면 한솥밥 먹는 입만 스물을 헤아렸다고 한다. 대대로 돌뫼 공방에 무덤 장식과 초상을 의뢰하는 귀족 가문도 여럿이었다고 했다. 지금은 다 지나간 옛이야기인 줄 알았는데, 이렇게 한부리가 제 아비를 잇는다면 그보다 더 좋은 일이 어디 있겠는가. 게다가 한부리는 글공부까지 하고 있으니 유화신과 동명신이 그를 한번 크게 쓰시려는 것은 아닐지 기대를 하게 된다.

다섯 번째 봄을 맞을 즈음 한부리는 내가 기억하는 글을 거의 다 배

■ 환문총 널길에서 본 널방 전경

우고 깨쳤다. 놀라운 속도이다. 피난살이 때 봇짐에 넣어 간직한 집안
내력을 담은 얇은 문적文籍과 사략史略 두 권이 전부인지라 이를 모두
읽히고 나면 나로서도 더 가르칠 것이 없었다. 한부리도 이제 어엿한 청
년이니 장가를 보내야 하는데, 마을 안에 짝을 지어줄 처자가 없다. 어
린 처자 하나는 이미 돌개 차지가 되었다. 짝을 얻기 위해서라도 한부리
는 마을 바깥으로 나가야만 한다.

봄갈이를 마무리한 뒤, 결국 한부리를 한내마을 바깥세상으로 내보
냈다. 한부리보다 세 살 위인 재모도 길동무가 되어 함께 떠났다. 이미
처자가 있는 재모는 바깥세상이 돌아가는 것을 알아보고 돌아오겠다며
길을 나섰고 한부리는 짝도 얻고 뜻도 펼 겸 기약 없이 걸음을 내딛었
다. 이미 내 자식인데 돌아올 때를 정하지 않고 길을 나서니 마음이 기
껍지 않았다. 하지만 그가 그리 원하니 할 수 없는 일이었다. 주름진 얼

■ 문자가 새겨진 평양성 성돌

굴이 눈물, 콧물로 범벅이 된 아내는 온갖 길양식으로 가득한 봇짐을 이리저리 만져보고 더듬더니 한부리에게 건네준다. 한부리와 재모는 더운 밥으로 배를 채운 뒤 아침 일찍 마을을 떠났다.

한내마을이 압록수에서도 윗물 쪽에 있고 국내성과 그 인근에는 아직 인적이 없으니 길에서 밤을 맞지 않으려면 가능한 한 일찍 길을 나서야 한다. 그래야 압록수 건너 남으로 백리 길 더 지난 곳에 있다는 고마마을에 이를 수 있다. 사실 그 마을이 온전한지도 알 수 없다. 이곳에 남은 우리로서는 모든 것을 하늘에 맡기고 기도하는 것밖에 달리 할 수 있는 것이 없다. 부여신과 동명신이시여, 저들을 지켜주소서!

322

고구려로 떠나는 타임머신,
고분벽화

고분벽화는 말 그대로 무덤 안의 그림이다. 무덤 안에 묻힌 사람의 회고록이기도 하고, 꿈을 형상화한 것이기도 하다. 그러나 생각해보면 죽은 사람보다 그의 마지막 길을 춤과 노래로 배웅한 이들의 소망과 경험이 더욱 강하게 담겨 있다고 할 수 있다. 벽화의 틈서리와 얇고 두터운 안료막 안팎에 그 시대의 자화상이자 이상향이 숨겨진 배경처럼, 그늘에 숨은 그림자처럼 희미하게 서려 있다.

　고구려는 중국의 통일왕조들과 벌인 70년에 걸친 전쟁 끝에 멸망했다. 중국의 통일왕조 수가 동방강국 고구려에 실질적인 신하의 예를 요구하다가 거절당한 뒤 598년 벌어진 두 나라의 전쟁은 수의 뒤를 이은 당 때에도 계속되었다. 결국 신라의 도움을 받은 당과의 마지막 전쟁에서 패한 고구려의 수도 평양은 잿더미가 되었다. 668년 9월, 보장왕의 항복 뒤에도 고구려 옛 땅에서 나라를 되살리려는 사람들과 이를 막으려는 사람들 사이의 전쟁은 계속되었다. 10여 년에 걸친 고구려 부흥 전쟁을 겪으며 고구려 주요 도시에 보관되어 있던 역사와 문화에 관한 '기록'들은 거의 불타버렸다. 고구려를 이끌던 사람들은 죽거나 당, 신라 등으로 붙잡혀가거나 주변 나라들로 망명했다. 결국 고구려의 옛 땅에는 성이나 무덤 외에 동방대국 고구려를 증명할 수 있는 것이 거의 남지 않게 되었다.

고구려 벽화고분은 19세기 말부터 재발견되었다. 북한의 대동강과 재령강 유역, 중국 집안 일대에 흩어진 수많은 고구려시대 무덤들 가운데 돌방 안에 벽화가 그려진 무덤이 섞여 있다는 사실이 알려졌다. 하지만 대한제국의 해는 기울고 있었고, 중국의 청 왕조도 역사무대 너머로 사라져가는 상태였다. 20세기 초 본격적으로 이루어진 고구려 벽화고분 조사는 동아시아의 새로운 제국주의 국가 일본의 관학자들의 몫이 되었다.

현재까지 120기가량 발견된 고구려 벽화고분 중 흥미로운 벽화 내용으로 이름이 널리 알려진 무용총, 각저총, 강서대묘, 강서중묘 등은 일제강점기에 조사되었다. 묘지명이 남아 있는 안악3호분, 덕흥리 벽화분 등은 북한 고고학자들에 의해 발굴, 조사되었으며 연꽃 장식무늬 벽화로 세간의 눈길을 끈 미창구장군묘 등은 중국의 고고학자들에 의해 발견, 보고되었다. 아직 고구려의 남쪽 영토의 일부였던 한반도 중부 일원에서는 벽화고분이 발견되지 않았다. 고구려와 신라의 국경지대였던 영주 순흥에서 발견된 2기의 벽화고분들은 고구려의 영향 아래 만들어진 신라시대 유적이다.

벽화고분은 고구려가 출현하기 전부터 만들어졌다. 벽화는 이집트의 피라미드에도 있고 로마의 이웃이었던 에트루리아의 오랜 무덤 안에도 있다. 중국에서는 진 이전의 전국시대에 이미 나무로 만든 무덤곽 안에 회를 바르고 그 위에 그림을 그려 죽은 자의 소망이나 생전 삶의 흔적을 남기는 관습이 있었다. 고구려는 국가의 발전이 어느 정도 이루어진 뒤인 4세기를 전후하여 무덤 안에 벽화를 그리는 관습을 중국의 한으로 부터 받아들였다.

고구려 사람들은 고유의 무덤양식인 돌무지무덤 속에 돌방을 쌓아올 려 그 안에 벽화를 그리기도 하고 돌방무덤의 무덤칸 벽과 천장에 그림 을 그려 벽화고분으로 만들기도 했다. 벽화 제작 초기에는 무덤칸의 벽 과 천장에 석회를 바르고 그 위에 그림을 그리는 방식을 택했지만 안료 기술이 발전한 후기에는 잘 다듬어진 돌벽을 그대로 캔버스로 삼기도 했다. 강서대묘와 강서중묘 벽화의 청룡, 백호는 고구려 화가의 붓질이 돌벽 위에 그대로 이루어졌음에도 불구하고 1500여 년에 이르는 세월 이 무색할 정도로 생생하다.

5세기 초를 하한으로 하는 고구려 초기의 고분벽화에는 무덤에 묻힌 사람의 생전 생활을 재현해내는 생활풍속 장면이 그려졌다. 귀족의 경 험을 반영하는 외부 행렬, 사냥, 곡예 및 가무 관람, 저택 안채와 바깥채 에서 이루어지던 일상생활의 다양한 모습이 벽화의 제재가 되었다. 벽 화 속 생활풍속 제재들은 벽화가 그려지던 시기 고구려 귀족사회의 모 습이기도 하지만 죽은 이가 염원하던 내세 삶의 현장이기도 하다. 이런 까닭에 벽화는 실제상황을 그대로 재현하기보다는 어느 정도 과장된 상태로 묘사되기도 한다.

고분벽화의 생활풍속은 기본적으로 무덤칸의 벽에 표현된다. 반면 천장에 배치된 것은 하늘의 별자리, 혹은 하늘세계의 구성원으로 여겨 지는 신, 선인, 기이한 짐승과 새들이다. 이런 제재들은 무덤에 묻힌 사람과 그 가족들의 우주관, 자연관, 내세관을 반영했다. 하늘세계의 존재들, 이들과 별자리의 관계, 산자와 죽은 자들의 세계가 구성되고 관계 맺는 방식 등이 기호처럼 배치되어 있다.

5세기 중엽부터 말기에 걸쳐 그려진 벽화의 주제는 더욱 다양하다. 본격적으로 연꽃 중심의 장식무늬가 주제로 등장하기 시작했다. 특히 장식무늬, 생활풍속과 사신이 각각 주제의 한 축을 담당하여 두 가지, 혹은 세 가지인 혼합적 주제의 고분벽화가 그려지기도 했다. 당시는 장수왕에 의한 고구려의 전성기였다. 79년간 재위한 장수왕 시대에 고구려의 문화가 화려하게 꽃피었던 점을 감안하면 고분벽화의 주제가 다양한 것도 시대의 흐름과 일치하는 현상이다.

중기 고분벽화의 주요한 주제로 등장하는 연꽃무늬 벽화는 4세기 말 고구려가 채택한 불교 국교화의 영향이었다. 392년 고국양왕이 "불교를 믿고 복을 구하라"는 명을 내린 이래 불교신앙이 새로운 종교현상이 되었다. 고국양왕의 뒤를 이은 광개토대왕이 평양에 9개의 불교사찰을 세우자 불교신앙에 큰 관심이 모아졌고 불교에서 가르치는 '정토왕생'이 내세 삶의 목표로 떠올랐다. 연꽃무늬 벽화는 불교 정토에서의 새로운 삶에 대한 갈망을 무덤 안에 그린 결과로 볼 수 있다.

고구려 후기 고분벽화는 '사신' 일색이다. 물론 이 시대에도 생활풍속과 장식무늬가 그려졌지만 무덤칸의 네 벽에 청룡, 백호, 주작, 현무가 사실상 유일한 제재로 등장했다는 점에서 6세기 초에서 7세기 전반까지 이어지는 후기는 '사신도의 시대'나 다름없다. 이 시기의 벽화고분은 대부분 무덤칸이 크고 넓으며 흙무지도 상당한 규모를 자랑한다.

이는 사신도 무덤의 주인이 상급귀족이거나 왕족, 왕임을 시사한다. 일부 벽화고분 무덤칸 천장돌에 황룡을 추가해 오신도五神圖를 그려 넣은 것도 고분 주인의 생전 지위가 어떠했는지를 짐작할 수 있게 한다. 고구려 벽화고분의 대미를 장식하는 북한 남포 강서구역의 강서대묘와 강서중묘가 벽화의 완성도, 고분의 규모에서 다른 유적과 비교할 수 없을 만큼 웅장하다는 사실은 후기 고분벽화의 중심주제가 사신도가 된 이유를 추적하는 실마리가 될 수 있다.

나는 단편적 기록만으로는 '복원'이 어려운 고구려인의 삶과 생각을 고분벽화를 통해서는 밝혀낼 수 있다고 생각했다. 대학에서 고고학과 미술사를 부전공으로 택하면서 만나게 된 고구려 고분벽화가 나에게는 '그림 이야기, 그림 역사책'으로 다가왔다. 벽화 속 인물들이 내게 말을 걸어오는 듯한 착각에 빠지기도 했다. 그림이지만 그림 같지가 않았다. 미처 깨닫기도 전에 고분벽화가 전공 분야가 되었다. 그러나 벽화 해석은 어려웠다. 일제강점기의 보고서, 사진집, 모사화도록 같은 것을 살펴보았지만 정보는 늘 단편적이었다. 벽화가 온전한 것은 드물었고 각 장면의 한 귀퉁이가 작은 흑백사진으로 남아 있는 것이 대부분이었다. 어떤 벽화고분은 어떻게 발굴되었는지, 무덤칸 안 벽화의 각 장면이 어디에 어떤 상태로 남아 있는지에 대한 기록조차 없이 이름, 조사되었다는 사실, 벽화가 있었다는 것만 알려진 상태였다. 마음을 다스리면서 하나하나 퍼즐을 맞추듯이 벽화와 고분에 대한 단편적 자료를 모아 비교하고 정리하는 것이 연구 초창기에 할 수 있는 일의 전부였다.

자료를 모으면서 벽화를 선 그림으로나마 모사해보기도 하고 벽화 내용 이해에 도움이 될 글들도 수시로 읽었다. 그러자 고구려의 성이나 무덤, 역사기록으로만 알기 어려운 고구려인의 숨결이 느껴지기 시작했다. 벽화 안에 고구려가 있었다! 고구려인의 얼굴, 옷차림, 음식, 집, 생활방식, 사람들 사이의 관계, 직업과 신분, 지위, 옷을 만드는 기법, 패션 감각, 화장술, 머리 장식, 걸음걸이, 습관 같은 것들이 벽화에서 떠올라 눈앞에서 영화처럼 펼쳐졌다. 더 나아가 부부금실, 남녀 시종들의 일거리, 요리하고 상 차리는 과정, 우물에서 물을 기르고 디딜방아로 곡식을 찧는 일상의 단면, 거문고를 들고 걷는 악사와 무용수의 대화, 수박희(태권도와 유사한 격투기)와 씨름, 마사희(말 타고 달리면서 과녁 맞추기 놀이), 사냥 등으로 몸을 단련하고 전쟁과 같은 비상사태에 대비하는 모습도 눈에 들어왔다.

무덤칸의 천장은 고구려 사람들이 마음으로만 볼 수 있는 세계를 형상화한 또 하나의 세계였다. 크고 작은 둥근 원으로 나타낸 6등성 별들의 무리, 해와 달과 별자리들은 하늘세계 여행을 위한 이정표와 같았다. 별의 화신들이 천추, 만세, 길리, 부귀같이 사람 머리에 새의 몸, 짐승 머리에 새의 몸, 사람 머리에 짐승 몸인 상상 속의 새와 짐승으로 그려진 무덤칸 천장이 있는가 하면, 금가루로 수십 개의 별자리만 장식된 넓고 편평한 천장석도 있었고 해신, 달신, 불의 신과 농업의 신 같은 문명신들과 천인, 신선 등으로 가득 찬 천장고임 벽화도 있었다. 벽화고분의 널방 천장이 때로는 연꽃으로도 채워졌고 상서로운 의미의 벽(둥근 고리 형태의 장식)으로, 커다란 황룡이나 청룡 및 백호로도 장식되어 고구려인이 믿는 죽은 뒤 세상의 하늘세계가 현실에 다시 펼쳐지는 듯한 느낌을 받았다.

그러면서 본격적으로 고구려인의 마음에 자리 잡은 불교적 내세관이 고분벽화에 어떻게 모사되고 있는지 글을 쓰기 시작했다. '고분벽화 읽기'의 시작이다. 벽화 한 장면, 한 장면에 대한 상세한 검토와 비교 분석을 통해 '벽화를 읽을 수 있다'는 사실을 알린 의미 있는 작업이었다. 연달아 쓴 여러 편의 글을 하나로 묶어 박사학위 논문으로 냈고 《고구려 고분벽화 연구》라는 책도 펴냈다. 2004년은 다수의 벽화고분이 포함된 북한과 중국 소재 고구려 유적이 유네스코 세계유산으로 등재된 해이기도 하다. 나는 그해 7월로 예정된 세계유산 총회를 앞두고 KBS가 추진한 고구려 특집 다큐멘터리 자문단의 일원으로 평양을 방문했다. 고분벽화에 대한 글을 쓰기 시작한 지 16년만의 일이다. 중국 집안 소재 고분벽화는 1991년 장춘에서 열린 학술대회에 참가하면서 보았지만 평양과 남포의 벽화고분 안에 들어가볼 기회는 이때까지 없었다. 강서대묘 현무와 주작, 수산리 벽화분 귀부인을 그린 고구려 화가의 선은 말 그대로 생생하게 살아 있었다.

그러나 밀폐된 상태를 전제로 만들어진 유적인 벽화고분의 보존 상태는 좋지 못했다. 북한과 중국에서 발견된 고구려 벽화고분 가운데 벽화가 비교적 잘 남아 있는 사례는 30여 기에 불과하다. 조사 뒤 폐쇄되지 않고 사람들이 수시로 드나들면서 보존 환경이 안정적으로 유지되지 못한 까닭이다. 수산리 벽화분 귀부인의 얼굴과 저고리, 치마에는 곳곳에 붉은 곰팡이가 피었고 강서대묘 주작의 몸은 물에 녹은 불투명 석회막으로 덮였다. 일제강점기에 발견, 조사된 중국 집안의 무용총이

나 각저총 역시 보존 상태가 좋지 않기는 마찬가지였다. 유네스코 세계 유산센터가 북한 문화유산보존국과 힘을 모아 10여 년 동안 벽화의 안정화 작업을 시도해 성과를 거둔 수산리 벽화분의 경우는 이런 현황과 관련하여 눈여겨 볼만하다. 국제협력과 보존 상태 개선에서 모두 일정한 성과를 이루었기 때문이다.

살아 있는 역사의 기록이자 문화영상이라고 할 수 있는 고구려 고분벽화는 여전히 많은 부분이 미지의 상태로 남아 있다. 2004년 7월 세계유산으로 등재된 이후에도 이 분야의 연구자는 거의 늘지 않았다. 북한이나 일본에는 고분벽화 모사를 자신의 전문 분야로 삼아 벽화의 가치를 재인식, 재평가하는 계기를 마련해주는 전문인들도 있다. 하지만 한국에는 벽화 자료의 기초적 정리를 담당하는 연구자조차 손에 꼽을 정도로 적다. 고분벽화에는 한국사의 출발점에서 꽃핀 고구려 역사와 문화가 담겨 있다. 우리 역사의 '보물상자'임에도 벽화는 접근이 허락되지 않는 전설 속의 보물섬처럼 취급되는 면이 있다. 적극적으로 이 유적의 가치를 재인식, 재평가하고 관심과 연구의 대상으로 떠올려야 할 때이다.

이 책에 등장하는
주요 고분 개요

하해방 고분군

모두루총

중국 길림성 집안시 태왕진 하해방촌(옛 지명: 집안현 태왕향 하해방촌, 집안현 하양어두下羊魚頭)을 지나는 집청공로 남측에 있는 고구려시대 흙무지돌방벽화고분이다. 지형상으로는 집안의 통구평야 동북 끝부분, 곧 용산 남쪽 기슭에 위치한다. 1935년 일본인 이케우치 히로시池內宏와 우메하라 스에지梅原末治 등에 의해 처음 조사되면서 널방 북벽 상단의 묘지명 주인공인 '모두루'의 이름을 따 모두루총으로 이름 붙였다.

1957년 길림성박물관이 재조사를 실시했고 1963년부터 수차례에 걸쳐 집안현문물보관소가 무덤 정비와 수리를 진행했다. 1965년 길림성문물보관회와 길림성박물관이 무덤을 실측했으며 1978년 묵서가 있는 띠 부분에 화학 안료로 막을 입혔다. 1994년 무덤에 대한 보수공사가 이루어졌고 1997년 길림성문물고고연구소와 집안시박물관은 재조사 및 실측을 진행했다.

중국학자들은 묘지명의 주인공을 모두루의 조상 염모로 해석하여 염모묘라고 부른다. 중국 측의 공식 명칭은 집안 통구 고분군 하해방묘구 1호묘 JXM001이다. 무덤칸의 방향은 남쪽으로 40도 기운 서향, 곧 서남향이다. 무덤 외형은 밑이 네모진 상태에서 위로 좁혀가다가 끝이 살짝 잘린 듯이 마무리된 방대형이다. 흙무지 밑면은 너비 16미터, 길이 18미터, 높이 5미터이다. 널길, 앞방, 이음길, 널방으로 이루어진 전형적인 두방무덤으로 앞방의 천장 구조는 궁륭고임, 널방은 평행삼각고임이다.

널길, 앞방, 이음길, 널방의 너비·길이·높이(미터)는 각각 1.1×1.3×1.1, 2.3×2.9×2.3, 1.1×1.65×1.1, 3.0×3.0×2.9이다.

무덤칸은 일정한 크기의 깬돌로 쌓았으며 벽과 천장부 전면에 백회를 입혔다. 널방 바닥에 각각 동남벽과 서북벽에 잇대어 두 개의 관대를 설치하였다. 앞방 서북벽(오른벽) 위쪽에 홈이 파여 있고 그 속에 세 개, 천장부 고임돌에서도 세 개, 동남벽에도 위아래 두 줄로 세 개씩의 못 구멍이 나 있는 것이 확인되었다. 널방 북벽에 해당하는 동북벽 상단에서 서북벽 상단 일부까지 이어진 진황색 가로띠와 그 위에 쓴 묵서 묘지墓誌 이외에 벽화의 흔적은 보이지 않는다.

묘지는 12자가 쓰였던 것으로 보이는 제1행과 자수를 알 수 없는 제2행, 10자씩 쓰인 3행 이하 80행까지 모두 800여 자로 이루어졌다. 3행부터 80행까지는 가로선과 세로선으로 글자마다 칸이 지어졌다. 현재 식별 가능한 글자는 1994년 판독 결과를 기준으로 할 때 436자 정도이다. 그러나 묵흔이 남아 있는 판독 못한 글자의 상당수도 적외선 촬영 장치와 같은 정밀한 과학기재를 이용하면 판독이 가능할 것으로 보인다. 지금까지의 판독에 근거한 묘지명과 묘지 해석은 아래와 같다.

大使者牟頭婁.........奴客	대사자모두루.........노객
文.........	문.........
河泊之孫日月之子鄒牟	하박지손일월지자추모
聖王元出北夫餘天下四	성왕원출북부여천하사
方知此國郡最聖德口口	방지차국군최성덕口口
治此郡之嗣治乃好太聖	치차군지사치내호태성
王奴客祖先於口口北夫	왕노객조선어口口북부
餘隨聖王來奴客因基業	여수성왕래노객인기업
之故造聖王猷口口奴客	지고조성왕염口口노객
世遭官恩恩育滿國罡上	세조관은은육만국강상
聖太王之世隨口口口宜	성태왕지세수口口口의
祀侃儐口口口口口口民	사탈빈口口口口口口민

---

1 묘지명 판독문은 경철화耿鐵華의 작업 결과를 받아들이되 명문 석독은 국내외의 일반적인 이해
에 바탕을 두고 전체 줄거리만 제시한다.

非靈祓□□□□□□ 　　비령발□□□□□□

叛逆綏順之益□□大兄 　　반역수순지익□□대형
冉牟在世民無困擾□能 　　염모재세민무곤요□능

遣招舊部恩賜衣之□□ 　　견초구부은사의지□□
拘雞鵝□采□□□□□ 　　구계아□채□□□□□
暨農桑□□□□□□□ 　　기농상□□□□□□□
悅□釋鞍□□□□□□ 　　열□석안□□□□□□
恩德恒昌□□□□□□ 　　은덕항창□□□□□□
官客止於□□□□□冉 　　관객지어□□□□□염

車令鄉靈經轉□□□下 　　모령향령경전□□□하

慕容鮮卑韓濊使人喩知 　　모용선비한예사인유지

河泊之孫日月之子所生 　　하박지손일월지자소생
之地來自北夫餘大兄冉 　　지지래자북부여대형염
牟推□公義彡□□無窮 　　모추□공의삼□□무궁

處省□□□□□□□□ 　　처성□□□□□□□□
牟婁□□弘□□□□□ 　　모루□□홍□□□□□

334

命遣□□黃龍□□□□ 명견□□황룡□□□□

□之□□忠義世守□□ □지□□충의세수□□

□□□□□存□□□□ □□□□□존□□□□

□□□□□造世人□□ □□□□□조세인□□

之盛□□□苑罡□□□ 지성□□□원강□□□

關岳望□□爲□□□□ 관악망□□위□□□□

□□殘命□間□□□□ □□잔명□간□□□□

□三日□□□□□□□ □삼일□□□□□□□

北夫餘冉牟□□□□□ 북부여염모□□□□□

□河泊日月之孫□□□ □하박일월지손□□□

□□在祖大兄冉牟壽盡 □□재조대형염모수진

□□於彼喪亡終日祖父 □□어피상망종왈조부

□□大兄慈惠大兄□明 □□대형자혜대형□명

□世遭官恩恩賜祖之□ □세조관은은사조지□

道城民谷民幷饋前王恩 도성민곡민병궤전왕은

育如此逮至國罡上太王 육여차체지국강상태왕

聖地好太聖王緣祖父屢 성지호태성왕연조부루

忝恩教奴客牟頭婁憑冉　　첨은교노객모두루빙염

牟教遣令北夫餘守事河　　모교견령북부여수사하

泊之孫日月之子聖王□　　박지손일월지자성왕□

□馬幟昊天不弔奄便薨　　□마치호천불조엄편훙

殂老奴客在遠襄助知若　　조노노객재원양조지약

遇不幸日月不□明肇□　　우불행일월불□명조□

靈□□□朝神□□□□　　령□□□조신□□□□

□□□□苑闕似□□□　　□□□□원궐사□□□

知老奴客在遠之□職歸　　지노노객재원지□직귀

還□酘教之□葵□□□　　환□두교지□규□□□

滋潤太隨踊躍□□□□　　자윤태수용약□□□□

使人教老奴客□□□□　　사인교로노객□□□□

官恩緣牟頭婁□□□□　　관은연모두루□□□□

孰致洒贅涕零□□□□　　숙치내췌체령□□□□

穴勉　　혈면

極言教一心□□□□　　극언교일심□□□□

336

□□□兄難孰歸□□述 　　□□□형난숙귀□□술

□□□□於□□□□□ 　　□□□□어□□□□□

□□□意不□□□□□ 　　□□□의불□□□□□

□三人相□□□□□□ 　　□삼인상□□□□□□

嘗聚好太王聖地□□□ 　　상취호태왕성지□□□

然所依如若朝拜□勤□ 　　연소의여약조배□근□

知之獻□之法□□□□ 　　지지헌□지법□□□□

可知之□如幾□□□□ 　　가지지□여기□□□□

□□□朔月平旦□□□ 　　□□□삭월평단□□□

□□□池海□□□□□ 　　□□□지해□□□□□

□□□□□□□□□□

□□□□□□□□□□

□□□□□□□□□□

□□□□□□□□□□

□□□□□□□□□□

□□□□□□□□□□

□□□□□□□□□□

□□□□□□□□□□

□□□□□□□□□□

□□□□□□□□□□

□□□□□□□□□□

337

이 묵서는 고구려의 대사자大使者였던 모두루의 묘지이다. 하백의 손자이자 일월의 아들인 추모성왕은 북부여에서 태어났다. 노객奴客 모두루의 선조는 북부여에서부터 성왕을 수행했다. 모두루의 조상들은 역대 고구려왕의 보살핌 아래 여러 차례 큰 공훈을 세웠다. 모용선비가 성왕이 태어난 성스러운 땅인 북부여를 침공하자, 조상인 대형大兄 염모가 고구려군을 이끌고 이를 물리쳤다. 염모가 죽은 후에도 대형 자ㅁ(慈ㅁ) 등이 대대로 관은官恩을 입으면서 성민을 다스렸다. 광개토대왕 대에 이르러 모두루는 ㅁㅁ모(ㅁㅁ牟)와 함께 북부여 수사守事로 파견되었다. 광개토대왕이 죽자 모두루가 해와 달이 빛을 잃은 듯이 슬퍼하였다. 이후에도 모두루는 계속 관은을 입었다.

무덤 구조와 묘지 내용 등을 감안할 때 모두루총의 축조는 5세기 전반에 이루어진 것으로 보인다.

하해방31호분

중국 길림성 집안시 태왕진 하해방촌을 지나는 집청공로 북쪽 산기슭에 있는 고구려시대 흙무지돌방벽화고분이다. 하해방촌에서는 동북 200미터 지점의 산비탈에 위치하는 셈이다. 중국측의 공식명칭은 집안 통구 고분군 하해방묘구 제31호묘JXM031이다. 동남쪽 40미터 지점에 환문총이 있다.

1963년 무덤 안에 벽화가 있음이 알려진 후, 1966년 길림성박물관 집안고고조사대가 무덤 내부의 실측과 벽화 조사를 실시했다. 1983년 집안현문물보사대가 재차 조사를 진행했다. 1997년 재조사와 실측보고가 이루어졌다.

무덤의 외형은 밑이 네모진 상태에서 위로 좁혀가다가 끝이 살짝 잘린 듯이 마무리된 방대형이며 흙무지 밑면 둘레 60미터, 높이 약 6미터이다. 무덤 벽체는 석회암 막돌로 쌓았다. 널길과 앞방, 이음길, 널방으로 이루어진 두방무덤으로 무덤 방향은 동으로 25도 기운 남향이다. 널길과 앞방, 이음길, 널방의 너비·길이·높이(미터)는 각각 1.13~1.44×2.38×1.40~1.78, 2.15×2.74×2.20, 1.00×0.84×1.36, 3.80×3.60×3.46이다. 앞방의 천장 구조는 꺾음식, 널방은 3단의 평행고임 위에 2단의 삼각고임을 얹은 평행삼각고임식이다.

무덤칸 안에 백회를 입힌 후 그 위에 벽화를 그렸으나, 백회가 거의 떨어져나가 벽화의 전체 구성방식을 추적하기는 어렵다. 널방 네 벽 곳곳에 연꽃무늬가 남아 있고 천장고임에 새, 달, 별자리, 연꽃, 보주화염문 등이 남아 있는 것으로 보아 벽화의 주제는 장식무늬였던 듯하다. 무덤 구조와 벽화 제재 구성방식 등을 감안할 때 하해방31호분의 축조는 5세기 중엽을 전후한 시기에 이루어진 것으로 보인다.

환문총

중국 길림성 집안시 태왕진 하해방촌을 지나는 집청공로 북쪽 산기슭에 있는 고구려시대 흙무지돌방벽화고분이다. 하해방촌에서는 동북 160미터 지점의 산비탈에 위치하는 셈이다. 중국의 공식명칭은 집안 통구 고분군 하해방묘구 제33호묘JXM033이나 일반적으로 환문묘로 불린다. 무덤의 북쪽 약 40여 미터 거리에 하해방31호분JXM031이 있다.

1935년 일본인 이케우치 히로시와 우메하라 스에지 등에 의해 처음 조사되면서 무덤칸 안에 그려진 겹둥근무늬로 인해 환문총으로 불리게 되었다. 1974년 10월 집안현문관소가 무덤을 수리했고 1976년 11월 흙무지가 더해졌다. 1978년 집안현문물관리소가 벽화 보존처리 작업의 일환으로 벽화에 화학 안료로 막을 입혔다. 1997년 재조사와 실측보고가 이루어졌다.

외형이 밑이 네모진 상태에서 위로 좁혀가다가 끝이 살짝 잘린 듯이 마무리된 방대형인 무덤의 흙무지는 처음 조사될 때는 둘레 80미터, 높이 3미터였으나 무덤의 수리와 정리를 거치면서 흙무지의 밑면 한 변 길이 16미터, 높이 5미터가 되었다. 막돌로 벽체를 쌓고 빈틈을 회죽으로 메웠다. 무덤 방향은 남으로 30도 기운 서향이며 널길과 널방만으로 이루어진 외방무덤이다. 널길과 널방의 너비·길이·높이(미터)는 각각 1.00×3.20×0.70~1.40, 3.03×3.30×3.48이다.

널길은 널방 서벽 가운데 설치되었으며, 널방 가운데에 넓게 관대가 시설되었다. 널방 천장 구조는 사아궁륭고임이다. 무덤칸 안에 백회를 입히고 그 위에 벽화를 그렸으나 백회가 떨어져나간 곳이 많다. 벽화의 주제는 장식무늬와 사신이다. 널방 네 벽 모서리 및 벽과 천장고임의 경계에 기둥과 두공, 도리를 그려 무덤 안이 목조가옥의 내부처럼 보이게 하였다. 널길 남벽과 북벽에 각각 진묘수에 해당하는 괴수를 커다랗게 한 마리씩 그려 넣었다. 널방 네 벽에는 상하좌우가 서로 마름모꼴을 이루도록 일정한 간격마다 한 개씩의 동심원문을 표현하였으며, 천장고임에는 청룡, 백호 등 사신과 구름무늬를 함께 나타냈다.

널방 벽면 일부에서 무용수의 모습 등 생활풍속의 제재에 해당하는 장면이 회벽 안으로부터 배어나와 발굴 초기부터 조사자들의 눈길을 끌었다. 어떤 이유에서인지 최초 벽화가 마무리된 다음 일정한 시간이 지난 뒤 벽화의 제재 및 주제가 바뀌었음을 알게 하는 대목이다.

동심원문의 의미는 아직 명확하지 않으며 고구려 벽화고분 가운데 동심원문이 벽화 주제로 선택된 사례도 아직까지 환문총이 유일하다. 외방무덤이면서 궁륭식 천장 구조를 지닌 점, 벽화 주제가 생활풍속에서 장식무늬 및 사신으로 바뀐 점 등의 요소를 감안할 때, 환문총의 축조는 5세기 중엽 전후한 시기에 이루어진 것으로 보인다.

장천 고분군

장천1호분

중국 길림성 집안시 황백향 장천촌(옛 지명 : 집안현 청석진 장천촌) 장천분지 동쪽 낮은 구릉 위에 있는 고구려시대의 흙무지돌방벽화고분이다. 장천분지는 집안시 압록강 하안에 있는 여러 개의 충적분지 가운데 하나로 집안 시가지에서 동북으로 25킬로미터 떨어진 장천촌 북쪽 계단식 지형 위에 펼쳐져 있으며 동서 길이 약 3킬로미터, 남북 너비 약 1킬로미터이다. 무덤의 서북 174미터 지점에 장천2호분이 있다. 중국 측 공식 명칭은 집안 통구 고분군 장천묘구 제1호묘JCM001이다.

1970년 8월 길림성문물공작대와 집안현문물보관소에 의해 발굴 및 조사되었다. 1973년 8월 벽화에 대한 화학적 보존처리 작업이 이루어졌다. 같은 해 9월 무덤이 수리되었다. 1978년 10월 무덤 앞에 설명표지판이 세워졌다. 1997년 재조사와 실측보고 작업이 이루어졌다. 2005년 말부터 2006년 4월 사이에 무덤 내부의 벽화가 훼손되어 현재는 발굴 당시의 원형을 확인할 수 없는 상태이다.

무덤 외형은 밑이 네모진 상태에서 위로 좁혀가다가 끝이 살짝 잘린 듯이 마무리된 방대형이며, 흙무지 밑면 둘레 88.80미터, 높이 약 6미터이다. 널길과 앞방, 이음길, 널방으로 이루어진 두방무덤으로 무덤 방향은 남으로 37도 기운 서향이다.

널길과 앞방, 이음길, 널방의 너비·길이·높이(미터)는 각각 1.40× 1.53×1.90, 2.90×2.37×3.35, 1.34×1.12×1.62, 3.20×3.30× 3.05이다. 앞방 천장 구조는 3단의 평행고임과 3단의 삼각고임을 번갈아 얹은 변형평행삼각고임이며, 널방은 5단의 평행고임이다.

널방 남벽과 북벽에 잇대어 2기의 돌관대가 나란히 설치되었다. 널방 벽 위쪽에 일정한 간격으로 동벽에 8군데, 남벽과 북벽에 7군데씩의 못 구멍이 뚫려 있어 만장을 걸기 위한 것으로 추정된다. 널길을 제외한 무덤칸 안의 벽과 천장, 돌관대 위에 벽화를 그렸는데, 앞방과 이음길의 벽화는 벽면과 천장부에 덧입혀진 백회 위에 그렸으며, 널방 벽화는 석면 위에 직접 그렸다. 벽화 가운데 백회가 떨어져나가거나 습기에 의해 지워진 부분이 많다. 벽화 주제는 생활풍속과 장식무늬이다. 널방 천장석 벽화 중에 '북두칠청北斗七靑'이라는 묵서명이 있다.

앞방 네 벽의 모서리에는 묵선과 자색 안료를 이용해 기둥과 도리를 그려 앞방 안이 목조건물의 내부처럼 느껴지도록 하였다. 그러나 각 벽의 중단이나 하단에도 자색의 굵은 가로띠를 그려 넣어 실제 앞방의 각 벽은 오히려 자색의 띠로 구획된 여러 개의 독립 화면과 같은 느낌을 준다.

앞방 벽에는 무덤 주인의 생전 생활을 기념하는 내용을, 앞방 천장고 임에는 죽은 뒤의 세계에 대한 기원을 담은 내용을 주로 그렸다. 앞방 남벽에는 자색의 띠로, 상중하로 나뉜 세 개의 화면 가운데 상단과 중단에는 정자에 앉은 무덤 주인 부부가 시종들의 음식 시중을 받으며 무용과 합창을 관람하는 장면을 묘사하였다. 하단 화면의 내용은 백회가 떨어져나가 알 수 없다.

널길과 이어지는 서벽의 좌우에는 갑주를 입고 칼을 찬 실물 크기의 문지기 무사를 그렸다. 북벽에는 큰 나무 아래 앉은 무덤 주인이 그를 찾아온 귀빈과 함께 각종 놀이를 보며 즐기는 백희기악百戱伎樂 장면과 한 무리의 수렵대가 여러 종류의 동물을 사냥하는 장면이 그려졌다. 위쪽의 백희기악도는 공과 칼을 던지며 받는 놀이, 공중에서 바퀴 굴리기 놀이, 원숭이 다루기 등 여러 가지 곡예와 씨름, 거문고 연주에 맞춘 노래와 춤 등의 다양한 놀이 장면으로 이루어졌다.

무덤 주인이 앉아 있는 곳과 가까운 화면 중심부에는 주위 인물들에

---

2 장천1호분 벽화 훼손 시점과 경위는 외부에 명확히 알려지지 않았다. 장천1호분과 함께 삼실총 벽화도 훼손된 것으로 전하나 훼손 상태나 정도에 대해 공식적으로 알려진 것은 없다.

3 장천1호분 벽화구성과 내용에 대해서는 전호태, 〈고구려 장천1호분벽화의 서역계 인물〉, 《울산사학》 6, 울산대사학과(1993) 참조.

비해 두드러지게 큰 흰 개와 흰 말이 한 마리씩 그려졌다. 당대의 종교 관념과 관계 있는 존재로 생각된다. 한편 화면 왼편의 마부를 비롯한 하인 복장의 몇몇 인물은 코가 높고 눈이 크며 수염이 짙은 서역계 인물로 고구려의 대외교섭 범위와 관련하여 주목된다. 백희기악도에 등장하는 인물과 동물들 사이의 공간에는 사람머리 크기의 연꽃과 연봉오리가 수없이 많이 떠 있는데, 다른 벽화 내용과 함께 불교에 대한 인식과 관련 있는 표현으로 짐작된다.

아래쪽의 사냥그림은 활이나 창으로 사슴, 호랑이, 멧돼지 등을 사냥하는 모습으로 구성되었다. 화면 왼편 하단에 그려진 큰 나무둥치 밑 동굴 속에 숨은 흑곰의 투시도는 당대의 민간신앙과 관련된 표현으로 보인다. 이음길을 따라 좌우로 나뉜 동벽에는 서벽에서와 같은 실물 크기의 문지기 두 명을 그렸는데, 서벽과 달리 이들은 평복 차림이다. 이들이 바라보는 이음길 좌우벽에도 역시 실물 크기의 여인 두 사람이 묘사되었다. 이들은 시녀로 각기 긴 막대부채 한 개씩을 들고 있다. 문지기와 시녀들은 모두 고구려 고유의 점무늬 옷을 입고 있다.

앞방 천장고임 1단 각 면에는 사신을 그렸다. 사신은 앞방에서 널방을 바라보는 방향을 기준으로 할 때 좌청룡, 우백호, 전주작의 순서로 배치되었다. 현무가 그려져 있어야 할 천장고임 1단 서측 벽화는 백회가 떨어져 내용을 알 수 없다. 동벽 천장고임 암수 주작의 좌우로는 날개 모양의 갈기가 달린 기린 한 쌍이 묘사되었다.

천장고임 2단과 3단에는 예불도, 보살도, 전투도를 그렸다. 예불도는 앞방에 들어서면서 마주 보이는 동면에 자리 잡았으며 그 좌우면, 곧 북면과 남면에 보살도가 위치한다. 예불도의 중심적인 존재인 여래는 선정인禪定印을 한 채 수미좌 위에 결가부좌하고 있으며 그를 향하여 무덤 주인 부부로 짐작되는 귀족 남녀가 엎드려 절하는 자세로 여래를 공양하고 있다. 남면과 북면 천장고임의 보살은 4구씩이며 모두 여래를 향한 채 연화반 위에 서 있다. 동벽 상단과 천장고임 2단, 3단 각 면 양 끝에는 2인의 동자가 연꽃에서 화생化生하는 장면이 묘사되어 무덤 주인이 바라는 내세 연꽃화생 소원이 드러나 있다.

천장고임 4단과 5단에는 비천飛天, 화염보주火焰寶珠, 백학白鶴 등이 묘사되었다. 천장고임 6단에는 완함, 뿔피리, 횡피리와 같은 여러 가지 악기를 연주하는 기악천을 그렸다. 천장고임의 각 삼각석 옆면에는 하늘세계를 떠받드는 우주역사를 층층이 한 사람씩 묘사하였다. 크고 둥근 눈으로 서역계 인물을 연상시키는 역사들은 하나같이 짧은 바지를 입고 윗몸은 벗은 채 힘을 다하여 하늘을 떠받치고 있다.

천장고임 각층의 밑면에는 집안 지역 특유의 꽃잎 끝이 뾰족한 연꽃의 측면 모습을 그렸다. 일정 간격으로 배치된 이들 연꽃은 비천이나 기악천보다 크다. 천장석 그림은 백회가 떨어져 그 내용을 알 수 없다. 앞방 천장고임의 인물과 동물들 사이의 공간에는 앞방 북벽에서와 같이 커다란 연꽃과 연봉오리들이 수없이 떠 있다.

널방 입구의 돌문과 널방 벽, 천장고임은 연꽃으로만 장식되었다. 이들 연꽃은 대부분 지름 16~17센티미터 크기의 활짝 핀 형태의 것으로 위아래 좌우로 엇갈리며 열과 행을 이루게 그려졌다. 널방 천장석에는 해와 달, 별자리를 묘사하였다. 별들은 'X'자로 교차하는 대각선에 의해 4개의 정삼각형으로 나뉜 각 구획에 분산, 배치되었다. 동서 방향으로 배치된 해와 달은 각각 둥근 원 안에 삼족오三足鳥와 두꺼비, 옥토끼로 표현되었다. 널방 관대에도 그림이 있었으나 퇴색이 심하여 그 내용은 알 수 없다.

장천1호분은 앞방 벽화에서 표현된 다양한 내용의 백희기악도와 사냥 그림에도 불구하고 예불도와 보살도, 널방 벽과 천장고임의 연꽃장식이 지니는 종교적 의미로 인해 주목할 만한 벽화고분이다. 앞방 천장고임과 널방 벽화는 장천1호분 피장자와 그 일족이 비교적 독실한 불교도였으며 내세에 서방정토에서의 왕생을 바라는 불교적 내세관을 지닌 인물일 가능성을 강하게 시사한다.

앞방 천장고임 삼각석의 우주역사를 비롯한 예불도와 보살도 등은 중국 남북조시대의 석굴사원 장식에서도 볼 수 있어 활발한 문화교류가 있었음을 시사한다. 장천1호분 벽화 가운데 앞방과 널방의 연꽃도안과 앞방 천장고임의 주작, 기린 및 우주역사 등의 표현기법은 삼실총의 벽화에서 보이는 것과 매우 유사하다. 반면 앞방 천장고임의 청룡과 백호는 삼실총 벽화보다 표현 수준이 훨씬 높으며 널방 벽화는 6세기의 전형적 사신도 벽화묘에서 볼 수 있듯이 석면에 직접 그렸다. 이와 같은 여러 가지 요소를 고려할 때, 장천1호분은 고구려와 북위 사이의 교류가 특히 활발하고 고구려에서 불교신앙이 널리 확산되던 5세기 중반의 늦은 시기에 축조되었을 것으로 추정된다.

장천2호분

중국 길림성 집안시 황백향 장천촌 장천분지 동쪽 낮은 구릉 위에 있는 고구려시대의 흙무지돌방벽화고분이다. 장천분지는 집안시 압록강 하안에 있는 여러 개의 충적분지 가운데 하나로 시가지에서 동북으로 25킬로미터 떨어진 장천촌 북쪽 계단식 지형 위에 펼쳐져 있다. 동서 길이 약 3킬로미터, 남북 너비 약 1킬로미터이다. 무덤의 동남 174미터 지점에 장천1호분이 있다. 두 무덤 사이에는 후림자산 골짜기가 가로놓여 있다. 중국 공식명칭은 집안 통구 고분군 장천묘구 제2호묘 JCM002이다.

1972년 4월부터 5월까지 길림성문물공작대와 집안현문물보관소에 의해 발굴 및 조사되었다. 1980년 8월 무덤 수리가 이루어지고 벽화 보존을 위한 화학 처리가 진행된 뒤 폐쇄되었다. 1997년 재조사와 실측 보고 작업이 이루어졌다. 무덤 외형은 밑이 네모진 상태에서 위로 좁혀지다가 끝이 살짝 잘린 듯이 마무리된 방대형이며, 흙무지 밑면 둘레 143미터, 높이 6미터로 105기에 이르는 장천 고분군의 고분 가운데 가장 큰 무덤이다. 널길과 2개의 곁방, 이음길, 널방으로 이루어진 외방무덤으로 무덤 방향은 14도 기운 서향이다.

널길과 남쪽 및 북쪽 곁방, 이음길, 널방의 너비·길이·높이(미터)는 각각 1.4×2.7×2.10, 1.14×1.58×1.26, 1.14×1.52×1.26, 1.4×2.39×1.6, 3.60×3.48~3.52×3.32이다.

무덤칸 입구에 두 짝의 돌문이 설치되었으며 백회가 입혀진 상태이다. 널방 천장 구조는 4단의 평행고임이며 널방 바닥에는 화강암으로 만든 돌관대 2기가 나란히 설치되었으며 역시 표면에 백회를 입혔다. 거의 비슷한 크기인 두 관대의 너비·길이·높이(미터)는 1.22×3.00×0.3이다. 널방 벽 위쪽에 도금쇠고리를 걸었던 못 구멍이 일정한 간격으로 뚫려 있다. 도금고리 구멍은 통구12호분과 만보정1368호분 널방 안에서도 발견된 것으로 만장을 걸기 위해 설치한 것으로 추정된다.

무덤 내부의 조사와 정리 과정에서 도금장식 25점, 철기 15점, 유약 입힌 부뚜막 모형 도기 1점, 유약 입힌 네귀항아리 1점, 채색 견직물 잔편과 목기 잔편 등이 수습되었다. 무덤칸 안에는 백회를 입혔으며 그 위에 벽화를 그렸다. 벽화의 주제는 장식무늬이다.

백회가 많이 떨어져나가 발견 당시에는 남북 곁방의 세 벽과 천장고임, 널방 입구의 돌문, 널방 벽과 천장고임 일부에만 벽화가 남아 있었다. 널길 좌우벽에서는 벽화가 발견되지 않았다. 널방 벽화는 무덤 안에서 일어난 화재로 불에 그슬려 그림 내용을 알아보기 어려운 곳이 많다.

남쪽 곁방과 북쪽 곁방의 세 벽에는 사각형 구획을 짓고 그 안에 돌기가 달린 변형 구름무늬를 위아래 일정 간격마다 가로로 연속하여 묘사한 다음 구름무늬 위에 자주색과 짙은 풀색으로 '왕王'자 무늬를 번갈아 질서 있게 그려 넣었다. 북쪽 곁방 북벽에 가로, 세로로 25열과 23행을 이루며 쓰인 '왕'자는 모두 575개에 이른다. 벽걸이 틀을 연상시키는

---

4 화재가 도굴자들에 의한 것인지, 아니면 임시로 무덤 안에 들어와 살던 이들의 취사활동에 의한 것인지는 명확하지 않다. 다만 관대 위에 놓였던 목관 관재의 잔재로 보이는 목탄 부스러기가 발견된 것으로 보아 고구려 멸망 후 오래지 않아 전면적인 도굴 중에 일어난 화재일 가능성도 배제할 수 없다.

외부 구획선과 돌기무늬, '왕'자 무늬를 둘러싼 내부 구획선 사이는 변형 구름무늬로 장식하였다.

널방 입구의 돌문 바깥 면과 안쪽 면에는 방형 책을 쓰고 풀빛 바탕에 검은 꽃무늬로 장식된 바지를 입은 실물 크기의 문지기와 노란 바탕에 검은 꽃무늬가 장식된 치마를 걸치고 두 손을 가슴에 모은 실물 크기의 여인을 그렸다. 돌문과 널방 사이의 이음길 남벽과 북벽에는 꽃받침과 줄기가 달린 5엽 연꽃을, 천장면에는 벽면과 같은 유형의 8엽 연꽃을 묘사했다. 널방 벽과 천장고임은 8엽 2겹의 연꽃으로 장식하였다. 널방 벽의 연꽃은 가로와 세로로 엇갈리며 줄을 이루게 그렸는데, 남벽, 북벽, 동벽에는 9송이씩 9줄로 81송이가 표현되었으며 널방 문으로 인해 좌우벽으로 나뉜 서벽에는 이보다 적은 수의 연꽃송이가 배치되었다. 천장고임의 연꽃은 꽃잎받침과 줄기가 달린 측면 연꽃의 형태로 표현되었으며 천장고임의 층에 따라 수량이 다르다.

천장고임 제1단의 각 면에는 4송이씩, 제2단 각 면에는 5송이씩, 제3단 각 면에는 8송이씩, 제4단 각 면에는 7송이씩을 그렸다. 벽화 중의 연꽃은 꽃잎 끝이 뾰족한 집안식 표현법으로 묘사되었다. 각 평행고임 밑면에는 꼬인구름무늬를 그렸다. 천장석은 묵선으로 9개의 방형구획을 만든 뒤 중앙구획에는 4엽 꽃을 배치하고 나머지 구획에는 마름모꼴 무늬를 그려 넣었다. 퇴색이 심하여 4엽 꽃이 어떤 종류의 꽃을 도안한 것인지는 알 수 없다. 널방 바닥에서 금동도금제 벽걸이 2개가 비단 조각 등과 함께 수습되었다. 벽걸이는 만장을 거는 데 쓰였을 것으로 추측된다.

장천2호분은 무덤의 규모와 구조가 장천1호분과 유사한 점, 널방을 장식한 연꽃무늬가 5세기 집안 계통의 전형적인 요소를 모두 지닌 점이 주목되며, 무덤칸 내부를 연꽃무늬만으로 장식하는 벽화고분이 5세기 중엽 집중적으로 출현했다는 점들을 고려하면 무덤 축조 및 벽화 제작 시기는 5세기 중엽을 크게 넘어서지 않을 것으로 보인다.

장천4호분

중국 길림성 집안시 황백향 장천촌 장천분지에 있는 고구려시대 대형 흙무지돌방벽화고분이다. 집안 시가지에서 동북으로 25킬로미터 떨어진 곳에 있는 동서 길이 약 3킬로미터, 남북 너비 약 1킬로미터인 장천분지의 간구하干溝河 서쪽 낮은 구릉 위에 있다. 무덤의 서북 100미터 거리에 대형 계단식 돌무지무덤인 장천3호분이 있으며, 동남 10미터 지점에 흙무지돌방무덤인 장천5호분이 있다. 장천4호분 동쪽에 있는 도랑 건너에는 장천2호분이 있다. 중국 측 공식명칭은 집안 통구 고분군 장천묘구 제4호묘JCM004이다.

1956년 지역 주민에 의해 무덤 안에서 회색의 도기와 인골을 발견했다고 하나 이들 유물의 소재는 현재 알 수 없다. 1984년 집안시문물보관소가 장천 고분군 일대를 조사하던 중 이 무덤이 벽화고분임을 알게 되었다. 1985년 집안시박물관에서 무덤 안을 조사하였고, 1990년 길림성문물고고연구소와 집안시문물보관소가 공동으로 무덤 내부를 다시 조사하여 유물을 수습하고 벽화를 촬영하였으나 정식 발굴은 이루어지지 않았다. 1997년 재조사와 실측보고가 이루어졌다.

밑이 네모진 상태에서 위로 좁혀지다가 끝이 살짝 잘린 듯이 마무리된 방대형 무덤의 흙무지가 대부분 유실된 상태에서 실측된 무덤 흙무지 밑면 둘레는 약 60여 미터, 높이는 3미터이다. 흙무지 안에는 각기 독립된 남분과 북분 두 개의 돌방무덤이 있다. 각 무덤칸의 방향은 남으로 37도 기운 서향이다.

남분과 북분 모두 널길과 널방으로 이루어진 외방무덤이다. 남분 널방의 천장 구조는 2단의 평행고임 위에 5단의 삼각고임을 얹은 7단의 평행삼각고임식이며, 널길과 널방의 너비·길이·높이(미터)는 각각 1.15×1.1×1.5, 2.35×2.65×3.0이다.

널방에 두 개의 돌관대를 놓았으며 관대 표면에는 백회를 입혔다. 두 관대 사이에는 두껍게 목탄재가 깔려 있다. 널방 바닥에 많은 흙이 쌓여 있으나 아직 제거되지 않은 상태이다. 북분 널방의 천장 구조는 1단의 평행고임과 2단의 삼각고임을 두 번에 걸쳐 번갈아 얹은 6단의 평행삼각고임식이며, 널길과 널방의 너비·길이·높이(미터)는 각각 1.15×1.1×1.5, 2.6×2.8×3.5이다.

널방 바닥에 작은 석판이 놓여 있으며 바닥 전체에 흙이 두껍게 덮여 있다. 남북의 두 무덤칸은 크고 작은 깬돌로 쌓아올린 다음 빈틈을 회죽으로 메우고 전면에 3~5밀리미터 두께로 백회를 입혔다. 백회 위에 벽화를 그렸으나 백회가 대부분 떨어졌으며, 남은 부분의 벽화는 퇴색이 심하여 내용을 알아보기 어렵다. 남분의 남벽 중간쯤에서 18밀리미터 크기의 측면 연꽃들이 20밀리미터 간격을 두고 나란히 묘사되었음이 확인되었다.

북분의 널길 벽 상부, 널방 북벽과 남벽에 붉은 구륵선鉤勒線(윤곽을 가늘고 옅은 선으로 그리고 그 가운데를 채색하는 방법)이 남아 있으며 남벽 중간쯤에서는 인물 형상의 일부와 연봉오리 그림이 확인된다. 인물은 황색선의 검은 점무늬 옷을 입었다. 벽 하부에는 가로로 묵선을 그렸다. 바닥에서 수습한 백회 조각 위에 붉은 구륵선의 흔적이 있다. 무덤 안에서 유약 입힌 네귀항아리 1점, 부뚜막 모형 도기 1점이 출토되었다. 무덤 구조와 벽화 내용으로 보아 장천4호분의 축조는 5세기 후반에 이루어진 듯하다.